155 lifeskills

ERIN ZAMMETT RUDDY

155 lifeskills

Leer van experts hoe je je inbox
temt, een plant in leven houdt,
nee zegt en nog veel meer

Vertaald door Wilma Paalman

VOLT

Amsterdam · Antwerpen

MIX
Papier van verantwoorde herkomst
FSC® C004472

Omslag Bart van den Tooren
Binnenwerk Perfect Service

ISBN 978 90 214 2356 2 / NUR 770
www.uitgeverijvolt.nl

Voor mijn ouders, John en Cindy Zammett, die mij veel belangrijke lifeskills hebben geleerd (maar niet genoeg om het schrijven van dit boek voor mij onnodig te maken)

Inhoud

Voorwoord

3: Slimmer werken

4: Er een productieve werkdag van maken

5: Een georganiseerd huis

6: Taken vergemakkelijken

7: Schoonmaken

8: Wees handig

11: Zelfverzorging

12: Je persoonlijke ontwikkeling

13: Je interpersoonlijke ontwikkeling

14: De dag sterk eindigen

Voorwoord

Als schrijver voor grote lifestyletijdschriften heb ik de afgelopen twintig jaar tal van deskundigen geraadpleegd op gebieden die uiteenlopen van het organiseren van een productieve vergadering tot het bereiden van de perfecte burger, en van het vragen om opslag tot het vragen aan je buren om, nu het al bijna maart is, de kerstlichtjes uit hun tuin weg te halen. (Al deze onderwerpen komen in dit boek aan de orde, behalve dat met de kerstlichtjes, want eerlijk gezegd denk ik dat je dan misschien beter kunt verhuizen). Ik vind het heerlijk om met mensen te praten met verstand van zaken, wat die zaken dan ook zijn. (Het structureren van je werkdag? Ja! Het onderhoud van je gazon? Zeker! Je haar perfect in model föhnen? Absoluut!) Ik weet hoe ik over al die zaken kan schrijven op een manier dat lezers er wat mee kunnen, terwijl de soms wat al te specialistische deskundige er niet altijd bij stilstaat dat niet iedereen standaard kaasdoek in huis heeft of, ahum, een zwabber. Ik sta daar wel bij stil, want ik bén de lezer. Ja, zelfs wanneer ik schrijf over het overhevelen van je voorraad in netjes gelabelde glazen potten. Want ga ik dat zelf ook echt doen? Als ik eerlijk ben, is die kans klein. Maar trekt het idee me aan en wil ik erover lezen? Ja, heerlijk!

Dus waarom ben ik dit boek gaan schrijven? Omdat ik dit boek nodig heb. Mijn vader, een voormalige luchtverkeersleider, is altijd al, en lang voordat het een trend werd, een groot voorstander geweest van orde, van weten wat je wilt en moet doen, en van 'de dingen meteen de eerste keer goed doen'. Vroeger moesten mijn zussen en ik hem elk voorjaar helpen het zeil waarmee het zwembad de hele winter afgedekt was geweest, te drogen en op te vouwen. Dat was een lang en bewerkelijk proces dat methodisch was opgebouwd uit achttien stappen, waarbij de onvermijdelijke brandoefening nooit ontbrak. ('Snel! Haal het van het gazon af. Het $★@# gras verbrandt.') En altijd was er wel een van ons die hardop begon te klagen waarom we het zeil niet gewoon konden oprollen en wegbergen. Een strenge blik was dan het antwoord. En elk najaar wanneer we het zeil schoon en onbeschimmeld uit de schuur tevoorschijn haalden, glom mijn vader van trots en zei hij iets over waarom je dingen nooit halfslachtig moet doen. Mijn vader is een efficiënt, georganiseerd iemand, die de meeste dingen die hij doet ook inderdaad uitzonderlijk goed doet. Hoewel hij sinds de jaren tachtig van de vorige eeuw geen luchtverkeerstoren meer vanbinnen heeft gezien, benadert hij elke taak waarvoor hij zich gesteld ziet nog altijd alsof het lot van een vliegtuig vol mensen van zijn handelen afhangt. Met hem erbij zul je je niet snel ergens gemakkelijk van af kunnen maken, ook al zou je dat willen, maar er is niemand bij wie je beter terecht kunt wanneer je hulp nodig hebt bij het nemen van een beslissing (zoals mij elke dag wel overkomt).

Ik wou dat ik kon zeggen dat zijn methodische aanpak op mij is afgestraald en dat ik heb geleerd altijd netjes mijn bed op te maken, mijn to-dolijstjes af te werken en mijn sleutels nooit kwijt te raken. Maar dat is niet zo. Mijn vaders affiniteit met precisie is mij vreemd (bijna net zo vreemd als mijn moeders nagenoeg professionele was- en strijkvaardigheden). Als ik even de psycholoog uit mag hangen, zou ik zeggen dat als je een ouder hebt die voortdurend vraagtekens plaatst bij hoe jij dingen doet – 'Hoe ben je toch van plan die bagel te snijden?', 'Je kunt niet op die manier een koffer inpakken!', 'Je neemt toch zeker niet afrit 42, Erin? Ik heb het getimed: dat stoplicht blijft één minuut en 45 seconden op rood staan.' – je het gewoon maar opgeeft om te proberen de dingen 'op de juiste manier' te doen en er tevreden mee bent dat je het op de een of andere manier wel voor elkaar krijgt.

Maar nu ik tweeënveertig ben, merk ik dat ik mezelf halverwege het een of ander (het leegruimen van de vaatwasser, het schoonmaken van het aanrecht, het ruziën met mijn man over de kruimels die hij op het aanrecht heeft laten liggen) er regelmatig op betrap dat ik denk: bah, er moet toch een betere manier zijn om dit te doen. En dat is ook zo. Lees maar door en je zult het zelf ontdekken. Net als de meesten van jullie (zo vermoed ik) snak ik naar een efficiëntere en minder stressvolle dagelijkse routine, een behoefte die groeit naarmate het leven gecompliceerder wordt. Wat ik bedoel is dat er een tijd was in mijn leven dat het geen enkel probleem was dat ik drie kwartier als een kip zonder kop door de supermarkt ronddoolde (terwijl ik ondertussen natuurlijk alvast een zak chips leegat) en dan ook nog eens twee van de zeven dingen vergat waarvoor ik in de eerste plaats naar de winkel was gegaan. Er zijn tal van redenen aan te wijzen waarom dat nu wel een probleem is, maar de belangrijkste daarvan is dat ik nu drie kinderen heb. En als je kinderen hebt en je pakt de dingen niet efficiënt aan, blijf je voordat je het weet achter jezelf aan hollen.

Het punt is dat er een bepaalde volgorde is waarin de dingen die we in de loop van de dag zoal doen, gedaan zouden moeten worden: een optimale werkwijze die met een minimum aan inspanning het beste resultaat oplevert. En laten we ook niet vergeten goed voor ons lichaam en onze geest te zorgen, en gebruik te maken van de adviezen en tips die ons daarbij kunnen helpen, want ook die zorg is een vaardigheid die je jezelf kunt aanleren (net als leren de was te doen met het juiste wasmiddel). Veel te veel mensen (waaronder ikzelf) ploeteren vaak maar voort door hun drukke leven zonder stil te staan bij hoe ze van het een in het ander rollen. Dit boek is niet bedoeld om je het gevoel te geven dat jouw manier om dingen te doen verkeerd is of om je te zeggen dat je dingen niet goed aanpakt. Want dat is waarschijnlijk helemaal niet zo. Maar de kans is groot dat jouw manier van dingen doen niet altijd en niet per se de efficiëntste, effectiefste manier is.

Maar wacht, je kunt toch gewoon googelen hoe je iets – wat dan ook – het beste kunt doen? Natuurlijk kan dat. Hoe vaak heb ik dat niet gedaan? Typ 'overhemd strijken' en in minder dan een tel krijg je duizenden resultaten. En dat is nu net waarom dit boek zo nodig is. Wie heeft de tijd om al die vaak tegenstrijdige informatie door te spitten en erachter te komen welke informatie betrouwbaar is? Is het echt nodig om naar dat 7 minuten durende YouTube-filmpje te kijken om te weten hoe je een overhemd moet strijken? En wat als... O, kijk, beroemdheden zonder make-up! Voordat je het weet ben je opgeslokt door een zwart gat van reacties op het Instagram-account van Kim Kardashian. Echt, het gebeurt ons allemaal, maar was je eigenlijk niet juist aan het proberen dingen wat efficiënter aan te pakken? Waarschuwing: wie op internet op zoek gaat naar advies, verliest de tijd vaak uit het oog. En je krijgt er gratis de vijftien advertenties voor een nieuw strijkijzer bij.

Daarom heb ik me rechtstreeks tot de deskundigen gewend. Tot de besten van de besten op hun gebied, om stap voor stap te leren hoe je dingen beter kunt doen. Dingen waar ik altijd moeite mee heb gehad – een kamerplant in leven houden, zelf tanken (waar ik ben opgegroeid mocht je dat niet zelf doen, maar moest je dat aan de pompbediende overlaten, dus lach niet), twee mensen via e-mail aan elkaar voorstellen (waarom is dat toch altijd zo lastig?). En alle geestelijke en emotionele zaken die ons allemaal vertrouwd zouden moeten zijn – compassie hebben met onszelf, een kalmerende ademhalingsoefening doen voordat we reageren, hallo zeggen tegen iemand in de trein zonder naast diegene te gaan zitten. Elk hoofdstuk van dit boek staat boordevol aanwijzingen, tips en adviezen om de dingen waar je van dag tot dag mee te maken hebt sneller, slimmer en gestroomlijnder aan te pakken. De beloning die daartegenover staat is: meer tijd, minder frustratie en het eenvoudige genoegen iets goed te hebben gedaan. Ja, het schenkt een soort vreugde en (oké, pap) trots wanneer je iets goed hebt gedaan, zelfs als dat iets zo ongecompliceerd is als het uitruimen van de vaatwasser of het op de juiste manier opbergen van het afdekzeil van het zwembad. Het gaat er niet om alledaagse klusjes zo snel mogelijk af te handelen om door te kunnen met je echte leven (of met Netflix kijken), maar om de tijd te nemen om de kleine dingen op de goede manier te doen. Omdat je echte leven bestaat uit kleine dingen als boodschappen doen, e-mails schrijven en goed uitkijken bij een gelijkwaardige kruising.

Met de meer dan 150 how-to's in dit boek – verpakt in eenvoudige en praktische stappen – zul je in staat zijn alles waar je in de loop van de dag zoal mee te maken krijgt met meer kalm vertrouwen in jezelf tegemoet te treden. Je zult meer gedaan krijgen (en minder vloeken). En je hoeft je moeder niet meer elke keer te bellen wanneer je iets op je zijden blouse hebt gemorst. Wie wil zijn dag niet afsluiten met dergelijke overwinningen? En sommige adviezen en tips zijn ronduit geniaal. Ik overdrijf niet als ik zeg dat de dag dat ik erachter kwam hoe je eenvoudig kunt zien aan welke kant van je auto de tankdop zit me lang zal bijblijven (blader door naar hoofdstuk 2 om je te laten verbijsteren).

Voor de keus aan skills die ik in dit boek heb opgenomen,

heb ik me laten leiden door waar je in een gemiddelde week het meest aan hebt, en dan is het logisch dat dat eerder je bed opmaken is dan een badkamer schilderen of een kerstdiner voorbereiden. Het gaat om dingen die met de kleinste aanpassingen al het grootste verschil kunnen maken, omdat het dingen zijn die we telkens weer doen, maar waarvan we ons zelden afvragen: 'Doe ik dit eigenlijk wel goed?' En ik zal vast niet de enige zijn die na maanden thuis te hebben gezeten tot het besef is gekomen dat sommige van die dagelijkse dingen wel een nieuwe aanpak kunnen gebruiken.

Ik heb de hoofdstukken gerangschikt naar het moment van de dag waarop je de daarin behandelde vaardigheden nodig zou kunnen hebben. Van opstaan, je klaarmaken voor de dag en met zo min mogelijk gedoe de deur uitgaan tot een productieve en voldoening schenkende werkdag hebben en bedenken wat je als lunch zult nemen, tot je huis en tuin aan kant krijgen, eten bereiden (bah, alweer) en zorgen dat je een goede nachtrust hebt. Ik heb ook hoofdstukken daartussenin geplaatst die gericht zijn op hoe je je beste zelf kunt zijn, in je eigen hoofd en hart, en in de omgang met anderen (ja, productief ruziën is een belangrijke vaardigheid).

O, en je kent dat wel, hoe een foodblogger je met de belofte van een recept voor de meest overheerlijke citroentaart naar haar blog lokt, waar je dan getrakteerd wordt op een 1200 woorden tellende verhandeling over de citroenkwekerij van haar oudtante en de limoncello die ze dronk tijdens haar tussenjaar in Toscane en je je afvraagt waar dat $%*@ recept blijft. In dit boek begint elke paragraaf meteen met het recept. Geen inleidende achtergrondverhalen of uitputtende uitleg, niets wat je rustig kunt overslaan om bij de kern van het verhaal te komen. Puur en alleen dat waar het om gaat, de volgorde die je daarbij moet aanhouden, en wat het je oplevert wanneer je jezelf die vaardigheid meester hebt gemaakt.

Je kunt dit boek van kaft tot kaft lezen of je kunt de inhoudsopgave doornemen om te kijken waar je nu op dit moment het meest aan hebt. Je kunt elke volgorde aanhouden die je maar wilt. Ik beloof je dat ik je helemaal vrij laat in je keuze hoe je een boek leest dat gaat over hoe je dingen op de juiste manier doet – als je mij belooft niet aan mijn vader te verklappen dat ik nog altijd afrit 42 neem. Elke. Keer. Weer.

1

Wakker worden en de dag goed beginnen

UIT BED KOMEN

1. Weersta de verleiding om op de sluimertoets te drukken.
2. Open je ogen (moedig jezelf eventueel aan met een '1-2-3-hup').
3. Sla je benen over de rand van het bed en plaats je voeten op de grond.
4. Haal vijf keer diep adem.
5. Drink een vol glas water.
6. Stap naar buiten of open een raam en laat de zonnestralen ongefilterd op je inwerken. Het liefst een kwartier lang.

De deskundige

Michael J. Breus, ook wel de slaapdokter genoemd, is een bekend deskundige op het gebied van slaap en de auteur van *The Power of When*.

De toelichting

Weer in slaap sukkelen nadat de wekker is gegaan is geen goede manier om de dag te beginnen. In die 7 à 9 minuten val je niet meer diep in slaap, maar doezel je lichtjes weg en uiteindelijk word je daar alleen maar suf van. Een betere manier is om nog voordat je opstaat die vijf keer diep adem te halen, om je lichaam en je hersenen te voorzien van de zuurstof die ze nodig hebben om optimaal te kunnen functioneren. Tijdens het slapen verlies je bijna een liter vocht via de ademhaling (gek idee wel dat we 's nachts zo liggen te wasemen) en met een vol glas water vul je dat verlies weer aan en herstel je de vochtbalans van je lichaam. Het zonlicht zorgt ervoor dat de nachtelijke melatonineproductie wordt stopgezet (de 'melatoninekraan' in je hersenen wordt dichtgedraaid) waardoor de mist in je hoofd optrekt. Dit werkt het beste als je binnen een kwartier nadat je bent opgestaan 10 tot 15 minuten (zonder zonnebril) buiten in de zon bent. Als de zon nog niet op is wanneer je opstaat (of als je ergens woont waar de zon soms ver te zoeken is) kun je ook kunstlicht gebruiken. Wat je 's ochtends vroeg vooral nodig hebt, is blauw licht, dat behalve door de zon ook wordt uitgestraald door ledlampen, beeldschermen en fluorescerende stoffen. Een alternatief is een lichttherapielamp, die natuurlijk daglicht nabootst en die je naast je neer kunt zetten.

Bonus

Wil je je nog wakkerder voelen? Als je 's ochtends doucht, voeg dan tot besluit geleidelijk meer koud toe aan het water. Het hoeft niet ijskoud te zijn, als het maar een koudereactie opwekt, waardoor je bloed als vanzelf naar je organen stroomt en je op scherp komt te staan.

BEGIN ELKE DAG POSITIEF

1. Schrijf zodra je wakker bent drie dingen op waar je dankbaar voor bent (wees specifiek, 'dat de zon schijnt' is bijvoorbeeld te algemeen, hoe blij je er ook van wordt). Leg een dagboek of aantekenboekje naast je bed.
2. Noteer iets fijns wat zich in de afgelopen 24 uur heeft

voorgedaan. Dat kan iets groots zijn of iets kleins, zolang het maar iets specifieks is.

3. Doe lichamelijke oefeningen (en probeer dat een halfuur vol te houden, als je dat lukt). Kijk voor tips op pagina 249.
4. Neem de rust voor een gebed of meditatie. Kijk voor mediteren voor beginners op pagina's 233 en 235.
5. Wees zomaar aardig voor iemand.

De deskundige

Hoda Kotb is medepresentator van het Amerikaanse tv-programma *Today* en de auteur van diverse bestsellers, waaronder *I Really Needed This Today*, een verzameling van 365 inspirerende en opbeurende uitspraken. En weet je waarom ze altijd zo oprecht blij overkomt? Onder andere omdat ze elke ochtend wat in haar dagboek schrijft ('neerkrabbelt') om niet te vergeten hoeveel geluk ze heeft.

De toelichting

Door de dag te beginnen met het opschrijven van drie goede dingen en één fijne gebeurtenis, stuur je je gedachten een positieve kant op. In plaats van wakker te worden en te denken aan iets waar je de vorige avond over inzat of iets waar je tegen opziet, stel je je open voor het idee dat vandaag een goede dag gaat worden. Het helpt om specifiek te zijn, dus wees niet alleen dankbaar voor deze nieuwe dag of voor het feit dat je leeft (hoewel Hoda dat ook allemaal wel noemt), maar denk liever aan iets kleiners – zoals aan de man die gisteren de deur voor je openhield, ook al had hij drie tassen in zijn handen en had hij gewoon de deur achter zich dicht kunnen laten vallen. Hierdoor blijf je je beter bewust van de goedheid overal om je heen en zul je er meer oog voor hebben. Lichaamsoefeningen doe je natuurlijk vanwege de endorfine, en daarvoor hoef je je heus niet altijd in het zweet te werken, ook een blokje om telt. Een van de beste manieren om je beter te voelen, is om iets aardigs voor iemand anders te doen. Al is het maar een kop koffie meenemen voor een collega wanneer je er een voor jezelf gaat halen.

Bonus

Nog een tip van Hoda om je positiever te voelen: goede muziek. Stel een afspeellijst samen met je favoriete nummers om naar te luisteren wanneer je dat nodig hebt.

MAAK JE BED OP

'Je brengt een derde deel van je leven in bed door, dan kan dat maar beter een prettige en behaaglijke plek zijn. Het is maar twee minuten werk om je bed er goed uit te laten zien!'
– Ariel Kaye

1. Sla het beddengoed helemaal terug en ga aan het voeteneind staan om de stand van zaken op te nemen – elke ochtend ziet de wanorde er toch weer net wat anders uit.
2. Controleer eerst of het hoeslaken niet is losgekomen, of het nog wel overal strak om de matras heen getrokken zit en een glad oppervlak vormt (je kunt de hoofdkussens ondertussen even op een stoel of bankje leggen of eromheen werken).
3. Trek het dekbed helemaal los en schud het met een zwierige golfbeweging uit (laat het opbollen, zoals kleine kinderen wel doen met een speelparachute) en let erop dat alle vier de hoeken van het overtrek gevuld zijn. Spreid het dekbed vervolgens gelijkmatig uit over je bed.
4. Als je veel kussens hebt, kun je het bed tot aan het hoofdeinde met het dekbedovertrek bedekken. Als veel

kussens niet echt je ding zijn, kun je het dekbed terugvouwen tot ongeveer een derde van de totale lengte.

5. Schud de hoofdkussens en de eventuele extra kussens op zodat ze er mooi vol uitzien en schik ze tegen het hoofdbord of de muur. Als je het dekbed hebt teruggeslagen, zorg er dan voor dat de hoofdkussens vrij op het onderlaken liggen. Voeg naar smaak nog wat sierkussens toe.
6. Als je een sprei hebt, vouw die dan in drieën en leg hem aan het voeteneinde met de open kant naar beneden. Strijk eventuele vouwen met je handen glad.

De deskundige

Ariel Kaye is de oprichtster en CEO van Parachute, een modern lifestylemerk, en de auteur van *How to Make a House a Home: Creating a Purposeful, Personal Space*. Kaye is met Parachute begonnen als een online merk met een uitgelezen assortiment beddengoed (de naam Parachute is geïnspireerd op de manier waarop de stof opbolt wanneer je lakens uitschudt). Het merk heeft tegenwoordig een eigen fysieke winkelketen en heeft zijn assortiment uitgebreid met matrassen, bad- en tafellinnen, woonkameraccessoires en een babycollectie.

De toelichting

Neem eerst het voeteneinde onder handen, want niets is ergerlijker dan midden in de nacht wakker worden van losliggende lakens. Heb je als een blok liggen slapen of heb je woest liggen woelen? De ene keer richt je wat meer schade aan dan de andere keer. Door het beddengoed los te trekken, op te schudden en glad te strijken voelen de lakens weer frisser aan en wordt het dekbed weer gelijkmatig verspreid. Als je net als Ariel van veel kussens houdt, hoef je het dekbed niet ook nog terug te slaan omdat het anders algauw te druk oogt.

Iedereen heeft zo zijn eigen manier om zijn bed op te maken; de ene manier is niet per se beter dan de andere. Waar het om gaat is dat je het elke dag doet. En zeg niet dat je daar geen tijd voor hebt, want langer dan 2 à 3 minuten heb je er niet voor nodig. Uit onderzoek is gebleken dat een opgemaakt bed gelukkiger maakt. Je kamer ziet er meteen opgeruimder uit, waardoor jij je ook opgeruimder voelt – en wat is er nou beter dan dat je al iets van je to-dolijst hebt kunnen afvinken, nog voordat je zelfs maar een kop koffie hebt gehad?

Bonus

De mening van Ariel over draaddichtheid: het is een marketingtruc. De hoeveelheid draden per vierkante centimeter zegt niets over de daadwerkelijke kwaliteit van de stof. (Bij een draaddichtheid van meer dan vierhonderd is de kans groot dat er meerlagige en zelfs synthetische garens zijn gebruikt.) Belangrijker dan de hoeveelheid draden is de kwaliteit en de natuurlijkheid van de draad en de gebruikte weeftechniek. Waar moet je dan wel op letten bij het kopen van lakens? Als je het 's nachts gauw warm krijgt, zijn perkallakens aan te raden. Perkal is een weeftechniek waarbij platbinding wordt gebruikt. Hierbij worden de ketting- en inslagdraden om en om gekruist, wat een extra goed ademend weefsel oplevert. Als je het 's nachts juist eerder koud krijgt, kies dan voor satijnen lakens, die dankzij de satijnbinding – een weeftechniek waarbij de kruispunten van de ketting- en inslagdraden gelijkmatig verspreid liggen – extra zacht aanvoelen en warmte beter vasthouden. Kies geen beddengoed dat als 'kreukvrij' wordt aangeprezen; de stof is dan vaak behandeld met formaldehyde. Bij alles waarvan je je afvraagt hoe ze dat in hemelsnaam voor elkaar hebben gekregen, kun je er eigenlijk wel van uitgaan dat ze een schadelijk goedje hebben gebruikt, waar je je huid niet aan wilt blootstellen. Een veilige keuze is beddengoed met het OEKO-TEX-keurmerk dat je de garantie geeft dat er op geen enkel moment giftige chemicaliën, synthetische toevoegingen of kunstmatige verfstoffen aan te pas zijn gekomen.

Kijk voor tips van Ariel hoe je zonder gefrustreerd te raken hoeslakens opvouwt en een dekbed in een overtrek stopt op pagina's 136 en 140.

JE HAAR PERFECT IN MODEL FÖHNEN

1. Gebruik een *heat protection spray* om je haar te beschermen tegen de warme lucht tijdens het föhnen. Blaas het eerst losjes tot 70 à 80 procent droog of laat het aan de lucht drogen.

Stap 1

2. Als je een pony hebt, droog die dan eerst en breng hem als eerste in model. Geef ook eventuele andere specifieke delen van je kapsel eerst even aandacht.

Stap 2

3. Verdeel je haar van bovenaf en zet de verschillende delen met haarklemmen vast. Met het föhnen begin je met de onderste laag haar en zo werk je laag voor laag naar boven.
4. Voor een gerichte luchtstroom plaats je een blaasmond op je föhn. Zolang je een heat protection spray gebruikt, kun je de droger gerust op de hoogste stand zetten.

Stap 3

5. Wikkel niet te brede lokken haar (4 à 5 centimeter) om een ronde borstel en beweeg de föhn langzaam omhoog, naar je hoofdhuid toe, voor versteviging van de haarwortels.

Stap 4

6. Plaats de borstel aan de binnenzijde van dezelfde lok en til het haar er stevig mee op om het meer volume te geven. Beweeg de föhn tegelijk met de borstel nu van boven naar beneden, met een

afstand van 1,5 centimeter tussen de blaasmond en je haar.

7. Plaats de borstel tegen het uiteinde van de lok. Houd de föhn er 3 tot 4 seconden op gericht en rol de borstel er naar beneden toe uit.

Stap 5

8. Herhaal deze stappen lok voor lok, en verwijder daarbij elke keer de haarklem. Zet de föhn nu op de laagste stand en beweeg hem ten slotte over je gehele kapsel. Tem weerbarstige delen – zoals die krul bij je oor – met een steiltang op een lage stand. Blijf nu verder van je haar af tot het helemaal is afgekoeld, om het goed in model te houden.

Stap 6

De deskundige

Sarah Potempa is een styliste van beroemdheden (onder wie Lea Michele, Emily Blunt, Camila Cabello en Reese Witherspoon) en de uitvinder van de gepatenteerde Beachwaver®-krultang. Ze is de CEO van Beachwaver Co.®, dat aan klanten wereldwijd vernieuwende haarverzorgingsapparaten en -producten levert. Ze heeft als haarstyliste meegewerkt aan fotoshoots voor *Vogue, Marie Claire, Vanity Fair* en *W Magazine*, en ze is op tv verschenen in *The Today Show*, *The Real* en *Extra!*.

De toelichting

In het ideale geval laat je je haar tot 70 à 80 procent drogen voordat je het gaat föhnen. Gebruik die tijd om make-up aan te brengen, je aan te kleden of misschien zelfs om te mediteren. Weersta de neiging om je hoofd voorover te buigen en je haar op die manier te drogen: dat kan schadelijk zijn voor de haarschubben. Wat je ook beter niet kunt doen, is je haar in een handdoek wikkelen of droog rossen, vooral niet als je krullend of kroezend haar hebt (in plaats van een ruwe handdoek kun je wel T-shirtmateriaal gebruiken, dat vocht opneemt zonder je haar te beschadigen). Het opsplitsen van je haar in delen scheelt tijd bij het föhnen zelf. Gebruik stevige haarklemmen en zet daarmee laag voor laag de delen vast waar je niet mee bezig bent. Het is belangrijk dat je je haar optilt tijdens het föhnen om het meer volume te geven. Door de luchtstroom goed te richten en die langzaam langs je haar te laten strijken, help je je haarschubben zich te sluiten en geef je je haar glans. (Je haarschubben sluiten dakpansgewijs op elkaar aan. Als je de droger loodrecht op je haar richt, zouden je haarschubben juist weer open gaan staan). Veel mensen zitten direct na het föhnen met hun handen aan hun haar. En ja, dat voelt goed, maar je bederft daarmee wel al het werk dat je zojuist hebt gedaan. Om je haar zich echt in het geföhnde model te laten schikken heeft het de tijd nodig om helemaal af te koelen. Pas dan kun je er weer veilig aan zitten.

Over het wassen van je haar

Prachtig geföhnd haar begint onder de douche. Shampoo is bedoeld voor je hoofdhuid, om het te reinigen van bijvoorbeeld talg en restanten van stylingproducten die het haar bij de hoofdhuid vettig en zwaar maken. Conditioner is bedoeld voor je haar, om het – met de juiste ingrediënten – weer glad en glanzend te maken. Breng conditioner aan vanaf het midden van de lengte van je haar tot het haaruiteinde. (Niet op de hoofdhuid of het bovenste deel van je haar, want daardoor gaat het juist hangen.) De haarpunten vormen het oudste deel van je haar; die hebben dus het meest te lijden gehad en hebben dan ook de meeste conditioner nodig. Spoel je haar met koud water uit. Door de lage temperatuur sluiten de haarschubben zich.

Over sulfaatvrije shampoo
Sodiumlaurylsulfaat is een emulgator en schuimstof en wordt aan tal van cosmeticaproducten en schoonmaakmiddelen toegevoegd. Het is het hoofdbestanddeel van veel shampoos, terwijl het een onnodig sterke en agressieve ontvetter is, vergelijkbaar met afwasmiddel. Als je een dergelijke shampoo gebruikt en je je haar niet goed wast (bijvoorbeeld de haarpunten in plaats van de hoofdhuid), doe je je haar geen plezier, maar beschadig je het juist, en dat zal er helaas ook aan af te zien zijn.

Bonus

Tips van Sarah om je geföhnde haar zo lang mogelijk in model te houden:

- Gebruik droogshampoo bij de haarinzet. Veel mensen gebruiken droogshampoo voor de buitenste haarlagen, waardoor het bij je oren en in je nek juist gaat hangen. Voor een stevige basis til je je haar vanaf oorhoogte op en spuit je laag voor laag wat droogshampoo onder je haar. Werk zo, in gedeelten van 1,5 centimeter, naar de buitenste haarlaag toe. De shampoo is bedoeld om je haar bij de inzet van vettigheid te ontdoen.
- Breng haar dat uitsteekt in het gareel met een met haarlak ingespoten borstel waardoor je de lak mooi gelijkmatig verdeelt. In geval van nood kun je onwillige plukken haar ook op hun plaats dwingen met de bus haarlak zelf, die altijd koud is. (Sarah maakt hier tijdens fotoshoots voortdurend gebruik van).
- Bind je haar 's nachts in twee losse knotten hoog op het hoofd. Scheid het haar in twee delen. Neem het haar links en draai het van je gezicht weg tot een streng die je als een knot met een scrunchie (ook wel haarwokkel genoemd) of een grote haarspeld vastzet. Doe rechts hetzelfde (je ziet er

nu uit als prinses Leia uit *Star Wars*). Als je haar qua lengte en dikte hiervoor geschikt is, kun je het ook in één grote knot boven op je hoofd vastbinden, maar daarbij draai je de helft van je haar tegen de natuurlijke richting in, waardoor het haar wordt afgekneld. Met twee knotten voorkom je dit.

- Je kunt je haar ook in een losse, hangende vlecht dragen tijdens het slapen. Dit werkt vooral goed bij langer haar dat je graag laat dansen. Wanneer je 's ochtends je vlecht losmaakt liggen de haarschubben nog mooi gesloten en plat, maar golft je haar lichtjes.
- Gewone elastiekjes knellen het haar af; gebruik ze niet. Kies voor scrunchies, haarspelden en haarbanden. Zijden kussenslopen zijn ook geweldig voor je haar omdat het materiaal in je slaap niet tegen je haarschubben aan schuurt.

JE GEZICHT WASSEN EN HYDRATEREN

'De beste foundation is een gezonde huid.'
– Nyakio Grieco

1. Reinig je gezicht en dep het droog.
2. Doe enkele druppels gezichtsolie op je handen en wrijf deze tegen elkaar om de olie te verwarmen. Dep de olie nu met zachte klopjes in je huid, vanuit de hals omhoog naar de wangen, de neus en het voorhoofd, en terug naar de kin.
3. Als je een droge huid hebt en een extra moisturizer wilt aanbrengen, is dit het moment om dat te doen. Werk ook nu vanaf de hals omhoog en weer terug, net als je met de olie hebt gedaan.
4. Voor het aanbrengen van oogcrème doe je een dotje crème op het topje van je ringvinger en plaats je deze op vier plekken onder je oog. Werk hierbij van binnen naar buiten.

Laat de crème in de huid trekken door met dezelfde vinger zachtjes kloppend heen en weer te bewegen (je geeft jezelf in feite een soort van lymfatische minimassage). Doe hetzelfde bij het andere oog.

5. Wanneer de moisturizers eenmaal goed in de huid zijn ingetrokken, kun je een zonnebrandcrème aanbrengen.[1] Zie pagina 34 voor meer informatie over zonnebrandcrème. (Iedereen zou elke dag zonnebrandcrème moeten gebruiken, hoe donker je huid ook is.) Als je voor een hydraterende zonnebrandcrème kiest, kun je de extra moisturizer achterwege laten.

De deskundige

Nyakio (Neh-Kee-Oh) Grieco is deskundige op het gebied van huidverzorging en de oprichtster van Nyakio Beauty, een dierproefvrije, natuurlijke en ecologische huidverzorgingslijn. De grootvader van Nyakio was een Keniaanse medicijnman, en naast oliën verwerkt ze in haar producten dan ook andere Afrikaanse ingrediënten.

De toelichting

Iedereen zou zijn gezicht moeten wassen, ook als je geen make-up draagt, ook als je huid niet vies aanvoelt (de hele dag door nemen onze poriën vuildeeltjes op uit de lucht om ons heen). Olie op je gezicht gebruiken? Ja! Onze huid bestaat uit vetten en bij het ouder worden verliezen we deze huidvetten. Mensen die zeggen: 'O, maar ik heb een vettige huid en ik heb gauw last van puistjes,' hebben waarschijnlijk zelfs meer be-

1. Gebruik voor de nacht in plaats van een zonnebrandcrème een extra hydraterende gezichtscrème – tijdens het slapen gaat de huid in de herstelmodus. Om je huid nog meer plezier te doen, kun je een gezichtsmasker voor de nacht aanbrengen (liefst een met kamille of rozenbottel, waarvan de geur ontspannend werkt).

hoefte aan olie dan mensen met een droge huid, omdat een vettige huid duidt op een huid die te hard zijn best doet om een gebrek aan huidvet te compenseren – wat irritatie veroorzaakt en tot puistjes en andere huidontstekingen kan leiden. Om je huid in balans te houden en in de best mogelijke conditie, moet je olie gebruiken om een teveel aan huidvet tegen te gaan. Bij het aanbrengen van een verzorgingsproduct in je hals of op je gezicht begin je altijd op het laagste punt en werk je vanaf daar naar boven. Trek je huid nooit naar beneden (de zwaartekracht doet dat al genoeg). En breng de olie en crème voorzichtig deppend aan, vooral onder de ogen, waar de huid het dunst en gevoeligst is. Met heen en weer smeren rek je de huid alleen maar op. Met de zachte, kloppende bewegingen masseer je bovendien het slaapvocht onder je ogen weg. Iedereen heeft baat bij een goed hydraterende zonnebrandcrème (ook onder mensen met een getinte huid neemt het aantal gevallen van huidkanker toe). Bewaar de zonnebrandcrème naast de tandpasta – en gebruik hem net zo regelmatig.

Over hoogwaardige natuurlijke huidverzorgingsproducten
Gebruik ze. Net zoals ons lichaam moeite heeft met de vertering van bijvoorbeeld margarine, zo heeft onze huid moeite met de opname van synthetische producten die zijn vergeven van de conserveringsmiddelen. Het is de bedoeling dat het verzorgingsproduct helemaal in je huid doordringt, niet dat het er als een laagje bovenop blijft liggen. Nyakio adviseert om een voor jou nieuw huidverzorgingsproduct – ook al is het honderd procent natuurlijk – altijd eerst op een klein stukje huid uit te testen. Vlak onder de kaaklijn is daarvoor een uitstekende plek, want als je huid wel geïrriteerd reageert, is dat tenminste niet op een opvallende plek als je voorhoofd.

Pro-tip: scrub je huid twee keer per week om dode huidcellen te verwijderen. Onze poriën hebben veel te verduren van de omgeving, zweet en stress – een scrubcrème verwijdert de bovenste, droge, harde huidcellen en legt een frisser, stralender huidoppervlak bloot. We moeten niet vergeten dat onze poriën, ook al kunnen we ze niet zien, net zo vies worden als de rest van ons lichaam.

GEBRUIK ZONNEBRANDCRÈME

'Er is maar één huidverzorgingsproduct dat de veroudering van de huid onder invloed van de zon kan helpen beperken, en dat is zonnebrandcrème.'
– Chris Birchby

1. Een klassieke zonnebrandcrème breng je aan een halfuur voordat je je in de zon begeeft (bij gebruik van een zonnebrandproduct met actieve mineralen kun je wachten tot vlak voordat je naar buiten gaat).
2. Begin met je gezicht (het is het waard om een zonnebrandcrème speciaal voor je gezicht aan te schaffen; de zonnebescherming breng je aan na een moisturizer).
3. Vergeet je oren niet.
4. Werk van boven naar beneden langs je lichaam en smeer elk stukje onbedekte huid in (om je hele lichaam in te smeren heb je ongeveer twee eetlepels zonnebrandcrème nodig, voor je gezicht alleen heb je voldoende aan een kwart theelepel).
5. Als je met blote voeten naar buiten gaat, vergeet dan niet de bovenkant van je voeten in te smeren.
6. Breng elke twee uur opnieuw zonnebrandcrème aan en smeer ook bij na fysieke inspanning of nadat je in het water bent geweest (wees extra voorzichtig in de nabijheid van water, sneeuw en zand omdat deze de schadelijke zonne-

straling weerkaatsen en de kans op verbranding vergroten).

7. Doe dit elke dag, in de zomer en in de winter, op zonnige en op bewolkte dagen.

De deskundige

Chris Birchby is de oprichter en CEO van COOLA, een wereldwijd verkrijgbare lijn van organische zonnebrandproducten. Nadat bij zijn beide ouders melanomen waren vastgesteld (waar zij beiden gelukkig van zijn genezen) heeft Chris zijn eigen slechte zongewoonten eens kritisch onder de loep genomen en toen realiseerde hij zich pas goed hoe belangrijk consequent en regelmatig gebruik van zonnebescherming is. Omdat geen enkele bestaande crème voldeed aan zijn eisen qua draagbaarheid en natuurlijkheid, heeft hij er zelf maar een gecreëerd.

De toelichting

De sterkte van zonnestralen is het grootst tussen tien uur 's ochtends en twee uur 's middags, maar zelfs op bewolkte dagen kan tot 20 procent van de schadelijke straling in je huid doordringen. De zon is dan ook verantwoordelijk voor 90 procent van onze zichtbare ouderdomsverschijnselen. De gezichtshuid is het gevoeligst en het meest kwetsbaar voor schade door de zon en vervuiling, en verdient dan ook je eerste aandacht. Ga op zoek naar een crème die niet-comedogeen is (en dus niet de poriën verstopt) en die speciaal bedoeld is voor gebruik op het gezicht. Je kunt kiezen voor een licht hydraterende zonnebrandcrème ter vervanging van je ochtendmoisturizer (maar als je die extra hydratie niet wilt missen, komt de zonnebrandcrème na de moisturizer in de volgorde van aanbrengen). Doe dit met aandacht om geen enkel plekje te missen – de oren en de voeten worden het vaakst vergeten (en tijdens je vakantie aan het strand word je echt niet blij van verbrande voeten). De truc voor kinderen én volwassenen is om een crème te vinden die zowel prettig voelt als er goed uitziet (en dus geen wit waas achterlaat) zodat het geen opgave wordt om je in te smeren.

Over SPF's

SPF staat voor *sun protection factor*. Zonnebrandcrèmes zijn ingedeeld naar hun vermogen de schadelijke UV B-stralen tegen te houden, uitgedrukt in het SPF-cijfer. Dit cijfer wordt berekend aan de hand van de tijd die nodig is om een met zonnebrandcrème beschermde huid te laten verbranden vergeleken met de tijd die daarvoor nodig is als de huid onbeschermd is. Met de keuze voor een breed spectrum zonnebrandcrème met beschermingsfactor 30 of hoger bescherm je jezelf niet alleen tegen zonnebrand, maar verminder je ook het risico op huidkanker en een voortijdige, door de zon veroorzaakte veroudering van de huid.

Pro-tip: gebruik zelfs als je binnen bent zonnebrandcrème, want ramen bieden geen bescherming tegen UV A-stralen (en ook al kun je niet verbranden door UV A-straling, ze kan wel schade veroorzaken). Uit onderzoek is gebleken dat blauw licht (ook wel bekend als *high-energy visible-* of HEV-licht), het hoogfrequente licht dat wordt uitgestraald door de beeldschermen van smartphones, laptops, tablets en tv's, maar ook door fluorescerende stoffen en ledlampen, dieper in onze huid doordringt dan UV A- en UV B-stralen. Een extra reden dus om minder tijd achter een beeldscherm door te brengen.

JEZELF OPMAKEN

1. Breng primer aan als je dit gebruikt. (Zo niet, probeer het dan eens: het biedt de moisturizer meer kans om zijn werk

te doen en het zorgt ervoor dat je make-up langer blijft zitten.)

2. Breng vervolgens eerst een foundation aan, en daarna een concealer.
3. Strijk met een zachte kwast blusher op je gezicht (gevolgd door highlighter als je daar vertrouwd mee bent – en anders is het nu hét moment om daarmee te beginnen). Op pagina 39 vind je uitleg over het aanbrengen van highlighter.
4. Bij het opmaken van je ogen begin je met het aanbrengen van een oogschaduwbasis op het ooglid. Gebruik hiervoor een lichte kleur, waarna je een donkerdere tint kiest voor de plooi.
5. Accentueer de wimperrand met eyeliner.
6. Doe mascara op en wees daarbij niet te terughoudend: plaats de borstel zo dicht mogelijk bij de aanzet van de wimpers.
7. Werk je wenkbrauwen bij. Op pagina 41 vind je alles wat je wilt weten over wenkbrauwen.
8. Maak je look af met lippenstift of lipgloss.

De deskundige

Mally Roncal is een ware kunstenares op het gebied van make-up en is de oprichtster van de cosmeticalijn Mally Beauty. Onder andere Jennifer Lopez, Beyoncé en Heidi Klum zijn klanten van haar geweest. Mally treedt regelmatig op in *Rachael Ray*, *The Wendy Williams Show* en *Good Morning America* als de televisiekoningin van de make-over, en is de auteur van *Love, Lashes, and Lipstick: My Secrets for a Gorgeous, Happy Life*.

De toelichting

Deskundigen adviseerden eerder altijd om eerst de ogen op te maken, om te voorkomen dat er oogschaduwpoeder op je net opgemaakte gezicht neerdwarrelde. Maar met de producten van tegenwoordig loop je dat risico niet meer (en als je wel zulke poederige oogschaduw gebruikt, is het de hoogste tijd om over te schakelen op iets nieuws). Door te beginnen met het egaliseren van de huid leg je de basis voor de juiste accenten, en word je niet afgeleid door donkere kringen of onregelmatigheden rondom je ogen. Door je wangen kleur te geven met een blusher voordat je oogmake-up aanbrengt, kun je beter inschatten hoeveel kleur je ogen nodig hebben. Oogschaduw is bedoeld om je ogen te doen oplichten, waarna je met eyeliner een lijn langs de wimperrand trekt waardoor de wimpers dikker lijken (de eyeliner komt boven op de oogschaduw te liggen om de lijn goed zichtbaar te laten zijn). Teken de lijn zo dun mogelijk, omdat een dikke lijn je ogen kleiner maakt; ze lijken als het ware dieper te liggen, en je wilt er natuurlijk niet per ongeluk uitzien als een hologig spook. De een-na-laatste stap is het bijwerken van de wenkbrauwen, omdat de uitstraling die je je wenkbrauwen geeft in overeenstemming moet zijn met hoe je je ogen hebt opgemaakt (zo gaan uitgesproken ogen samen met uitgesproken wenkbrauwen).

Pro-tip: als je voor je lippen voor een uitgesproken kleur kiest, besteed dan extra zorg aan de huid rondom je mond – scrubben, harsen, plukken – omdat je daarmee de aandacht naar dat deel van je gezicht trekt. Kies een halfmatte lippenstift in plaats van een met een vettige formule en een glanzend effect. Voor een gecontroleerde aanbreng kun je de stift andersom houden en de puntige kant gebruiken. Omlijn je lippen met een lipliner of een lippenseel. Om de contouren aan te scherpen en als finishing touch kun je met een kwast een beetje concealer langs de mondhoeken strijken. Om te zoenen!

HIGHLIGHTER AANBRENGEN

'Wat zo geweldig is aan highlighter is dat je kunt accentueren wat je het mooist aan jezelf vindt. Iedereen kan het gebruiken en zou dat ook moeten doen – niet alleen als finishing touch maar ook puur op zich.'
– Lisa Sequino

1. Bij het opmaken van je gezicht gebruik je highlighter als laatste stap – of als enige stap.
2. Breng de highlighter aan in het gebied bij je ogen door in een C-vorm vanaf de wenkbrauwboog via de slaap naar het jukbeen te strijken. Zorg voor een goed kleurverloop.
3. Dep wat highlighter op de uitstekende delen van je gezicht – jukbeenderen, wenkbrauwboog, neusbrug, kin – en strijk het lichtjes uit. (Je krijgt deze uitstekende delen van je gezicht goed in beeld door met een spiegel in de hand bij het raam te gaan staan of bij een andere lichtbron, en te kijken waar het licht valt.)
4. Om je lippen een voller aanzien te geven strijk je een toefje van de highlighter op de cupidoboog, net boven de lip.
5. Controleer nogmaals alle plekken waar je highlighter hebt aangebracht, of de kleur goed verloopt en er geen streep meer zichtbaar is.
6. Vermijd plekken als de zijkant van je neus en het gebied direct onder je ogen.

De deskundige

Lisa Sequino is de algemeen manager en senior vicepresident van BECCA Cosmetics, een dierproefvrij merk gericht op de ontwikkeling van cosmeticaproducten die elk type en elke kleur huid een natuurlijke gloed verlenen (ze staan bekend om hun crèmige highlighters die als het ware in je huid wegsmelten). Lisa is verantwoordelijk voor de opbouw van de naamsbekendheid van BECCA wereldwijd en voor de ontwikkeling van de merkstrategie (de eerste drie maanden nadat ze was bevallen gebruikte ze enkel highlighter om zich op te maken en daar voelde ze zich prettig bij).

De toelichting

Bij highlighter draait alles om de juiste aanbreng, of je het nu gebruikt in combinatie met alleen moisturizer of als finishing touch van een volledig opgemaakt gezicht, het gaat erom dat je er de juiste plekken mee accentueert. Waar je de aandacht naartoe wilt leiden zijn de ogen, de lippen en de vitaliteit van je gezicht (dat juist de uitstekende delen zo belangrijk zijn, is omdat ze dimensie aan je gezicht verlenen). Highlighter is bedoeld om je sterke kanten uit te lichten (zoals ze bij BECCA zeggen: om je vanbinnen en vanbuiten te laten stralen). Iedereen heeft wel een foto van zichzelf waarop je eruitziet zoals je er altijd wel zou willen uitzien, en vaak is zo'n foto gemaakt aan het strand of op een moment dat je nog nagloeit van een vakantie aan het strand. Met highlighter kun je datzelfde effect bereiken – het geeft je een gloed als van het fraaiste licht, en dat de hele dag door. Op een foto van jezelf met perfect aangebrachte highlighter, zul je diezelfde natuurlijke, prachtige, bijzondere gloed uitstralen die je ook had toen je achttien was... of toen je op vakantie in Miami was. Wat wil je nog meer?

Bonus

Geen highlighter bij de hand? Geen probleem. In geval van nood gebruik je gewoon een beetje doorzichtige lipgloss op je jukbeenderen – de reflecterende werking verleent ze een glossy, glanzend aanzien, wat vooral 's avonds een coole look oplevert. Om je huid meer vitaliteit en uitstraling te geven neem je een rode of roze lippenstift: wrijf een klein beetje op je vingers en strijk het lichtjes over je jukbeenderen uit. Om je gezicht te doen oplichten kun je er zelfs een beetje glanzende huidkleurige oogschaduw op borstelen.

Pro-tip: je kunt highlighter ook gebruiken om je decolleté, schouders en benen beter te doen uitkomen. Je zult er stralend en gepolijst uitzien, als door de zon gekust!

JE WENKBRAUWEN BIJWERKEN

'Het was altijd zo dat je met alleen mascara klaar was voor de dag; nu hoeven alleen je wenkbrauwen in vorm te zijn.'
– Jimena Garcia

1. Gebruik een primer – een beetje ricinusolie op een wimperborsteltje doet wonderen. Het is een lichte, soepele olie die de conditie van het haar helpt verbeteren. (Een wimperborsteltje is een borstelstaafje zoals die bij mascara worden bijgeleverd. Ze zijn bij de drogist of via internet ook los verkrijgbaar.)
2. Borstel je wenkbrauwen omhoog om de natuurlijke vorm ervan te bepalen.
3. Gebruik een wenkbrauwpotlood dat overeenkomt met de natuurlijke kleur van je wenkbrauwhaar. Veeg op de dun behaarde delen met het potlood zachtjes over de huid en trek, in imitatie van je eigen wenkbrauwhaar, korte streepjes.
4. Kies wenkbrauwpoeder in een net iets lichtere kleur (het verschil in schakering geeft je haar meer textuur). Breng het poeder aan met een hoekpenseel voor een scherpere belijning.
5. Fixeer het haar met een wenkbrauwgel. (Borstel het aan de

neuszijde iets omhoog voor een volle, natuurlijke wenkbrauwlook.)

6. Overdrijf het bijwerken niet – je wilt haar blijven zien, niet alleen maar make-up.

De deskundige

Jimena Garcia is een veelgevraagde wenkbrauwkunstenares die al meer dan twintig jaar overal ter wereld de wenkbrauwen van beroemdheden vormgeeft. Ze is onlangs aangesteld als eerste wenkbrauwkunstenaar van Chanel ooit.

De toelichting

Het bijwerken van de wenkbrauwen vormt vaak het slotstuk van het opmaken van je gezicht. Maar het kan ook zijn dat je niet meer nodig hebt dan dat. Je begint met een potlood voor het detailwerk – voor het tekenen van een basisvorm of voor het opvullen van dun behaarde plekken. Het poeder dient meer om je wenkbrauwen te beschaduwen, en het mag de textuur van het haar niet in de weg zitten. Strijk met een borsteltje gekleurde wenkbrauwgel door de haartjes om ze op hun plaats te houden. Alternatieven: als je geen gekleurde wenkbrauwgel hebt, kun je ook een mengsel gebruiken van bruine oogschaduw en een essentiële olie, dat je aanbrengt met een wimperborsteltje of eventueel zelfs met een tandenborstel. In geval van nood kun je je ook behelpen met bruine mascara en het bijbehorende mascaraborsteltje. Of bewaar een aloë vera-blad in je koelkast, snijd hem open en strijk met een wimperborsteltje door het bladvlees, en gebruik het als wenkbrauwgel. Het is natuurlijk en het werkt perfect!

Over het kleuren van wenkbrauwen

Door je wenkbrauwen te kleuren kun je ze voller maken en beter tot hun recht laten komen – de verf doet ook alle babyhaartjes beter uitkomen en ligt als een laagje om elk haartje, waardoor de wenkbrauw een gelijkmatig en glanzend geheel vormt. In zijn natuurlijke staat is wenkbrauwhaar vaak wat dof en plat. Zelfs als je zwart haar hebt, kun je er warmte en glans aan toevoegen door het te kleuren. (Door je wenkbrauwen lichter te kleuren kun je al te uitgesproken gelaatstrekken vaak wat verzachten.)

Over het uitdunnen van wenkbrauwen

Gebruik een pincet voor het verwijderen van overtollig dons of haartjes die buiten de door jou gewenste belijning van je wenkbrauw groeien, maar doe dit niet elke dag. En pluk geen haartjes weg op plekken waar je wel haar wilt hebben groeien – gebruik voor het uitdunnen op die plekken een klein schaartje, zodat er een kort haartje overblijft en je wenkbrauw zijn volle aanzien behoudt (anders ontstaat er een open plek). Als je een uitstekend haartje hebt, dat de verkeerde kant op groeit, trek je het met een pincet uit in de richting waarin je wilt dat het haar groeit. (Je trekt daarmee het onder de hoofdhuid gelegen haarzakje de goede kant op, en wijst daarmee het nieuwe haartje de goede weg. Is dat niet geweldig geregeld?)

Over het laten groeien van je wenkbrauwen

Je wilt natuurlijk graag dat de groei van het haar van je beide wenkbrauwen gelijk opgaat, en daarvoor kan het nodig zijn om ze te laten groeien (in plaats van voortdurend te lopen plukken, wat niet goed is voor je haar). Meng in een klein flesje gelijke delen ricinusolie, vitamine E en zoete amandelolie en breng het mengsel voor het slapengaan op je wenkbrauwen aan. Vroeger zeiden ze toch dat je je hoofdhaar kon laten groeien door elke avond honderd keer met een borstel door je haar te strijken? Probeer het maar eens met je wenkbrauwen, het helpt!

DE PERFECTE SMOOTHIE BEREIDEN

'Een smoothie 's ochtends is als een meditatie:
het helpt je de dag goed te beginnen.'
– Catherine McCord

1. Koop diepvriesfruit – het is vaak goedkoper dan vers fruit en het smaakt soms zelfs beter. Bewaar het fruit bij elkaar in een diepvriesdoos zodat je direct ziet wat je in huis hebt en niet met de deur open in je vriezer hoeft te lopen zoeken.
2. Zorg altijd dat er ook wat bananen in je diepvries liggen – een halve banaan maakt je smoothie lekker romig en zit boordevol kalium.
3. Sla een paar van je favoriete superboosters in om je smoothie meer voedingswaarde te geven (bijvoorbeeld hennepzaad, chiazaad, bijenpollen of proteïnepoeder).
4. Kies welke vloeistof je met je ingrediënten wilt mengen. De keus is breed: van koemelk tot plantaardige melk, van koffie tot gewoon water (of kokoswater, een geweldige combinatie met bladgroenten). Om het aantal calorieën laag te houden is groene thee een aanrader. En daarbij geeft het je energie zonder de cafeïnekick van koffie.
5. Was verse ingrediënten vlak voordat je ze gebruikt, niet ver van tevoren. (Het extra voordeel daarvan is dat je ze niet ook nog hoeft te drogen. Op pagina 172 ga ik dieper in op het wassen van verse producten.
6. Leg bij de opbouw van je smoothie zacht of vers fruit zoals banaan of avocado onderop, gevolgd door dingen uit de diepvries en bladgroenten – een ideale verhouding is twee à drie stuks groente en twee à drie stuks fruit.
7. Leg eventuele poeders of zaden daarbovenop.
8. Schenk als laatste de vloeistof in de mengbeker (per persoon gemiddeld 200 tot 250 milliliter) en dan blenden maar!

De deskundige

Catherine McCord is voedingsdeskundige en de oprichtster van Weelicious, een website (en een fantastisch Instagram-account) gericht op het gezin en verantwoorde voeding. Ze is de auteur van *Smoothie Project, Weelicious* en *Weelicious Lunches*. Zij en haar gezin beginnen elke dag met een smoothie.

De toelichting

Wat voor smoothie je maakt, hangt af van wat je in huis hebt. Je kunt echt alles mengen en combineren – volg gewoon je smaak. Sommige mensen houden van een tropisch accent, andere van chocoladepasta en pindakaas (wie niet?), weer andere willen alleen het zuiverste van het zuiverste voor een ontgiftende smoothie. Maar het kan ook van de dag afhangen wat voor smoothie je maakt. Hoe dan ook zijn diepvriesproducten ideaal: diepgevroren biologische groenten en fruit zijn vaak goedkoper; ook midden in de winter kun je gewoon aardbeien eten; en je hoeft nooit iets te wassen of te snijden. Het is fijn als je spinazie, boerenkool of snijbiet in huis hebt, maar er is geen enkele reden om je tot bladgroente te beperken. Je kunt tal van andere groente in een smoothie verwerken, zonder dat je ze ook maar proeft. Zelfs broccoli.

Een favoriet van Catherine: diepgevroren bloemkool. Een handjevol bloemkoolroosjes bevat 2 gram proteïne en 20 calorieën en maakt je smoothie heerlijk romig zonder dat er iets aan de kleur of smaak verandert. Dat is waar een smoothie voor bedoeld is, om het beste te halen uit wat je erin stopt. Vergeet niet het poeder en de zaden pas aan het eind toe te voegen, vlak voor de vloeistof. Als je deze ingrediënten onderin doet, mengen ze vaak niet goed.

Bonus

Van tevoren gemaakte smoothies: als je 's morgens vroeg weinig tijd hebt, kun je 's zondags een grote hoeveelheid maken en die over zeven weckpotten verdelen. Vul ze tot maximaal driekwart (zodat het mengsel kan uitzetten zonder dat het glas breekt), sluit ze goed af en vries ze in. Elke avond verplaats je een van de potten van de vriezer naar de koelkast, en dan hoef je 's ochtends je smoothie alleen maar even te schudden en klaar is Kees. (Je kunt smoothies tot drie maanden na bereiding in de diepvries bewaren.) Dit is ook een goede oplossing als je vroeg opstaat en de rest van het gezin niet wakker wilt maken met het lawaai van een blender. Als je je smoothie wilt bewaren voor op je werk, voeg dan een paar druppels citroensap toe om de kleur te behouden.

Welke superbooster past het beste bij jou? Een booster is geen must, maar helpt je wel het beste uit je smoothie te halen. Dus waarom niet?

- Heb je gebrek aan energie? Probeer dan spirulina (een zoutwateralg die boordevol microvoedingsstoffen zit).
- Kun je wel wat extra vezels gebruiken? Kies dan voor chiazaad.
- Hebben je huid, haar en nagels wat extra aandacht nodig? Voeg dan collageen toe. (Volgens Catherine zou elke vrouw boven de vijfendertig haar gewrichten, huid, haar en nagels met collageenpeptiden moeten ondersteunen – en ik gebruik het dan ook.)
- Om je weerstand te verhogen kun je bijenpollen gebruiken, die bovendien rijk zijn aan proteïne. En als je ze bij een imker uit de streek koopt, verlichten ze misschien zelfs eventuele hooikoortsklachten. (Catherine zweert bij bijenpollen – en voegt ze elke dag toe aan de smoothies die ze voor het hele gezin maakt.)

IJsblokjes van bladgroente
Maak de volgende keer dat je een hoeveelheid bladgroente in huis hebt eens 'groente-ijsblokjes': meng twee handenvol bladgroente, een banaan en een kwart liter melk, water of kokoswater in een blender, schenk het mengsel in een ijsblokjesvorm en laat het een nacht in de vriezer staan. Hevel de ijsblokjes over in een diepvrieszak of -doos en bewaar ze tot maximaal vier maanden in de vriezer. Voeg per smoothie twee groente-ijsblokjes toe (de banaan geeft ze een zoet accent, maar die kan ook achterwege worden gelaten als je een bladgroentepurist bent).

ROEREI MAKEN: SMEUÏG EN PRECIES GAAR GENOEG

'Eieren zijn zonder pretentie maar niet zonder uitdaging; ze zijn het perfecte medium voor de kok om kookkunst en smaak te laten samensmelten.'
– Jacques Pépin

1. Breek zes grote eieren in een kom en voeg zout en peper toe (een halve theelepel zout en een kwart theelepel versgemalen zwarte peper).
2. Klop de eieren los met een vork of garde en meng alles goed door elkaar (prik eventueel met de vork eerst in het eigeel).
3. Houd zo'n 4 eetlepels van het eimengsel apart.
4. Verhit 2 mespuntjes ongezouten boter in een steelpan met dikke bodem, op halfhoog vuur.
5. Wanneer de boter is gesmolten, giet je het mengsel uit de kom in de pan, terwijl je met de garde blijft roeren.
6. Blijf vrijwel onafgebroken roeren tot het mengsel er lek-

ker smeuïg uitziet. Door te blijven roeren voorkom je dat het uiteenvalt.

7. Haal de pan zo nodig af en toe boven het vuur vandaan, en blijf roeren tot je bij het doorroeren de bodem van de pan ziet.
8. Haal de pan van het vuur. Het ei zal nog even nagaren, vooral aan de randen – maar dat geeft niet.
9. Voeg het apart gehouden rauwe eimengsel toe, en eventueel twee eetlepels room, en roer dit door het ei in de pan tot een geheel.
10. Schep het roerei uit de pan over in een schaal en serveer het zo snel mogelijk.

De deskundige

Jacques Pépin is een wereldberoemde chef-kok, auteur, tv-presentator (onder meer van een kookprogramma samen met Julia Child) en hoofd van de afdeling 'Special Programs' van het International Culinary Center. Hij is de oprichter van het American Institute of Wine & Food en is lid van de raad van toezicht van de James Beard Foundation.

De toelichting

Is dit de gezondste manier om eieren te bereiden? Nee. Maakt dat uit? Wederom: nee. Het is hoe Jacques Pépin zegt dat je het moet doen, mensen! Hij beoordeelt chef-koks op hun vermogen een echte Franse omelet te maken; deze man weet waar hij het over heeft als het om eieren gaat. (En voor een perfect roerei hoef je niets anders te doen dan de instructies te volgen.) Je blijft het eimengsel bijna onafgebroken doorroeren voor een zo smeuïg mogelijk geheel waarin zich slechts de kleinst mogelijke eikronkels vormen. Het ei dat het dichtst bij het vuur is zal het eerst stollen en daarom is het belangrijk om tot op de bodem van de pan te roeren. Door het apart gehouden rauwe ei er op het laatst doorheen te roeren, voorkom je dat het roerei te veel doorgaart nadat het de juiste consistentie heeft bereikt (de hitte van de pan en het reeds bereide ei zijn voldoende om het rauwe eimengsel te laten garen). De in de aanwijzingen genoemde hoeveelheden zijn voldoende voor drie personen (of twee, als het grote eters zijn). Je kunt de hoeveelheden aanpassen aan het aantal mensen voor wie je kookt. Eieren bereiden vergt oefening, maar wanneer je de basistechniek eenmaal onder de knie hebt, kun je altijd iets in elkaar flansen. (Jacques is zelfs een fan van eieren als avondeten; je kunt dan ook eindeloos variëren door van alles toe te voegen, van ham tot kaas en van truffelsaus tot kaviaar.)

OP DE HOOGTE BLIJVEN VAN HET LAATSTE NIEUWS (ZONDER JE ERIN TE VERLIEZEN)

'Opiniejournalistiek is een duur woord voor een gebrek aan discipline. Lees het werk van journalisten die de lezer en de feiten vooropstellen in plaats van hun eigen mening.'
– Jenna Lee

1. Onderken dat het belangrijk is goedgeïnformeerd te zijn (want dat is het) en zorg ervoor dat te blijven.
2. Weet dat het niet alles of niets is – dat je niet de tijd hebt om je twee uur lang, met een caffè latte bij de hand, in de krant te verdiepen, betekent niet dat je niet op de hoogte kunt blijven. Ook als je maar een paar minuten per dag aan het nieuws besteedt, weet je beter wat er speelt dan wanneer je dat niet doet.
3. Kies verspreid over verschillende media een paar betrouwbare nieuwsbronnen en creëer zo je eigen 'nieuwsfamilie'. Richt je daarop in plaats van rond te surfen naar nieuws.

4. Ga op zoek naar een journalist die je vertrouwt en houd bij wat hij of zij schrijft (als je hecht aan een onpartijdige blik, kies dan bij voorkeur iemand die ook echt tot journalist is opgeleid).
5. Als je geïnteresseerd bent in opinies, ga dan op zoek naar een opinieschrijver die kan bogen op een consistent en tot nadenken stemmend oeuvre.
6. Meld je aan voor de dagelijkse nieuwsbrief van je favoriete nieuwsbron (de grote media berichten vaak over dezelfde onderwerpen, dus houd je bij één nieuwsbrief om niet te worden overstelpt) of luister naar een dagelijkse radionieuwsbrief of podcast.
7. Blijf up-to-date, maar beperk je tot enkele hoofdthema's, aangevuld met dagelijks een artikel over een nieuw ontwikkelde technologie of behandelmethode (om je nieuwsdieet te voorzien van een optimistische noot).
8. Stel jezelf altijd de vraag: wat is hier het grotere plaatje? Als je die vraag niet kunt beantwoorden of als dat je niet direct duidelijk wordt, is het betreffende artikel je tijd vermoedelijk niet waard. Laat je niet opslokken door ruis of een meningenstrijd.
9. Volg op social media fotojournalisten die een interessant perspectief op de actualiteit kunnen bieden door hun aanwezigheid ter plekke.

De deskundige

Jenna Lee is een Amerikaanse journaliste, auteur, producer en oprichtster van Leep Media LCC en SmartHERNews.com. Voordat ze haar eigen nieuwsbedrijf oprichtte, was ze medepresentator van een dagelijks, twee uur durend nieuwsprogramma op Fox News Channel, waar ze verslag heeft gedaan van enkele van de belangrijkste binnenlandse en buitenlandse gebeurtenissen van het afgelopen decennium.

De toelichting

Om zeker te zijn van betrouwbare informatie moet je weloverwogen te werk gaan bij de keuze van je nieuwsbronnen. Een goede journalist bespaart je tijd bij het zoeken naar antwoorden door je een compleet, en niet een door vooroordelen getekend verhaal te leveren. Ga op zoek naar een columnist die je anders tegen onderwerpen kan laten aankijken, iemand die feiten aanlevert en een interessant standpunt inneemt over onderwerpen waar je met andere mensen over kunt praten. En vraag je altijd af, voordat je ook maar een woord van iets gaat lezen, wat het grotere plaatje is. Het nieuws bestaat maar al te vaak uit 'waan van de dag'-berichten in plaats van dat wordt uitgelegd waar gebeurtenissen en onderwerpen werkelijk om gaan. En gun jezelf ook tijd voor wat goed nieuws in de vorm van innovatieve ontwikkelingen – van welke nieuwste technologie die ons leven kan verbeteren of welk nieuw onderzoek dat onze kijk op gezondheid verandert, zou je meer willen weten? Je openstellen voor nieuwe dingen helpt je om voorbij de krantenkoppen te kijken, naar de horizon en de ongekende mogelijkheden die in het verschiet liggen.

Bonus

Probeer een nieuwsapp. The Associated Press bijvoorbeeld is een internationale nieuwsdienst die je een overzichtelijke selectie kan bieden van de belangrijkste gebeurtenissen wereldwijd. Een persbureau als The Associated Press (maar ook bijvoorbeeld het Algemeen Nederlands Persbureau) is in de eerste plaats gericht op een onafhankelijke, feitelijke nieuwsvoorziening (doordat je niet wordt afgeleid door commentaren op het nieuws, is de informatie vaak helderder en sneller op te nemen).

Over op de hoogte zijn:
'Wat je politieke opvattingen ook zijn, je bent burger van een land. Ik vind dat het je plicht is om te weten wat er gebeurt, welke belangrijke zaken er in je land spelen. Op de hoogte blijven is daarmee ook een manier om invulling te geven aan je liefde voor je land. Het is een verrijking van je leven om je regelmatig een beetje te informeren over het land waarin je leeft.' – Jenna Lee.

Pro-tip: 'Wanneer de toestand in de wereld je te veel zorgen baart, is het belangrijk je nieuwsconsumptie te scheiden van je socialmediaconsumptie, twee dingen die vaak overlappen. Het lezen van een gedegen artikel over een actuele gebeurtenis is een betere besteding van je tijd dan, buiten de context om, toevallig over diezelfde gebeurtenis te lezen op social media. Het is zelfs zo dat je zorgen eerder zullen afnemen door je beter op de hoogte te stellen van internationale ontwikkelingen. Kwaliteit gaat boven kwantiteit, een oud gezegde dat nog niets aan waarheid heeft ingeboet.' – Jenna Lee.

2

Van A naar B

'S OCHTENDS DE DEUR UITGAAN (RUSTIG EN ZONDER IETS TE VERGETEN)

'Je schoenen aantrekken en in je auto wegrijden, veel mensen denken dat die twee naadloos in elkaar overlopen, maar dat is niet zo en daarom zijn ze overal vijf minuten te laat.'
– Laura Vanderkam

1. Kies een plek in huis die je bestempelt tot bewaarplek voor alle dingen die je nodig hebt wanneer je weggaat – dat kan in de bijkeuken zijn, in de hal of in de gang bij de voordeur.
2. Zorg dat iedereen in huis van het bestaan van deze bewaarplek afweet (en geef iedereen zijn eigen haakje/opbergdoos/kastje voor jassen, tassen, schoenen, enzovoort).
3. Alles wat je elders tegenkomt en wat op die plek thuishoort, moet daar onmiddellijk naar worden teruggebracht, bij voorkeur door degene die er verantwoordelijk voor is dat het voorwerp in kwestie is gaan zwerven (hoe kunnen ze het anders leren?).
4. Bewaar de belangrijke spullen die je altijd bij je moet hebben in een daarvoor bestemde handtas of portemonnee.

En als je een van die dingen eruit haalt, stop het dan direct weer terug. Het kost je nog geen 10 seconden. Doe het nu – ik wacht wel.

5. Neem minder spullen mee. Wat heb je echt nodig? Minder, minder, minder.
6. Als er een bepaald ding is dat je vaak vergeet, kun je er twee van aanschaffen en één ervan bewaren op de plek waar je het altijd nodig hebt. Is er een sportfaciliteit op je werk? Investeer dan in een extra paar sportschoenen voor onder je bureau zodat je die nooit meer kunt vergeten.
7. Bewaar bepaalde dingen – een extra paraplu, herbruikbare boodschappentassen, een reservezonnebril – in je auto of reistas. En leg ze na gebruik weer terug (herken je het patroon?).
8. Voeg dingen samen om je te helpen dingen niet te vergeten. Om bijvoorbeeld een restje eten dat je als lunch mee naar je werk wilt nemen, niet te vergeten, leg je je sleutels boven op de kipsalade van gisteravond in de koelkast.
9. Als er iets echt belangrijks is wat je beslist niet wilt vergeten, schrijf je dat op een briefje dat je ergens op plakt waar je het wel móét zien voordat je de deur uitgaat (wat dacht je van op de deur zelf?).
10. Neem even de tijd om voor jezelf na te gaan wat je allemaal bij je moet hebben wanneer je straks weggaat.

De deskundige

Laura Vanderkam is deskundige op het gebied van een efficiënt gebruik van tijd en de auteur van *Off the Clock: Feel Less Busy While Getting More Done*, *What the Most Successful People Do Before Breakfast* en *168 Hours: You Have More Time Than You Think*.

De toelichting

Ja, rustig de deur uitgaan begint met jezelf aanleren om dingen terug te plaatsen op de plek waar ze thuishoren. Door de dingen die je nodig hebt wanneer je van huis weggaat een vaste plek te geven, weet je dat wanneer jij (of iemand met wie je samenleeft) een van die dingen zoekt, er maar één plek kan zijn waar het zich bevindt: op een plek in de buurt van de deur waaruit je vertrekt, zodat je deze dingen wel móét zien wanneer je de deur uitgaat. Mensen zeggen vaak: 'Als je 's morgens tijd wilt besparen, moet je de avond ervoor alles klaar hebben staan.' Maar dat kost je juist meer tijd, omdat je je dan in feite twee keer klaarmaakt. En dat niet alleen, je blijft uiteindelijk langer op omdat je na al die voorbereidingen voor de volgende dag ook nog even tijd voor jezelf wilt hebben. En omdat je later naar bed gaat, kom je de volgende ochtend slechter op gang. Wat je veel beter kunt doen, is alles een vaste plek geven. Dan hoef je de avond van tevoren namelijk niets meer klaar te leggen of zetten, want dat ligt en staat het al. Dingen die je altijd nodig hebt, horen thuis in iets wat je altijd bij je hebt. (Bewaar je contante geld, je pasjes, je ov-kaart, je zonnebril altijd in dezelfde portemonnee of tas – wanneer je van tas gaat wisselen, kun je wachten op het moment waarop je je rijbewijs &#!@ in die andere tas thuis hebt zitten.) De dingen die je het makkelijkst vergeet, zijn de dingen die je niet per se nodig hebt. Wat je daarom moet doen, is ze samenvoegen met iets wat je nooit zou vergeten als je de deur uit gaat (je sleutels bijvoorbeeld, of je broek). Briefjes op of naast de deur zijn goede geheugensteuntjes, en als je kinderen hebt, is diezelfde plek ook ideaal voor een overzicht van hun activiteiten voor de komende week. Maar als er zoveel dingen zijn waar je 's ochtends aan moet denken dat je een checklist nodig hebt, kun je je ook afvragen of je leven echt zo gecompliceerd moet zijn en of het allemaal niet wat simpeler en minder kan.

EEN GELIJKWAARDIGE KRUISING OVERSTEKEN

1. Nader het kruispunt met aangepaste snelheid.
2. Vergeet niet om richting aan te geven als je wilt afslaan.
3. Maak oogcontact met andere bestuurders.
4. Het voertuig dat ruim als eerste bij de kruising aankomt mag als eerste doorrijden (dat is een ongeschreven regel, eenvoudige verkeersetiquette).
5. Maar wat nu als twee bestuurders vrijwel tegelijkertijd aan komen rijden? Dan mag het voertuig dat van rechts komt als eerste oversteken. Als er van drie kanten tegelijkertijd een voertuig aan komt, heeft het meest rechtse voertuig voorrang, waarna de andere met de klok mee volgen (het meest linkse voertuig moet dus wachten tot de twee andere de kruising zijn gepasseerd).
6. Wanneer twee voertuigen uit tegenovergestelde richtingen tegelijkertijd arriveren en een van de twee wil afslaan en de andere wil rechtdoor, heeft het rechtdoor gaande voertuig voorrang. Als beide voertuigen rechtdoor willen rijden (dat wil zeggen, als geen van beide bestuurders richting aangeeft) of als beide naar links willen afslaan, mogen ze tegelijkertijd verder. Doe dit wel langzaam, want je weet nooit of de andere bestuurder ook inderdaad doet wat hij heeft aangegeven dat hij zal doen.
7. Als er van vier kanten tegelijkertijd een voertuig aan komt, gelden er geen regels – je wacht gewoon tot de meest agressieve bestuurder (en zo een is er altijd wel bij) voorrang neemt, waarna je, oplettend en behoedzaam, de bovenstaande regels kunt volgen.

De deskundige

Emily Stein is de voorzitster van de Safe Roads Alliance, een stichting zonder winstoogmerk die zich inzet voor de verkeersveiligheid. In Massachusetts en andere staten van de VS maakt de stichting zich sterk voor een betere bewustwording onder weggebruikers van de gevaren van afleiding tijdens het rijden.

De toelichting

Nee, in Nederland staan er bij het naderen van een gelijkwaardige kruising geen borden die je dwingen je snelheid aan te passen (of, zoals in de VS, die je dwingen te stoppen). Maar ook al heb je haast: doe het, zelfs als er op het oog geen ander verkeer te bekennen is. En als er wel ander verkeer is, zorg er dan voor om oogcontact te maken met die andere bestuurders. Het is van cruciaal belang om anderen te laten weten dat je hen hebt gezien, en van anderen te weten dat ze jou hebben gezien. Het belang van deze veiligheidscheck is alleen maar groter geworden door het toegenomen risico op afgeleide bestuurders. Ook bij handsfree gebruik van een telefoon is een bestuurder nu eenmaal niet honderd procent met zijn aandacht bij de weg (en hoeveel bestuurders zijn er niet die geen richting aangeven, of de verkeerde). Als bestuurder van een auto moet je niet vergeten dat de bovenstaande regels voor alle bestuurders gelden, dus ook voor fietsers. En dat we de weg als bestuurders delen met voetgangers. En dat voetgangers die aan het oversteken zijn, van bestuurders voorrang dienen te krijgen. Met fatsoenlijk rijgedrag kom je het verst, en op een prettige manier bovendien. (Hoe fijn is het niet om iemand voor te laten gaan en in ruil daarvoor een blik of gebaar van waardering te krijgen? En hoe $*&@! ergerlijk is het niet als ze jou niet laten voorgaan of geen blijk van waardering geven?) Je moet het natuurlijk ook niet overdrijven. Als iedereen de ander laat voorgaan en je in een situatie terechtkomt waarin steeds nadrukkelijker de een de ander voorrang geeft, kun je het beste maar even naar elkaar lachen, en de impasse doorbreken door dan maar door te rijden om de boel weer in beweging te brengen.

Bonus

Hoe zit het met rotondes waar de voorrang niet door borden is geregeld? Als je een rotonde nadert, pas je je snelheid aan en geef je eventuele voertuigen die van links komen voorrang. Dus: als iemand de rotonde nadert vanaf de weg links van je en die persoon zou moeten afremmen als jij eerst de rotonde op zou rijden, dan moet jij dus even wachten. Het verkeer op de rotonde heeft altijd voorrang (verwacht dan ook niet van iemand die op de rotonde rijdt dat hij je ruimte biedt om ertussen te glippen). En als jij degene bent op de rotonde, ga dan níét stoppen om anderen die ruimte te geven. Dat is niet jouw taak, daarmee ben je geen 'heer in het verkeer', maar kun je juist gevaarlijke situaties veroorzaken. Je kunt het voor jezelf en anderen wel makkelijker maken door duidelijk je bedoeling aan te geven. Geef richting aan naar links als je driekwart rond wilt. Bestuurders die wachten, weten dan dat ze je moeten laten passeren en dat ze dus niet voor niets staan te wachten. Bij het verlaten van de rotonde geef je richting aan naar rechts (en geef je voorrang aan het verkeer dat op de rotonde blijft).

Pro-tip: uit onderzoek is gebleken dat elk gebruik van de telefoon in de auto (dus ook handsfree) de aandacht afleidt en dus van invloed is op je rijgedrag. Zelfs wanneer je tijdens het wachten voor een rood stoplicht alleen maar even op je telefoon kijkt, kan er een na-effect optreden, omdat het gemiddeld tot 27 seconden duurt voor je weer terug bent geschakeld naar de verkeerssituatie (bijvoorbeeld naar de auto's die met 100 km/h langs je heen razen). Handsfree is zeker niet risicovrij.

TANKEN

1. Zorg dat je weet aan welke kant van de auto de tankdop zit. (Tip: naast het tankicoontje op je dashboard staat vaak een pijltje dat wijst naar de kant waar de tankdop zit. Geniaal toch?)
2. Plaats je auto met de kant waar zich de tankdop bevindt naast een pomp en rijd daarbij zo ver door dat er voldoende bewegingsruimte is voor jezelf tussen tankdop en pomp.
3. Als de tankvulklep alleen opengaat met een knopje in de auto (op het dashboard of misschien bij de grond naast je stoel?), vergeet dit dan niet te doen voordat je uitstapt.
4. Doe de motor uit en vergeet niet je portemonnee uit de auto mee te nemen, met daarin je bankpas, creditcard of contant geld.
5. Draai de dop los waarmee je brandstoftank is afgesloten (doe dit pas op het moment dat je ook echt gaat tanken).
6. Kies de juiste brandstof, haak het desbetreffende vulpistool los en laat het mondstuk ervan helemaal in de brandstoftankopening zakken.
7. Druk de hendel van het vulpistool in en blijf deze ingedrukt houden om de brandstof over te hevelen.
8. Wanneer de tank vol is, hoor je een klik. Het vulpistool slaat automatisch af. Trek het mondstuk uit de opening omhoog, met de bovenkant naar boven zodat het niet lekt. Plaats het vulpistool terug in de houder op de pomp.
9. Draai de dop weer op de tank en controleer of hij goed vastzit. (Bij sommige doppen moet je hem horen klikken, soms zelfs drie keer, bij andere moet je gewoon draaien tot hij opeens niet verder wil.)
10. Onthoud het nummer van de pomp, ga naar binnen bij het tankstation en betaal bij de kassa.

De deskundige

Chris Riley is de oprichter van AutoWise, een online gemeenschap van autodeskundigen die de laatste nieuwtjes, inzichten en handige weetjes toegankelijk maken voor auto-enthousiastelingen overal ter wereld (en voor gewone mensen die alleen maar gewoon in hun auto rijden).

De toelichting

Om deze pitstop zo efficiënt mogelijk te laten verlopen, stap je pas je auto uit als je alles hebt gedaan en gepakt wat je moet doen en pakken. Heb je de tankvulklep geopend? Heb je de motor uitgedaan? Heb je je bankpas (of andere betaalmiddelen) bij de hand? Op die manier hoef je tenminste niet vijf keer terug je auto in te duiken. Draai de dop pas van de tank wanneer je er helemaal klaar voor bent om de tank te vullen – met de dop eraf lekt er brandstofdamp uit de tank de atmosfeer in, en dat is niet goed voor het milieu. Het vulpistool is voorzien van een palletje dat je, in de VS en veel andere landen, kunt vastzetten om het vulpistool het werk te laten doen zodat jij de handen tijdens het tanken vrij hebt, om bijvoorbeeld de voorruit even te wassen. In Nederland is dat verboden. Bij een bemand tankstation betaal je na afloop van het tanken bij de medewerker aan de kassa. Bij een onbemand tankstation betaal je vooraf door je pincode in te voeren op de betaalautomaat. Na afloop kun je bij diezelfde automaat desgewenst een bonnetje afhalen. Wanneer je weer bent ingestapt en klaar bent voor vertrek, let dan goed op. Anderen hebben hun auto misschien met de verkeerde kant naast de pomp geplaatst en rijden dan achteruit om het alsnog goed te doen (precies wat mij voortdurend overkwam, voordat ik dit boek schreef).

Bonus

Een paar dingen die je beslist niet moet doen:

- Rook nooit in de buurt van een tankstation. Roken is sowieso af te raden, maar hier is het absoluut gevaarlijk: brandstof is licht ontvlambaar en er is weinig voor nodig om een ramp te veroorzaken.
- Gebruik je telefoon niet tijdens het tanken. Het risico hiervan is kleiner, maar de kans dat je telefoon een vonkje maakt, en je daardoor brand of zelfs een explosie veroorzaakt, is niet uit te sluiten. Bovendien kun je je aandacht er beter bij houden – voor je het weet vul je je tank met de verkeerde brandstof of vergeet je de dop weer op de tank te draaien. (Gebruik van je telefoon is in Nederland niet wettelijk verboden, maar tankstations kunnen deze regel hanteren.)

EEN AUTO HULPSTARTEN

1. Lokaliseer de accu in zowel de helpende als de weigerende auto (meestal zit de accu onder de motorkap, maar hij kan ook in de kofferbak zijn geplaatst of zelfs onder een van de stoelen).
2. Plaats de helpende auto neus aan neus met de weigerende auto (als de accu's inderdaad onder de motorkap zitten), dicht genoeg tegen elkaar aan om met de startkabel van de ene naar de andere accu te kunnen reiken en ver genoeg van elkaar verwijderd om je vrij te kunnen bewegen, en zet daarna de motor af.
3. Leg de startkabels tussen beide auto's in – en zo dicht mogelijk in de buurt van beide accu's – naast elkaar op de grond, zodat er nu aan beide zijden een rode en een zwarte klem liggen. Let erop dat vanaf nu de klemmen elkaar niet meer raken.

4. Lokaliseer bij beide accu's de plus- en de minpool. Deze zitten in de vorm van knoppen boven op of aan de zijkant van de accu. De pluspool is herkenbaar aan de aanduiding 'pos' of '+', en is meestal roodgekleurd; de minpool wordt aangeduid met 'neg' of '–' en is gewoonlijk zwart van kleur.
5. Plaats de klemmen van de startkabel op de accupolen door te beginnen met een rode klem op de pluspool van de lege accu van de weigerende auto te plaatsen.
6. Ga vervolgens naar de helpende auto en bevestig de andere rode klem op de pluspool van de werkende accu en een zwarte klem op de minpool ervan.
7. Keer dan terug naar de weigerende auto en plaats de laatste zwarte klem op de minpool van de lege accu.
8. Start de helpende auto en laat de motor minimaal 1 minuut lopen.
9. Start dan de weigerende auto (en duim gerust eerst voor een goed resultaat).
10. Terwijl de motoren van beide auto's nog lopen, maak je voorzichtig de startkabels los, in precies de omgekeerde volgorde van hoe je ze hebt aangesloten: begin met het losmaken van de zwarte klem van de auto die starthulp nodig had, ontkoppel dan eerst de zwarte en vervolgens de rode klem van de helpende auto, en maak als laatste de rode klem los van de geholpen auto. Zorg ervoor dat de klemmen elkaar niet raken totdat ze alle vier zijn losgekoppeld.

De deskundige

Harry Hendrickson is de eigenaar van Hendrickson Car Care in Halesite, New York, waar hij al ruim vijftig jaar naar tevredenheid auto's repareert. Hij heeft niet bijgehouden hoeveel auto's hij starthulp heeft gegeven, maar, zo zegt hij, het is voor hem dagelijkse kost.

De toelichting

Dit is een van die dingen waarbij de volgorde waarin je te werk gaat zo belangrijk is dat als je je daar niet aan houdt, de gevolgen desastreus kunnen zijn. Als de rode en de zwarte klem elkaar raken terwijl de klemmen aan de andere kant van de kabel nog op een accu zijn aangesloten, slaat de stroom over en kan het metaal smelten (waardoor vonken ontstaan). En je wilt geen vonken in de buurt van een opladende accu waarbij het explosieve knalgas kan vrijkomen. (Dat is ook waarom Harry ervoor waarschuwt niet te roken tijdens het hulpstarten van een auto – onthoud dat!) Je begint met het vastzetten van de rode klem op de lege accu omdat die geen of slechts een kleine hoeveelheid stroom bevat en dus het veiligst is. Denk eraan: de rode klem op de rode pool, de zwarte klem op de zwarte pool (als je de kabels verkeerd aansluit, kun je kortsluiting veroorzaken in de auto-elektronica). En controleer of de klemmen goed vastzitten en of de kabels goed vrij liggen voordat je start. Wat ik maar wil zeggen, is dat het misschien niet eens zo'n gek idee is om deze pagina uit dit boek te scheuren en in het handschoenvakje van je auto te bewaren (daar zou ik alle begrip voor hebben).

Pro-tip: als het hulpstarten heeft gewerkt en de motor van je auto loopt (en dat hoort hij te doen als je goede startkabels hebt gebruikt en je alle bovenstaande stappen netjes hebt gevolgd), doe de motor dan niet meteen weer uit, maar ga een stukje rijden of laat in ieder geval de motor draaien. Doe dit minimaal een halfuur om de accu weer voldoende op te laden. Als de auto de volgende keer dat je hem gebruikt weer niet wil starten, moet de accu vervangen worden.

3

Slimmer werken

GOEDGEKLEED VOOR EEN BELANGRIJKE WERKDAG

'Beschouw het plannen van je outfit als een maaltijdvoorbereiding – hoe meer je van tevoren kunt doen, hoe minder stress (en hoe meer succes) je zult hebben bij het samenvoegen van alles tot een geheel.'
– Sali Christeson

1. Beslis minstens een volle dag vóór je die belangrijke vergadering of presentatie hebt wat je aantrekt (stel dit niet uit tot na zes uur 's avonds, wanneer de stomerij al is gesloten en daar nu net de kleding hangt die ideaal zou zijn).
2. Kies bij twijfel voor de kleding waar je je zelf het beste in voelt, ook al is dat niet het nieuwste of mooiste uit je garderobe.
3. Kies een kleur waar je van houdt, én die je flatteert. (Heb je daar zelf geen idee van? Onthoud dan wat je aanhebt wanneer vrienden of vriendinnen zeggen: 'Wauw, die kleur staat je geweldig.')
4. Als je aan een web- of videoconferentie deelneemt of voor een vraaggesprek op tv bent uitgenodigd en je dus in beeld verschijnt, kies dan niet voor patronen en motieven

– die leiden algauw te veel af – en vermijd kleuren die je flets doen overkomen. Op scherm zien de meeste mensen er goed uit in karmozijnrood.

5. Zorg ervoor dat wat gestreken moet worden gestreken is, en wat gestoomd moet worden gestoomd is. Op pagina 137 staat beschreven hoe je een overhemd of blouse moet strijken.
6. Verzamel alles wat je verder nog nodig hebt voor het completeren van je look – sieraden, ondergoed, schoenen – en leg en hang alles bij elkaar in je kledingkast.
7. Doe 's ochtends zo veel mogelijk voordat je je aankleedt (haar, make-up, ontbijten, de kinderen). Riskeer geen vlekken op je goede kleren, trek zolang een oud T-shirt aan.
8. Kleed je pas vlak voordat je de deur uitstapt helemaal aan.
9. Maak een foto van jezelf in de spiegel (of vraag iemand in huis er een van je te maken) zodat je bij een volgende gelegenheid nog weet hoe je er graag uit wilt zien.
10. Stap de deur uit. En kijk op pagina 260 hoe je met zelfvertrouwen een ruimte binnenloopt.

De deskundige

Sali Christeson is de oprichtster en CEO van Argent, een jong toonaangevend modemerk voor stijlvolle zakelijke kleding voor vrouwen. (Voordat ze Argent lanceerde, heeft Sali zo'n tien jaar in de financiële sector en de techindustrie gewerkt, waar ze heeft ervaren hoe moeilijk het is om kleren te vinden waar je er goed in uitziet, maar die tegelijkertijd ook praktisch zijn en een professionele uitstraling hebben.) De blazers van Argent zijn voorzien van verborgen zakken voor telefoons, creditcards, een handreiniger, noem maar op. Tot de klanten van Argent behoren onder anderen Hillary Clinton, Kamala Harris, Amy Poehler en America Ferrera.

De toelichting

Neem alle beslissingen over wat je aantrekt van tevoren zodat je je op de ochtend van die belangrijke dag voor je werk volledig kunt richten op je presentatie/vraaggesprek/conferentie en je je niet druk hoeft te maken over wat je nu $!#!&! aan moet doen. Gemiddeld zijn vrouwen 20 tot 30 minuten – en soms zelfs een heel uur – kwijt aan het uitproberen van verschillende outfits. Tijdverspilling! Vergeet niet het ondergoed klaar te leggen dat het beste past bij de outfit die je gekozen hebt. Weten welke kleuren je het beste staan en wat kleuren met je doen is belangrijk om goed uit de verf te komen, om er krachtig en zelfverzekerd uit te zien en een blijvende indruk achter te laten. De voorwaarde om dit alles soepeltjes te laten verlopen is natuurlijk dat de mogelijkheden die je klerenkast je te bieden heeft, je ook echt aanspreken. Misschien is de beste optie iets nieuws kopen voor de gelegenheid. De meeste zaken die gespecialiseerd zijn in zakelijke kleding hebben wel een stylist in dienst die jou kan helpen een outfit te kiezen die goed past bij je persoonlijkheid, je lichaamsbouw en het soort werk dat je doet. Ze maken polaroidfoto's van je in de ene na de andere mogelijke combinatie zodat je zelf kunt zien hoe je er echt in uitziet.

Bonus

De basisgarderobe van elke vrouw zou in ieder geval de volgende kledingstukken moeten bevatten (zodat ze sneller – en zonder frustraties – goedgekleed aan de dag kan beginnen):

- Een damespak van echt goede kwaliteit – pantalon en blazer – dat je als geheel kunt dragen of los in combinatie met andere kledingstukken (de blazer over een jumpsuit; de pantalon onder een denim jasje)
- Een nette, geklede spijkerbroek (vooral nu op veel werkplekken een meer casual look geaccepteerd is)

- Een eenvoudige zwarte pantalon
- Een blazer (in een andere kleur dan die van je pak)
- Een denim jasje (en misschien daarnaast ook nog een leren jasje)
- Een goede trenchcoat

Laat kwaliteit zwaarder wegen dan kwantiteit bij het samenstellen van je basisgarderobe – het zijn stuk voor stuk investeringen die het fundament van je klerenkast zullen vormen, en die je af en toe weer een fris aanzien kunt geven door ze te combineren met een nieuwe blouse of top, een sjaal of andere accessoire, waar je dan minder geld aan hoeft te besteden.

DE JUISTE ZITHOUDING

1. Ga goed rechtop voor je stoel staan.
2. Plant je voeten stevig op de grond en voel hoe je staat door je voeten van de binnen- naar de buitenkant wat heen en weer te bewegen.
3. Span je buik ter hoogte van je navel aan en buig je knieën om te gaan zitten, terwijl je je bovenlichaam zo recht mogelijk houdt (sterke buikspieren helpen daarbij).
4. Concentreer je op je bekken wanneer je eenmaal zit en beweeg wat heen en weer op je zitbotjes tot je prettig zit.
5. Buig een beetje voorover om je torso recht boven je bekken uit te laten torenen.
6. Trek je schouders tot aan je oren omhoog en laat ze weer zakken.
7. Til je hoofd op en beweeg het iets naar achteren totdat het in lijn is met je torso en bekken.
8. Stel je stoel zo af dat je heupen boven of op gelijke hoogte

met je knieën zijn, zodat je knieën een hoek van 90 graden of meer maken.

De deskundige

Steven Weiniger is een internationaal beroemd deskundige op het gebied van lichaamshouding en de auteur van *Stand Taller – Live Longer: An Anti-Aging Strategy*.

De toelichting

Met een goede houding ontlast je je spieren en gewrichten, maar dat is niet het enige. Onderzoek heeft aangetoond dat mensen die niet goed rechtop zitten of staan een hogere aanmaak hebben van cortisol (ook wel het stresshormoon genoemd) en een lagere aanmaak van testosteron. Om nog maar te zwijgen van wat je uitstraalt met zo'n voorovergebogen houding. Door rechtop te staan – en te zitten – kom je zelfverzekerder en besluitvaardiger over. Een juiste zithouding begint dan ook met een juiste stahouding, en die bouw je van de grond af aan op. Richt je dus eerst op je voeten, dan op je bekken, gevolgd door je torso en daarna je hoofd. Mensen zakken vaak direct naar voren zodra ze gaan zitten. Dit kun je voorkomen door ervoor te zorgen dat je heupen niet lager zijn dan je knieën (dat kan betekenen dat je je stoel in hoogte moet verstellen). Bij een juiste zithouding kun je je handen ontspannen op je bureau plaatsen, waarbij je armen bij de elleboog in een min of meer rechte hoek staan. Blijf je net zo netjes in deze houding zitten wanneer je geconcentreerd aan het werk bent? Nee, maar als je er in de loop van je werkdag een paar keer aan denkt om je houding te controleren en te corrigeren maakt dat al veel verschil. En hoe rechterop je zit, hoe meer je je buikspieren aanspreekt (je moet ergens beginnen voor een sixpack, nietwaar?).

Bonus

Hoe juist je zithouding ook is, probeer niet alleen maar te blijven zitten, maar sta regelmatig even op en beweeg wat. Het standaardadvies is om dat elk halfuur te doen. Denk na over welke werkgewoonten je kunt ontwikkelen om je daarbij te helpen (al lopend overleg plegen, bijvoorbeeld), want ons lichaam is er niet op gebouwd om zoveel te zitten als we doen.

EFFECTIEVE E-MAILS SCHRIJVEN

'Een van de redenen waarom mensen zo lang met hun werk bezig zijn is dat ze waardeloze e-mails schrijven.'
– Justin Kerr

1. Houd de onderwerpregel simpel en beperk je tot zeven woorden of minder (neem als maatstaf dat het op het scherm van een mobiele telefoon op één regel moet passen).
2. Sla uitgebreide begroetingen over. Je kunt volstaan met een eenvoudig 'Hoi Nick' voordat je ter zake komt.
3. Begin met de slotsom – dat wil zeggen, met wat je hoopt te bereiken met deze e-mail.
4. Gebruik opsommingstekens bij het benoemen van wat er moet gebeuren. (Is het duidelijk wat je van de ontvanger verwacht? Zorg ervoor dat je dat voor jezelf helder op een rijtje hebt; daarmee maak je het makkelijker voor de ander om aan die verwachting te voldoen.)
5. Denk aan witruimte.
6. Kijk nog eens goed naar je opmaak. Hoe zal je e-mail eruitzien voor de ontvanger (wanneer die hem leest op het schermformaat van een mobiele telefoon). Een groot blok tekst waarvan je het eind niet kunt zien, schrikt af.

7. Schrap alles wat overbodig is en voeg witregels toe.
8. Kies een formulering of een enkel woord ('Fijne dag!', 'Vriendelijke groet', 'Hartelijks') om je e-mails standaard mee te besluiten.
9. Schrijf je naam (ook als je geen slotwoord of -formulering gebruikt); zonder naam kan een e-mail wat neerbuigend overkomen, vooral wanneer je de ontvanger vraagt om iets voor jou te doen.
10. Stuur geen uitgebreide e-mailhandtekening mee met een inspirerend citaat, een afbeelding of je complete LinkedIn-profiel. (Op dergelijke handtekeningen zitten de meeste mensen niet te wachten. Ze worden bovendien vaak als bijlage ontvangen, en als ze wel in het bericht zelf in beeld verschijnen, vertroebelen ze je boodschap en het antwoord van de ontvanger.)

De deskundige

Justin Kerr is adviseur op het gebied van doelmatig werken, de bedenker en maker van de podcast *Mr Corpo*, en de auteur van *How to Write an Email, How to Be Great at Your Job* en *How to Cry at Work*.

De toelichting

Het doel van een e-mail is om zo snel en eenvoudig mogelijk het antwoord of de informatie te krijgen die je nodig hebt. Om dat te bereiken begin je met een heldere onderwerpregel. Als je met dezelfde persoon al over iets anders correspondeert, begin je over een nieuw onderwerp een nieuw gesprek met een eigen onderwerpregel. Als je dat niet doet, loop je de kans dat de ontvanger je mail als oud nieuws beschouwt en negeert. Op school hebben we geleerd om inleiding, kern, slot als volgorde aan te houden. Bij zakelijke e-mails is dat anders: je begint met het slot door meteen te zeggen wat je van de ander verwacht, waarna je benoemt wat er moet gebeuren, eventueel gevolgd door een nadere uitwerking. Het geheim van een effectieve e-mail is het gebruik van opsommingstekens. Verplaats jezelf in de schoenen van de ontvanger. Je stelt je mail vermoedelijk op achter je computer of laptop, op een groot scherm, maar degene aan wie je je mail stuurt, leest hem misschien op zijn smartphone, tussen twee vergaderingen door of terwijl hij net in of uit een taxi stapt. Witregels bieden rust en maken het makkelijker om je bericht nog eens gericht door te lezen en te beantwoorden. Om jezelf een telkens terugkerende beslissing te besparen, kies je als afsluiting een woord of formulering die bij je past en gebruik je die standaard ter afsluiting van je mails, à la Steve Jobs en zijn werkkleding (beschouw je 'Vriendelijke groet' als je zwarte coltrui).

Bonus

Als je een geïrriteerde toon bespeurt bij je e-mailcorrespondent, ga daar dan niet op in. Een e-mailgeschil win je niet via e-mail. Stap achter je computer vandaan en los de kwestie een-op-een op, via de telefoon of persoonlijk. Het goede nieuws: mensen met een grote mond krabbelen bij een confrontatie vaak terug. Zeg: 'Blijkbaar zijn we het niet eens.' De reactie zal dan waarschijnlijk zijn: 'O nee, ik heb er geen problemen mee om te doen wat jij wilt... Het was maar een kanttekening van mij.' Als de mailwisseling binnen een groep wordt gevoerd, is het belangrijk om iedereen van die uitkomst op de hoogte te stellen ('We zijn eruit, we doen het zus en zo.'), zodat iedereen weet dat een mogelijk geschil in de kiem is gesmoord. En het verschaft jou de aura van iemand die problemen weet op te lossen... en zich niet tot e-mailgeschillen laat verleiden.

EEN VOICEMAILBERICHT INSPREKEN

'De vuistregel is dat als degene die luistert de boodschap nog een keer moet afluisteren, je je werk vermoedelijk niet goed hebt gedaan.'
– Joel Schwartzberg

1. Bedenk dat je een boodschap wilt achterlaten, niet een speech.
2. Oefen een paar keer hardop (dat helpt om je gedachten en je woorden op één lijn te krijgen).
3. Begin na de pieptoon met een korte begroeting ('Hoi Sarah') en zeg direct daarna wie je bent en in welke hoedanigheid je belt ('Met Amy Smith van de firma ABC'). Doe dit langzaam, en nadrukkelijk articulerend.
4. Geef meteen ook het telefoonnummer waarop je te bereiken bent.
5. Maak zo nodig kort melding van je relatie tot degene voor wie de boodschap bestemd is: 'We hebben elkaar ontmoet bij de conferentie vorige week,' of: 'Ik heb je naam en telefoonnummer gekregen van Kevin, die ook een vriend van mij is.'
6. Vermijd lange, verontschuldigende inleidingen (want wees eerlijk: maakt een 'Het spijt me dat ik je hiermee lastig val' je boodschap minder vervelend om naar te luisteren?) en kom meteen ter zake. Wil je overleggen? Een e-mailadres? Betaald worden? Zeg het.
7. Houd wat je wilt zeggen of vragen eenvoudig en helder en houd het bij één ding.
8. Geef opnieuw je contactinformatie – praat ook nu langzaam en nadrukkelijk articulerend – en herhaal dit nog een keer.
9. Eindig met twee dingen: een woord van dank ('Bedankt,

Sarah') en een hint van wat je van je boodschap verwacht ('Ik kijk ernaar uit je te spreken/met je samen te werken/ dit samen met je op te lossen').

De deskundige

Joel Schwartzberg verzorgt trainingen in strategisch communiceren en is de auteur van *Get to the Point! Sharpen Your Message and Make Your Words Matter.* Joel is tevens speechschrijver van beroep, en hij is nationaal kampioen spreken in het openbaar geweest. Artikelen van zijn hand zijn verschenen in *Harvard Business Review, Fast Company* en *Toastmaster Magazine.*

De toelichting

Ja, ik weet het, een voicemailbericht achterlaten is wat ouderwets (sorry, pap), maar soms kan het niet anders. Het belangrijkste is zonder meer dat je weet wat je wilt zeggen. Zorg dat je dit voor jezelf op een rijtje hebt, dat helpt je om je te richten op de boodschap zelf en een onnodige omkleding van woorden achterwege te laten. Meerdere boodschappen tegelijkertijd maken het alleen maar verwarrend voor degene tot wie je je richt, en die op het moment dat hij naar jou luistert, niet naar jou zit te kijken, maar misschien wel naar Instagram – ik bedoel natuurlijk zijn werkmail. Daarom noem je meteen aan het begin duidelijk je naam. Als je dit te snel doet en de luisteraar mist dit, vraagt hij zich misschien de hele tijd af naar wie hij in hemelsnaam zit te luisteren in plaats van dat hij zijn aandacht heeft bij wat je zegt. De meeste mensen geven pas aan het eind van de boodschap hun contactinformatie, maar als de ontvanger het niet goed heeft verstaan, moet hij (ergerniswekkend!) de héle boodschap weer opnieuw afluisteren. Spreek daarom ook direct aan het begin je telefoonnummer of e-mailadres in (kies één van de twee als vorm van contact).

TWEE MENSEN VIA E-MAIL AAN ELKAAR VOORSTELLEN

1. Vermeld van beiden de naam in de onderwerpregel: 'Introductie Erin en Justin'.
2. Richt je in je mail tot elk van beiden afzonderlijk (als je ten behoeve van de ene persoon contact legt met de andere, richt je je eerst tot degene op wie een beroep wordt gedaan): 'Erin, ik wil je graag voorstellen aan Justin.'
3. Vertel iets over Justin (en voeg eventueel een link toe naar zijn LinkedIn-profiel of website).
4. Richt je tot degene aan wie je een dienst bewijst: 'Justin, Erin is degene over wie ik je vertelde.' Voeg zo nodig een regel context toe om duidelijk te maken waarom je deze twee mensen aan elkaar voorstelt.
5. Geef aan wie vervolgens wat moet doen. 'Justin, jij kunt het beste contact leggen met Erin en haar uitnodigen voor een kop koffie.'
6. Vraag om uit de mailwisseling geschrapt te worden. 'Het is niet nodig om mij kopieën te sturen van jullie verdere e-mailcontact.'

De deskundige

Justin Kerr is adviseur op het gebied van doelmatig werken, de bedenker en maker van de podcast *Mr Corpo*, en de auteur van *How to Write an Email, How to Be Great at Your Job* en *How to Cry at Work.*

De toelichting

Neem de tijd om de juiste context te geven – vaak is het het makkelijkst om naar een LinkedIn-profiel of website van een van beiden of beiden te verwijzen – en wees sturend in wie de volgende stap dient te zetten. Dat is namelijk vaak het grootste dilemma voor mensen die via e-mail aan elkaar zijn voorgesteld: wie reageert als eerste? Als degene die de introductie heeft verzorgd, is het jouw taak om hen daarbij te helpen en duidelijk te zijn in wie verder het initiatief moet nemen voor een ontmoeting/een telefoongesprek/samen een kop koffie drinken. En je ontlast je inbox door te vragen om uit het gesprek geschrapt te worden.

JE PUNT OVERBRENGEN

'Mensen zullen zich niet de exacte woorden herinneren die je gebruikt, maar wel wat je bedoelde... als je tenminste een punt hebt.'
– Joel Schwartzberg

1. Bedenk wat je punt is (een punt is een bewering, niet zomaar een thema of onderwerp). Vraag jezelf: 'Als mijn gehoor één ding meekrijgt van wat ik zeg, wat wil ik dan dat dat ene ding is?' Zo krijg je je punt helder in beeld.
2. Om zeker te weten of je punt ook inderdaad een punt is, kun je het onderwerpen aan de 'Ik vind dat...'-lakmoesproef. Vul wat je hebt bedacht in op de puntjes. Als er nu een kloppende zin staat, heb je een punt; als er geen kloppende zin staat, is het tijd om nog eens na te denken over wat je nu eigenlijk wilt zeggen.
3. Maak je punt sterker door het toe te spitsen op waar het het meest om draait. In plaats van te zeggen: 'Als we ons goed voorbereiden, zal de klant daarvan onder de indruk zijn en kunnen we onze ideeën beter voor het voetlicht brengen en verloopt alles gladjes,' zeg je: 'Als we ons goed voorbereiden, halen we die opdracht binnen.' Bam!
4. Vermijd nietszeggende bijvoeglijke naamwoorden. Zeg

niet dat iets 'geweldig' is, maar benoem wat het voor jou geweldig maakt. Daarmee richt je je op het 'waarom' van je punt, en dat is wat je zo krachtig mogelijk tot uitdrukking moet brengen.
5. Weet wanneer je moet zwijgen. Zodra je je punt hebt gemaakt, laat je het daarbij.

De deskundige

Joel Schwartzberg verzorgt trainingen in strategisch communiceren en is de auteur van *Get to the Point! Sharpen Your Message and Make Your Words Matter.* Joel is tevens speechschrijver van beroep, en hij is nationaal kampioen spreken in het openbaar geweest. Artikelen van zijn hand zijn verschenen in *Harvard Business Review, Fast Company* en *Toastmaster Magazine.*

De toelichting

Het lijkt misschien een open deur om te zeggen dat je een punt moet hebben voordat je er een kunt maken, maar je zou er versteld van staan hoeveel mensen gewoon maar praten en praten en van anderen verwachten dat ze begrijpen wat ze zeggen. Om gehoord te worden, moet wat je zegt van waarde zijn, en om dat over te brengen moet je je boodschap aanscherpen. Net zoals je jezelf moet redigeren, vooral waar het bijvoeglijke naamwoorden betreft als 'uitstekend', 'fantastisch' of 'geweldig', die misleidend zijn (wie zou er nee zeggen tegen iets wat 'uitstekend' is) omdat ze geen feitelijke waarde uitdrukken. We kennen allemaal wel de uitdrukking 'minder is meer', maar wat we niet moeten vergeten is dat 'meer is minder' even waar is. Als je meerdere dingen te zeggen hebt, prop ze dan niet allemaal samen in één enkel punt. Kies het belangrijkste dat je wilt zeggen, richt je daarop, en breng die andere dingen later naar voren, elk op hun eigen moment. Mensen onthouden het laatste wat je hebt gezegd, dus als je blijft doorpraten, doet dat af aan de kracht van je punt.

CONSTRUCTIEVE FEEDBACK GEVEN

1. Vraag de persoon in kwestie of hij het goedvindt dan wel tijd heeft om feedback te ontvangen. 'Zeg, zou je het oké vinden om wat feedback van mij te krijgen?'
2. Maak duidelijk wat je bedoeling is (het 'waarom' van je feedback). Zorg ervoor dat die bedoeling in de eerste plaats jouzelf duidelijk is, voordat je welke stap dan ook onderneemt – het mag nooit je bedoeling zijn om de ander in verlegenheid te brengen of te vernederen, maar altijd alleen om de ander te helpen een beter resultaat te bereiken.
3. Benoem wat jou opvalt – dat is de 'wat' van je feedback, die objectief, zonder moreel oordeel en meetbaar hoort te zijn.[1]
4. Vertel de ander hoe wat jou is opgevallen zich verhoudt tot wat als de norm wordt beschouwd. Dit is de 'wat vergeleken met wat'-stap. Als die norm niet van tevoren door jou aan de orde is gebracht, is dit het moment om te zeggen: 'Dit is wat er verwacht wordt.'
5. Laat weten hoe de handelswijze van de ander overkomt – het 'dus wat' van je feedback. Daarmee bied je de ander inzicht in wat hij met een verandering van zijn handelswijze kan bereiken.

1. Als je feedback geeft aan iemand die daarvoor openstaat, die het belangrijk vindt goed te presteren, die waarde hecht aan zijn relatie met jou, is het vaak al voldoende om het hierbij te laten. Diegene reageert dan bijvoorbeeld met: 'Begrepen. Dank je wel. Daar ga ik aan werken.'

6. Plaats de handelswijze in zijn context, de 'wat ik van je weet'-stap. 'Ik heb je leren kennen als iemand die zich nauw betrokken voelt bij onze klant, en ik denk dat als je je handelswijze verandert, je dat beter tot uitdrukking zou kunnen brengen.'
7. Vraag: 'Wat vind je zelf?'
8. Stel een plan van actie voor, het 'wat nu?'. Idealiter werken jullie daarin samen, maar als dat niet zo is, dient het zwaartepunt bij de ander te liggen en niet bij jou.
9. Bedank de ander. Openstaan voor feedback is gedrag dat je wilt bevorderen, dus als de ander je feedback goed heeft ontvangen, is het belangrijk om hem dat te laten weten.

De deskundige

Deborah Grayson Riegel is de CEO en de hoofdtrainer communicatie van Talk Support, een bureau dat trainingen verzorgt voor managers, speciaal gericht op leidinggevende en communicatieve vaardigheden. Ze heeft gedoceerd aan de Wharton School van de University of Pennsylvania, de Columbia Business School en de Duke Corporate Education. Ze is de auteur van *Overcoming Overthinking: 36 Ways to Tame Anxiety for Work, School, and Life.*

De toelichting

Als je de leidinggevende bent, hoef je de ander niet te vragen om toestemming voor het geven van feedback. Maar ook dan is het belangrijk om het op zo'n manier aan te pakken dat je feedback een snaar raakt en tot een snelle en productieve verandering leidt. Je kunt naar een feedbackgesprek toewerken door te zeggen: 'Komt het je dan en dan uit om wat feedback te krijgen over die ontmoeting met die klant?' Je kunt je bedoeling bijvoorbeeld als volgt toelichten: 'Ik denk dat het je zal helpen deze klant beter van dienst te zijn.' Bij de feedback zelf volg je deze zes fundamentele stappen:

1. 'Wat' – Let erop dat het 'wat' om een gedraging of handelswijze van de ander draait, niet om diens persoonlijkheid of karakter. Zeg: 'Het viel me op dat je de klant drie keer in de rede viel,' in plaats van: 'Je was onbeleefd tegen de klant.' ('Onbeleefd' is een interpretatie, het is niet iets wat zichtbaar of meetbaar is.)
2. 'Wat vergeleken met wat'
3. 'Dus wat'
4. 'Wat ik van je weet' – Om je feedback constructief te laten zijn en niet als negatieve kritiek te laten overkomen, kun je een positief aspect belichten van de ander zoals jij hem kent en je aanmerking binnen die context plaatsen.
5. 'Wat vind je zelf?' – Hopelijk heeft het feedbackgesprek meer gevoeld als een dialoog dan als een monoloog. Dan zal deze vraag misschien al eerder en als vanzelf de revue zijn gepasseerd, maar als dat niet is gebeurd, is het belangrijk dat die vraag wel wordt gesteld. 'Ik heb kunnen zeggen hoe ik ertegen aankijk. Maar wat vind jij? Met welke dingen ben je het eens, en met welke niet?'
6. 'Wat nu?' – Prik een datum om op dit gesprek terug te komen. Wanneer we iemand feedback hebben gegeven – een kind, een partner, een werknemer – denken we vaak: pfff, ik hoop dat het hiermee klaar is en ik er niet meer op terug hoef te komen. Laat dat niet een angstige dreiging zijn, maar bouw die stap zelf in door een vervolggesprek te plannen.

EEN PRODUCTIEVE VERGADERING ORGANISEREN

1. Zorg dat je het doel van de vergadering glashelder voor ogen hebt en stel jezelf dan de vraag: 'Is deze vergadering echt nodig?' Als het antwoord daarop ja is...
2. ... kies je een goede locatie. Dezelfde welbekende vergadering op dezelfde welbekende locatie levert dezelfde welbekende resultaten op.
3. Denk goed na over welke mensen zeker aanwezig moeten zijn en vraag om een bevestiging van hun komst. Je kunt niet altijd vertrouwen op enkel en alleen een acceptatie van een kalenderuitnodiging.
4. Zorg dat iedereen die op de vergadering aanwezig zal zijn ook weet wat het doel ervan is, zodat ze zich van tevoren goed kunnen voorbereiden.
5. Maak een planning van de vergadering – en beperk je daarbij niet tot een overzicht van de agendapunten, maar zorg dat je voor elk punt afzonderlijk in beeld hebt hoe dit aan de orde moet worden gebracht. Is het iets waarover de aanwezigen hun ideeën kunnen spuien en waarover gebrainstormd moet worden? Is het iets waarover een beslissing genomen moet worden? Is het iets wat puur en alleen meegedeeld moet worden?
6. Beslis hoe je wilt dat de vergadering wordt vastgelegd. Hoe gedetailleerd moet het verslag ervan zijn en wie stelt dit verslag op?
7. Begin op tijd. OP. TIJD.
8. Als de vergadering langer dan zo'n twee uur gaat duren, spreek dan van tevoren af dat er een pauze zal zijn. Mensen zijn minder geneigd tijdens het vergaderen op hun telefoon te kijken als ze weten dat ze daar tijdens een pauze alle tijd voor hebben.
9. Zorg ervoor dat iedereen weet wat er van hem of haar

verwacht wordt en wanneer. Geef van alles wat er moet gebeuren duidelijk aan wanneer iets als 'klaar en afgehandeld' kan worden beschouwd, zodat daar geen misverstanden over kunnen ontstaan.
10. Eindig op tijd. Of, om de aanwezigen echt blij te maken, een beetje eerder dan gepland.

De deskundige

Rebecca Sutherns, Ph.D., is de oprichtster van Sage Solutions, een adviesbureau dat gespecialiseerd is in strategische planning en samenwerking (en dat door bedrijven bijvoorbeeld kan worden ingeschakeld om te leren een vergadering zo succesvol mogelijk te laten verlopen). Haar meest recente boek is *Nimble, Off Script But Still On Track.*

De toelichting

Niemand heeft er iets aan om te vergaderen om het vergaderen alleen. Wat moet er besproken worden en wat is de kortste klap om het te bespreken? Kan het per telefoon? Per e-mail? Per videoconferentie? (De belangrijkste voordelen van een vergadering in persoon zijn vaak: minder blinde vlekken, meer inzet). Hoe scherper je het doel van een vergadering voor ogen hebt, hoe makkelijker het zal zijn om te weten of de vergadering ook echt nodig is en hoe makkelijker het is om iedereen op het juiste spoor te houden. (Weet dus welk spoor je wilt volgen, want anders weet je niet wanneer je van het spoor bent afgedwaald.) Maar al te vaak worden er op vergaderingen mensen uitgenodigd die er weinig te zoeken hebben, en iedereen is weleens op een vergadering geweest waar iemand zei: 'O, maar daar kan ik geen beslissing over nemen. Dat moet ik aan die en die vragen.' Zorg er dus voor dat je de juiste mensen uitnodigt (en dat je 'die en die' niet vergeet). Mensen zijn creatiever van geest in een creatieve ruimte – binnen of buiten het kantoorgebouw. Het gaat meer om variatie dan om hoe de ruimte zelf eruitziet, al zijn beide aspecten van belang. Hoe helderder de structuur en de details van de vergadering, hoe betrokkener de mensen zijn. (Visuele ondersteuning helpt om mensen geïnteresseerd te houden en hen de informatie beter te laten onthouden.) De wijze waarop van de vergadering verslag wordt gedaan, is hoe er op de vergadering zal worden teruggeblikt. Zorg dus dát het gebeurt, én op de juiste manier, niet zo ellenlang of dodelijk saai dat het door niemand wordt gelezen.

Pro-tip: wanneer de vergadering voorbij is, is ze voorbij. Niemand hoeft te blijven hangen voor een kletspraatje. Als je een van de aanwezigen bent, kun je vragen: 'Heeft iedereen alles wat hij vandaag van me nodig heeft?' Als het antwoord ja is, kun je gewoon gaan, zonder uit te gaan leggen waarom je niet nog wat blijft rondhangen of waarom je zo'n haast hebt om weg te gaan (je werk natuurlijk!), en ga al helemaal niet zeggen dat je het zó enorm druk hebt (daarmee wek je de indruk dat wat jij doet veel belangrijker is dan wat andere mensen doen en andere mensen vinden dat niet leuk).

EERDER WEGGAAN BIJ EEN INFORMELE WERKBIJEENKOMST

1. Zet voordat je gaat voor jezelf op een rijtje waarom je gaat (en waarom het oké is om niet tot het eind te blijven).
2. Stel de verwachtingen bij – die van jezelf en die van anderen – door de belangrijkste mensen van je plannen op de hoogte te brengen.
3. Hang je jas niet in de garderobe.
4. Zet je beste netwerkbeentje voor.
5. Bedank de anderen en neem afscheid; knijp er niet stilletjes tussenuit.

6. Voel je niet schuldig over je vroege vertrek. Je was er, en dat is winst, voor jou en voor de anderen.
7. Gebruik de tijd tussen je vertrek en je thuiskomst om te acclimatiseren. Haal een paar keer diep adem, lees en beantwoord nog wat laatste e-mails, noteer wat dingen die je niet wilt vergeten, of doe iets anders wat je helpt de overgang te versoepelen tussen de ene en de andere bezigheid.

De deskundige

Lauren Smith Brody is de oprichtster van adviesbureau Fifth Trimester, dat bedrijven helpt vrouwelijk talent te behouden door het promoten van een nieuwe kijk op ouderschap op de werkplek. Ze is de auteur van *The Fifth Trimester: The Working Mom's Guide to Style, Sanity, and Success After Baby*.

De toelichting

Om op een goede manier voortijdig te vertrekken, is het het allerbelangrijkste dat je achter je eigen beslissing staat. Weeg dus goed van tevoren af waarom je wilt gaan en wat je verwacht ervoor terug te krijgen. Bereid jezelf erop voor dat je misschien wel vertrekt op een moment dat je het liefst zou willen blijven, en bereid je collega's erop voor dat er een lege plek aan tafel is tegen de tijd dat het dessert wordt geserveerd. Houd er direct bij aankomst al rekening mee dat je straks weer makkelijk weg kunt (ga dus niet ergens in het midden zitten, maar liever aan een zijkant). Je wilt de tijd die je hebt ook zo goed mogelijk benutten, dus ga in gesprek met mensen en zorg ervoor dat je de mensen spreekt die je wilt spreken (ga er desnoods al wat te vroeg naartoe). Het is niet altijd makkelijk om op een groepje mensen af te stappen en jezelf voor te stellen, maar put moed uit het feit dat je maar beperkt de tijd hebt. Blijf niet aan de zijlijn staan in een een-op-eengesprek met iemand die je niet eens per se hoeft te spreken, maar die nu eenmaal het vertrouwdst is om mee te spreken (je beste collega bijvoorbeeld). En glip er niet ongezien tussenuit. Laat weten dat je blij bent dat je bent gekomen, dat het nuttig voor je is geweest, dat je morgen alles wilt weten over hoe de rest van de bijeenkomst is verlopen, al is het maar met een gefluisterde opmerking, een knikje, een knuffel of een kort praatje.

Pro-tip: als je eerder weggaat omdat je een werkende ouder bent, vertel je kind dan bij thuiskomst (of de volgende ochtend) waar je was, wat je hebt gedaan en waarom het belangrijk voor je was om daarbij te zijn. Zoals op je werk je ouderschap bespreekbaar moet zijn, zo moet ook thuis je werk bespreekbaar zijn, zodat je kinderen begrijpen dat je niet elke dag in het niets verdwijnt. Je hoeft voor hen niet verborgen te houden dat je werkt, waarom je werkt, voor welke uitdagingen je soms staat en welke overwinningen je soms boekt. Dat maakt je ook tot wie je bent, en dat is voor kinderen goed om te zien.

OM OPSLAG VRAGEN

1. Wat voor opslag wil je? Bedenk dat het ook over andere dingen dan geld kan gaan. Wil je meer flexibiliteit? Meer vakantiedagen? Meer verantwoordelijkheid of een andere functietitel?
2. Bepaal voor jezelf tot waar je wilt gaan (dat wil zeggen, het minimum waarmee je akkoord gaat). Die grens kan liggen bij je huidige salaris, maar kan ook daarboven liggen, als je bijvoorbeeld ergens anders aan de slag kunt. Voordat je dit gesprek aangaat, is het goed om te weten wat voor jouw werkzaamheden binnen het bedrijf een redelijk salaris is (informeer hiernaar bij hr). Kijk ook eens naar de gemiddelde salarissen voor jouw soort werk elders op de markt.

Op basis daarvan kun je je inzet voor de onderhandelingen bepalen. Je inzet is wat je gaat vragen, niet waar je grens ligt. Je zet altijd hoger in om ruimte te hebben om te onderhandelen.

3. Zorg er zo mogelijk voor iets achter de hand te hebben – een aanbod van een ander bedrijf of een andere afdeling of maak desnoods alleen maar een afspraak met hr om je te oriënteren op de mogelijkheden binnen jouw eigen afdeling, de divisie of het bedrijf.
4. Bedenk wat voor je leidinggevende belangrijk is en waar je hem of haar bij zou kunnen helpen.
5. Kies een gunstig moment voor je gesprek door je leidinggevende te vragen wanneer het uitkomt en vertel ook wat de reden van het gesprek is. (Spreek je leidinggevende niet zomaar in de gang aan om plompverloren om opslag te vragen.)
6. Begin de onderhandelingen door bijvoorbeeld te zeggen: 'Ik wil het graag hebben over opslag en een paar andere dingen die voor mij belangrijk zijn, maar ik zou ook graag willen praten over wat voor jou belangrijk is en hoe we die twee kunnen samenbrengen tot iets wat voor ons beiden werkt.'
7. Bespreek een paar van de dingen waarover je in stap 4 hebt nagedacht. Misschien houdt je leidinggevende zich veel bezig met netwerken, wat vaak langere werktijden met zich meebrengt, wat weer ten koste gaat van de tijd met het gezin. Je zou kunnen aanbieden om een deel van die verantwoordelijkheid over te nemen.
8. Uiteindelijk zal je leidinggevende je vragen: 'Goed, hoeveel wil je precies hebben?' Dat is het moment waarop je je verhaal doet en vertelt wat je waard bent, waarin je uitblinkt, waarom je zo geweldig bent en wat je wilt (je maakt je inzet bekend).

9. Als het ernaar uitziet dat je leidinggevende niet zomaar akkoord gaat, breng dan stap 3 ter sprake. 'Dit is belangrijk voor me omdat me een andere baan is aangeboden. Ik wil hier blijven werken en ik zou dan ook graag samen overleggen over hoe dat te realiseren is.'

De deskundige

Tad Mayer is de directeur van Career Negotiations en hij begeleidt individuen en bedrijven bij het ontwikkelen van beter leiderschap, meer betrokkenheid van werknemers en het bewerkstelligen van promotie (oftewel: hoe je die opslag krijgt).

De toelichting

Hoe beter je je voorbereidt, hoe beter dit gesprek zal verlopen. Als je het kantoor van je leidinggevende binnenvalt en om 'meer' of een 'salarisverhoging' vraagt, is de kans groot dat je met minder weggaat dan je had gewild. Als je een andere baan aangeboden hebt gekregen, is dat natuurlijk fijn en plaatst dat je in een gunstige positie, maar gebruik het alleen als punt van informatie, niet als dreigement. En begin niet met opscheppen over wat je allemaal hebt bereikt en hoe goed je wel niet bent, maar richt je in het gesprek eerst op wat je voor de ander kunt betekenen. Je leidinggevende zat niet te springen om dit gesprek, en de eerste bedoeling ervan is dan ook om diens interesse te wekken en hem of haar zover te krijgen jou te vragen wat jij wilt. Bij het onderhandelen ligt het overwicht bij degene die de ander het meest te bieden heeft (of over het beste alternatief beschikt om iets te bereiken zonder daarvoor de ander nodig te hebben). Als jij iets kan bieden wat voor je leidinggevende belangrijk is, zal hij of zij meer bereid zijn om met jou tot overeenstemming te komen.

4

Er een productieve werkdag van maken

STRUCTUREER JE WERKDAG

'Evenwicht is evenzeer een kwestie van aandachtsmanagement als van tijdsmanagement. Stel een gestructureerd en haalbaar schema op, dat tussendoor ruimte biedt voor andere dingen en dat je bij de les houdt over hoe en waaraan je je tijd besteedt.'
– Nicole Lapin

1. Breng prioriteit aan in je to-dolijst door te kijken wat er al staat ingepland en wat ook beslist moet gebeuren. Kijk voor het opstellen van een to-dolijst die je ook echt afwerkt op pagina 113.
2. Stel uit. Echt waar! Stel dingen die niet tijdgevoelig zijn uit tot morgen (of nog later).
3. Beoordeel welke van de overgebleven taken aansluiten op de doelen die je jezelf hebt gesteld en schrap de taken die daar niet aan voldoen. Rangschik de resterende taken in aflopende volgorde van belang.
4. Eet de kikker op, zou Mark Twain hebben gezegd. 'Als het jouw werk is om de kikker op te eten, kun je je dag er maar beter direct mee beginnen. En als het jouw werk is om twee kikkers op te eten, kun je maar beter beginnen met de grootste.' Met andere woorden, pak de groot-

ste taak of de taak waar je het meest tegen opziet het eerste aan.

5. Wees je bewust van je lichaamsritme en hoe je je op verschillende momenten van de dag voelt, zodat je je werkplanning daarop kunt afstemmen. (Buig je over taken die de meeste concentratie en aandacht vergen op het tijdstip van de dag dat je het helderst bent.)
6. Ruim voor het beantwoorden van e-mails of noodzakelijk 'denkwerk' tijd in op een moment van de dag dat je het wakkerst bent.
7. Plan vergaderingen in na de middagpauze. Uit onderzoek is gebleken dat de middag, vooral de namiddag, na drie uur, de meeste geschikte tijd van de dag is voor sociale activiteiten als vergaderen.
8. Ruim niet ergens een halfuur of een uur voor in enkel en alleen omdat het zo mooi overzichtelijk in je agenda staat. (Als een vergadering niet langer dan 7 minuten hoeft te duren, plan je hem in voor 7 minuten, en niet voor een halfuur. Wat kun je allemaal wel niet doen in die 23 minuten?)

De deskundige

Nicole Lapin is de auteur van *Becoming Super Woman: A Simple 12-Step Plan to Go from Burnout to Balance*. Ze was het jongste boegbeeld ooit op CNN voordat ze diezelfde rol vervulde voor het vroegeochtendprogramma van CNBC, naast haar werk als zakelijk verslaggeefster voor MSNBC en *Today*. Ze is tevens de auteur van *Rich Bitch* en *Boss Bitch*.

De toelichting

Bij het maken van een productief plan voor de dag draait het om het stellen van prioriteiten, en dat betekent dat je sommige dingen zult moeten uitstellen tot de volgende dag of later. Houd bij het maken van een planning ook altijd rekening met je natuurlijke ritme. De eerste twee tot vier uur na het wakker worden ben je over het algemeen het scherpst van geest. Als je de dingen waar je het meest tegen opziet onderaan je prioriteitenlijstje plaatst of gaat uitstellen, worden ze in je hoofd alleen maar groter. Als je iemand moet ontslaan, de verantwoordelijkheid voor iets op je moet nemen, een intimiderend project moet aanpakken, zet je schouders er dan meteen onder zodat het maar gebeurd is of je er in ieder geval een begin mee hebt gemaakt. En vraag je bij vergaderingen altijd af of het nodig is om persoonlijk bij elkaar te komen of dat het niet veel effectiever qua tijd is om telefonisch (of via Zoom) met elkaar te overleggen. Zie pagina 80 voor een zo effectief mogelijke manier van vergaderen.

Over druk zijn:
'"Drukke" mensen brengen geen onderscheid aan in de dingen waarmee ze hun dag vol plannen: computer opschonen, bij de stomerij langs, borrelen met een kennis die je niet eens zo graag mag. "Productieve" mensen geven meer of minder prioriteit aan taken naargelang ze meer of minder in lijn liggen met de doelen die ze zichzelf gesteld hebben en hun emotionele behoeften en welbevinden. Wees je bewust van wat je met je dag doet en denk goed na over hoe je je dag het beste invulling kunt geven.' – Nicole Lapin

BLIJF JE INBOX DE BAAS

'De taal van e-mail is de taal die we delen, en e-mailen is dan ook nog altijd de belangrijkste vorm van communicatie op kantoor.'
– Justin Kerr

1. Zorg dat je 10 minuten eerder op je werk bent.

2. Lees alle nieuwe e-mails door en beantwoord ze voordat je begint met vergaderen.
3. Houd uitgaande mails kort en blijf ter zake. Zie pagina 69 voor tips hiervoor.
4. Wanneer je je mail aan meerdere mensen stuurt, voeg dan alleen degenen toe die ook echt bij de mailwisseling betrokken moeten worden (om te voorkomen dat je wordt overspoeld met 'reply all'-berichten).
5. Als iemand jou een groepsmail stuurt, let er dan op dat je bij het beantwoorden de 'reply all'-optie gebruikt, zodat iedereen in de groep ook weet dat je hebt geantwoord.
6. Stel een opmerkelijke deadline wanneer je iemand vraagt om iets te doen (dinsdag om 15.22 uur). Daarmee onderscheidt jouw opdracht zich van andere opdrachten (die altijd allemaal op 'donderdag, aan het eind van de dag' ingeleverd moeten zijn – terwijl 'het eind van de dag' voor iedereen weer iets anders kan betekenen).
7. Als een e-mailcorrespondentie met iemand maar eindeloos heen en weer blijft gaan zonder ergens toe te leiden, pak dan de telefoon of stap naar diegene toe en los het offline op.

De deskundige

Justin Kerr is adviseur op het gebied van doelmatig werken, de bedenker en maker van de podcast *Mr Corpo*, en de auteur van *How to Write an Email, How to Be Great at Your Job* en *How to Cry at Work*. Hij geeft zo'n veertig lezingen per jaar aan bedrijven, waar hij mensen vertelt dat ze meer e-mails moeten sturen, niet minder (maar niet iedereen neemt dat van hem aan).

De toelichting

Bij e-mailen gaat het erom dat je de grote golf voorblijft. Je moet je inbox afhandelen om mails te kunnen ontvangen die je nodig hebt om verder te kunnen. Wat je werkschema ook is, houd verspreid over de dag blokken van 5 minuten vrij om telkens één of twee e-mails te beantwoorden (reken maar na: zes van die kleine 'productiviteitspieken' kosten je samen maar een halfuur). Ja, als je aan een groepsmail bent toegevoegd, moet je de 'reply all'-optie gebruiken – je kan dan wel denken anderen een plezier te doen door je antwoord alleen naar de opsteller van de mail te sturen, maar die anderen weten dan niet dat je wat hebt ingebracht en wat jouw inbreng is, wat iedereen uiteindelijk alleen maar meer moeite en tijd kost. Als je je inbox ook met deze inhaalslag nog niet de baas bent, begin je de volgende dag nog 10 minuten eerder. Voer dit elke dag met telkens 10 minuten op totdat je het gevoel hebt dat je weer helemaal bij bent om met een schone lei te kunnen beginnen. Dat kan betekenen dat je een week lang eerder naar je werk moet – maar het alternatief is dat je je het komende halfjaar volkomen overspoeld voelt.

Bonus

Stuur nooit e-mails in het weekend of laat op de avond. Om te beginnen zou je daarmee de indruk kunnen wekken dat je je werk niet aankan, maar wat misschien nog wel belangrijker is, is dat wanneer je om elf uur 's avonds of op zondag e-mails beantwoordt, mensen van je gaan verwachten dat je altijd bereikbaar bent. Oprah heeft ons laten zien dat hoe anderen met ons omgaan ook een kwestie is van hoe wij die anderen dat aanleren. Leer mensen aan dat je je werkmails alleen onder werktijd beantwoordt.

MAAK VEILIGE WACHTWOORDEN AAN (DIE JE OOK NOG EENS KUNT ONTHOUDEN)

'Een computer berekent en herkent patronen veel en veel sneller dan het menselijk brein. Maar waar mensen nog altijd beter in zijn is creatief denken – dat is het grote voordeel dat je hebt op hacksoftware.'
– de redactie van MakeUseOf

1. Bedenk een basiswachtwoord, gebaseerd op een uitdrukking, de naam van een plek of de naam van een persoon in combinatie met een telefoonnummer.
2. Maak wat je hebt gekozen minder herkenbaar. Stel bijvoorbeeld dat je uitgaat van de uitdrukking 'Spreken is zilver, zwijgen is goud', gebruik dan de eerste letter van elk woord om een nieuw woord te maken: SIZZIG. Of vervang in een woord willekeurig letters door cijfers (van 'Lifeskills' bijvoorbeeld, maak je dan 'Lif3skill5') Of je spelt een woord verkeerd om ('Technologie' wordt dan 'eigolonhceT').
3. Voeg cijfers of speciale tekens toe (of vervang bepaalde letters door bepaalde tekens, zodat je het makkelijker kunt onthouden – vervang de 'i' bijvoorbeeld door een '1' of '!').
4. Zorg ervoor dat je basiswachtwoord aan de volgende criteria voldoet:
   - Het is geen bestaand woord.
   - Het bevat speciale tekens en cijfers.
   - Het bevat zowel hoofdletters als kleine letters.
   - Het bestaat uit minimaal tien tekens.
   - Het is niet makkelijk te raden op grond van gebruikersinformatie – je geboortedatum, postcode, telefoonnummer of straat waar je bent opgegroeid (oeps).

5. Prent dit basiswachtwoord in je geheugen. Heus, je kunt het!
6. Wanneer je eenmaal een sterk basiswachtwoord hebt, gebruik je dit om voor elk van je online accounts een uniek wachtwoord aan te maken door de eerste drie letters van de betreffende webdienst of webwinkel voor of achter je basiswachtwoord te plakken. Voor je Gmail-account wordt dat bijvoorbeeld *wachtwoordGma*, voor je eBay-account *wachtwoordeBa*. (Toch nog even voor de zekerheid: *wachtwoord* voldoet niet aan de eerdergenoemde criteria en is dus geen goed wachtwoord!)

De deskundigen

Tina Sieber en Yaara Lancet schrijven over technologie en zijn redactieleden van MakeUseOf, een online hulpgids met dagelijks nieuwe tips en richtlijnen voor een zo optimaal mogelijk gebruik van internet, computersoftware en mobiele apps.

De toelichting

Weet jij zo uit je hoofd hoeveel verschillende wachtwoorden je hebt? Als het antwoord tien of minder is, kan het haast niet anders of je gebruikt hetzelfde wachtwoord voor verschillende webdiensten, en dat is een risico.

De truc om een groot aantal wachtwoorden te onthouden is gebruik te maken van een sterk basiswachtwoord dat je kunt aanpassen aan de desbetreffende webdienst of -winkel. Op die manier hoef je eigenlijk maar één wachtwoord te onthouden, en heb je toch voor elk webaccount een eigen, uniek wachtwoord. Dit werkt alleen niet altijd... Bij sommige webaccounts mag je wachtwoord geen speciale tekens bevatten. In dat geval laat je die achterwege en vervang je ze door gewone lettertekens op een manier dat het geheel weer zo abstract mogelijk is. Bij andere accounts mag je wachtwoord weer niet uit tien tekens bestaan, maar hooguit uit zes of acht. Zorg er in dat geval voor dat je aangepaste wachtwoord in ieder geval aan de andere criteria voldoet.

Bonus

Heb je hulp nodig bij het bedenken van een goed basiswachtwoord? Kies een boek uit je boekenkast, open het op een willekeurige pagina of zoek een favoriete passage ervan op en scan de tekst op een geschikt woord. Een voorbeeld: in mijn editie van *Oliver Twist* van Charles Dickens staat op pagina 109 het woord *jocularity*. Dat is het vierde woord op regel 33 van die pagina. Het basiswachtwoord dat ik daarvan kan maken zou zijn: '109jocularity334'. Speel een beetje met de cijfers en plaats ze op een manier die je het makkelijkst kunt onthouden. Voeg voor de volledigheid nog een speciaal teken toe op een voor jou logische plaats. Je zou het woord in het boek zelfs met potlood kunnen markeren om er zeker van te zijn dat je het terug kunt vinden als je je wachtwoord mocht vergeten.

Pro-tip: gebruik een wachtwoordmanager (een softwareprogramma dat vrijwel niet te kraken wachtwoorden voor je genereert en onthoudt). Jij hoeft alleen maar het 'meesterwachtwoord' te onthouden dat toegang geeft tot al je andere, veilig opgeborgen wachtwoorden op het moment dat je een ervan nodig hebt. Met één klik vult je wachtwoordmanager automatisch je inloggegevens in. Superhandig! Sommige managers kunnen zelfs je creditkaartgegevens en factuuradres voor je bewaren en automatisch invullen, zodat je nog veiliger en makkelijker online kunt winkelen.

Leuk om te weten: 'wachtwoord' en '123456' zijn twee van de meest gebruikte wachtwoorden.

EEN WERKLUNCH KIEZEN WAAR JE VAN OPKIKKERT (EN NIET VAN INKAKT)

1. Schrijf de namen op van drie plekken om lunch te bestellen of af te halen waar je altijd voor in de stemming bent.
2. Vraag jezelf af welke lunchgerechten ze op het menu hebben waarvan je weet dat ze over het algemeen goed vallen.
3. Streep vervolgens aan de hand van wat je eerder die dag hebt gegeten opties af – als je bijvoorbeeld alleen nog maar wortelen en hummus hebt gehad, heb je vermoedelijk niet genoeg aan een salade.
4. Bedenk wat je die avond gaat eten en hoe laat. Streef naar variatie en zorg ervoor dat je je voldaan genoeg voelt om geen trek te krijgen tot de avondmaaltijd (of, als je die avond vroeg eet, dat je niet zoveel eet dat je dan nog geen trek hebt).
5. Kijk in je agenda om te zien wat er voor die middag in de planning staat. Een belangrijke vergadering? Kies dan niet voor iets met graan (de extra koolhydraten kunnen je slaperig maken, terwijl je juist een opkikker kunt gebruiken).
6. Eet voldoende groente, ook bij de lunch. Kies voor een salade erbij, een broodje gezond, een vegetarische wrap of een groentesoep.
7. Neem er iets ongezoets te drinken bij – vergeet sowieso niet om voldoende te drinken.

De deskundige

Jaclyn London is opgeleid tot diëtiste. Ze is een bevoegd voedingsdeskundige en de auteur van *Dressing on the Side (and Other Diet Myths Debunked): 11 Science-Based Ways to Eat More, Stress Less, and Feel Great About Your Body*. Nadat ze eerder aan het hoofd heeft gestaan van het Nutrition Lab van het Good

Housekeeping Institute is ze nu hoofd Nutrition and Welfare voor ww (voorheen WeightWatchers).

De toelichting

Op ons werk maken we minder doordachte voedingskeuzes, met name als het om hoeveelheid gaat – we eten algauw of te weinig met als gevolg dat we toch weer naar het snoep grijpen, of te veel waardoor we om drie uur 's middags het liefst onder ons bureau zouden kruipen om een dutje te doen. Een weloverwogen lunch kan je precies het zetje geven waar je behoefte aan hebt voor een productieve middag. Wat je daarvoor nodig hebt is een combinatie van vezels, proteïnen en goede vetten. Vezels geven je een vol gevoel maar vertragen ook de snelheid waarmee je voedingsstoffen verteert en afbreekt, waardoor ook de opname door het bloed van de vrijgekomen glucose veel gelijkmatiger verloopt – met andere woorden, je verbrandt niet meteen alles. En eet meer en vaker groente, in welke vorm dan ook (een verandering van mindset helpt daarbij: denk niet aan hoe je minder kunt eten, maar hoe je meer kunt eten). Voor energie is vocht onontbeerlijk, zorg dan ook dat je altijd wat water of een andere ongezoete drank bij de hand hebt. Het goede nieuws: je mag meer cafeïne drinken dan je wellicht denkt – tot maximaal 400 milligram per dag, dat is vier grote mokken vol!

Bonus

Ken je dat, het gevoel dat je niet meer scherp kunt denken na een zware, koolhydraatrijke maaltijd? Daar is een biochemische verklaring voor. Wanneer je veel enkelvoudige koolhydraten eet, zoals die in brood en pasta zitten, maakt je lichaam veel insuline aan om al die glucose en andere kleine aminozuren te verwerken, terwijl de grotere aminozuren onbelemmerd naar je hersenen gaan. Eenmaal bij je brein aangekomen,

wordt tryptofaan omgezet in serotonine en melatonine, waar je slaperig van wordt. Als je hier gevoelig voor bent – en veel mensen zijn dat – eet dan geen pasta of granen bij je lunch.
Leuk om te weten: als je na het barbecueën of gourmetten het liefst op de bank neerploft, komt dat niet door het vlees dat je hebt gegeten, dat rijk is aan proteïne en juist helpt je bloedsuikerspiegel in balans te brengen. Het zijn vooral de koolhydraten in bijvoorbeeld het stokbrood en de gezoete, kant-en-klare sausjes die je dat volle, lome gevoel bezorgen.

VOORKOM ONDERBREKINGEN (EN HOUD ZE IN DE HAND)

1. Stel je assertief op en vraag of niemand je wil storen van dan tot dan.
2. Leg uit waarom je niet gestoord wilt worden. 'Ik heb een strakke deadline en ik wil hier graag twee uur achter elkaar geconcentreerd aan werken.'
3. Ga je niet verontschuldigen.
4. Vraag of dit voor iemand mogelijk problemen oplevert: 'Speelt er iets waardoor het voor iemand lastig of onmogelijk is om aan mijn verzoek te voldoen?'
5. Bedank iedereen bij voorbaat.
6. Doe de deur van je kantoor dicht, zet een koptelefoon op, schakel je meldingen uit en sluit je af voor alle mogelijke overige afleidingen (je kunt zelfs tijdelijk een automatisch antwoord activeren voor mail- en tekstberichten) om aan anderen en jezelf duidelijk te maken dat je met iets belangrijks bezig bent.
7. Geef en vraag feedback. Stel je na afloop van je periode van ongestoord werken open voor de ervaring van degenen die dit voor jou mogelijk hebben gemaakt. Hopelijk

hebben ze het niet als verschrikkelijk ervaren en is deze aanpak voor herhaling vatbaar.

De deskundige
Deborah Grayson Riegel is de CEO en de hoofdtrainer communicatie van Talk Support, een bureau dat trainingen verzorgt voor managers, speciaal gericht op leidinggevende en communicatieve vaardigheden. Ze heeft gedoceerd aan de Wharton School van de University of Pennsylvania, de Columbia Business School en de Duke Corporate Education. Ze is de auteur van *Overcoming Overthinking: 36 Ways to Tame Anxiety for Work, School, and Life.*

De toelichting
Wees onderbrekingen voor door te vragen niet te worden gestoord, maar zeg er dan wel bij waarom. Je bouwt vertrouwen op bij anderen door je beslissingen uit te leggen – los van het feit of die ander het wel of niet met je beslissing eens is. (Bij het uitleggen waarom je dit vraagt kun je aanvoeren dat uit onderzoek is gebleken dat wanneer je eenmaal uit je concentratie bent gehaald, het een halfuur duurt voordat je je flow hebt hervonden.) Stel je niet agressief of passief op met je verzoek, maar assertief. Een agressieve opstelling is wanneer je de behoeften van anderen opoffert om in je eigen behoeften te voorzien; een passieve opstelling is wanneer je je eigen behoeften opoffert om in die van anderen te voorzien; een assertieve opstelling is wanneer je met respect voor de behoeften van anderen in die van jezelf voorziet. Dat betekent dat wanneer je vraagt of dit problemen oplevert, je mogelijk een compromis moet sluiten of moet gaan onderhandelen. Maar aarzel niet om om de tijd te vragen die je nodig hebt.

Bonus
Wanneer je toch wordt onderbroken, probeer dan het volgende: 'Ik ben druk met iets bezig. Ik kan nu vijf minuten voor je vrij maken, maar dan zul je op de koop toe moeten nemen dat ik je niet de volle honderd procent aandacht kan schenken. Of we spreken af voor zo en zo laat en dan ben ik er helemaal voor je. Wat heb je liever?' Als de ander de 5 minuten nu kiest, moet je die ook geven.

THUISWERKEN

1. Kies een plek in je huis die je bestempelt tot werkplek (bonuspunten als het een plek is met een deur die je dicht kunt doen) zodat je niet gewoon maar met je laptop op de bank ploft... zoals ik, op dit moment, nu ik deze zin schrijf.
2. Ga niet direct aan het werk zodra je bent opgestaan. Geef jezelf de tijd om rustig aan je dag te beginnen.
3. Stap onder de douche en kleed je aan (je hoeft je niet in je nette pak te steken, maar als je in je pyjama rond blijft lopen, is het een stuk lastiger om over te schakelen naar de juiste mindset om te werken).
4. Maak heldere afspraken met je collega's of teamgenoten wanneer je voor hen beschikbaar bent en zorg ervoor dat je dan ook inderdaad beschikbaar bent.
5. Neem de tijd voor een lunch of pauze, maar laat wel van tevoren aan anderen weten dat je even niet achter je computer zit.
6. Ga niet tegelijk ook andere dingen proberen te doen, dingen in huis bijvoorbeeld. Concentreer je tijdens werktijd op je werk.
7. Maak tijd vrij voor persoonlijke interactie (spreek tijdens een pauze af met een vriend(in) die ook thuis werkt om

samen koffie te drinken of een stukje te gaan lopen).

8. Stel voor jezelf een tijdstip vast waarop je je werk afsluit, net zoals je dat doet als je op kantoor werkt. En houd je daaraan.
9. Zorg ervoor dat je deel blijft uitmaken van een netwerk en dat je je in je werk en carrière blijft ontwikkelen – laat wanneer (en als) dat kan je hoofd zien op kantoor, ga naar conferenties, maak lunchafspraken.

De deskundige

Lauren McGoodwin is de auteur van *Power Moves* en de oprichtster en CEO van Career Contessa, een exclusief op vrouwen gerichte carrièrewebsite, die vrouwen helpt een succesvolle carrière op te bouwen door het bieden van deskundig advies, een-op-eenmentorschappen en online trainingen en hulpmiddelen. (Lauren heeft Career Contessa opgericht in 2013 om te voorzien in het gebrek aan ondersteuning voor vrouwen bij het ontwikkelen van een carrière.)

De toelichting

Een vaste ochtendroutine helpt je de juiste toon voor de dag te zetten en te voorkomen dat je jezelf overwerkt. (Geloof het of niet, maar een van de grote valkuilen van thuiswerken is te veel werken. Als je geen strikte begin- en eindtijd hanteert, vervaagt de lijn tussen werk en thuis maar al te makkelijk.) Door je aan te kleden is het ook voor anderen thuis duidelijker dat het een werkdag voor je is. En vooral een eigen werkplek helpt je om werk en thuis van elkaar te kunnen blijven scheiden. Geef duidelijk aan wanneer je wel en wanneer je niet aan het werk bent. Als je samen met anderen op een kantoor zat, en je ging lunchen, zou je vermoedelijk ook opstaan en aankondigen: 'Ik ga lunchen,' of: 'Ik ben weg voor wat afspraken.' Datzelfde kun je doen als je vanuit huis werkt (met andere woorden, je hoeft niet de telefoon mee te nemen wanneer je even naar het toilet gaat, om maar te laten zien dat je echt wel aan het werk bent). Geef jezelf de gelegenheid andere mensen te zien – zowel op dagelijkse basis (koffiedrinken met een vriend(in)) als in de werksfeer (een netwerkbijeenkomst bijwonen). Thuiswerken kan op den duur eenzaam zijn, zoals de meesten van ons inmiddels uit ervaring zullen weten. Als je als enige van je collega's niet op kantoor werkt en de afstand is groot, zorg er dan voor dat in je contract wordt opgenomen dat je op kosten van het bedrijf één keer per maand of per twee maanden de reis kan ondernemen om er ook te zijn. Het is niet goed om als enige niet af en toe persoonlijk contact te hebben met je collega's.

Bonus

Wees niet bang om even niets te doen. Veel mensen vinden dit sowieso al moeilijk, maar voor mensen die thuiswerken is het vaak dubbel zo moeilijk. Ze hebben namelijk niet alleen het gevoel ook echt voortdurend met hun werk bezig te moeten zijn, maar ook nog eens met alles wat er in huis moet gebeuren: de afwas, de was, de post. Maar je laten afleiden door de to-dolijst van je persoonlijke leven belemmert je om thuis effectief te kunnen werken. Breng de discipline op om niet in je pauze de schone was op te bergen, maar gebruik hem om te gaan lunchen met een vriend(in) of voor een wandeling door het park om je hersenen ook even rust te gunnen.

Pro-tip: als je bij een telefonische vergadering of een videovergadering via Zoom niet tot het eind aanwezig kunt zijn, deel dit dan zo mogelijk direct aan het begin mee. Zeg dat je na zo- en zoveel minuten de vergadering moet verlaten en dat je later nog contact opneemt om te horen over het vervolg. Je kunt dan op het betreffende moment de verbinding verbreken zonder de anderen te storen. Als je onverwacht weg moet, meld dit dan bij voorkeur aan het begin van de pauze of wacht een geschikt pauzemoment in het gesprek af, en zeg kort maar beleefd dat je ervandoor moet en later nog informeert naar het vervolg. En ga! Het is juist storend als mensen dan uitgebreid dag gaan zeggen of verwachten dat de rest van de groep dag tegen hen gaat zeggen. Ga alsjeblieft gewoon weg – zonder gedoe.

5

Een georganiseerd huis

OPRUIMEN

'Het probleem met opruimen is dat je je op de spullen richt. Maar het gaat niet om de spullen, het gaat om jou.'
– Peter Walsh

1. Vraag jezelf: 'Hoe stel ik me het leven voor dat ik wil leven?'
2. Kijk om je heen op de plek waar je gaat opruimen en vraag je bij alles wat je in handen neemt af: 'Helpt dit me mijn leven vorm te geven op de manier waarop ik dat wil of leidt het juist weg van de manier waarop ik mijn leven wil leiden?'
3. Realiseer je dat onnodige spullen grofweg in twee soorten zijn onder te verdelen: spullen met een verleden (die jou herinneren aan een persoon of gebeurtenis die belangrijk voor je is of was) en spullen die je in de toekomst misschien nog weleens een keertje nodig kan hebben (zomaar een plank hout, een fonduepan, de strakke spijkerbroek uit de tijd dat je studeerde).
4. Kijk niet naar een ruimte vanuit de gedachte wat jij die ruimte te bieden hebt (gordijnen, lampen, kussens, enzovoort) maar vanuit de gedachte wat jij hoopt dat die ruim-

te jou kan bieden (gemak, rust, inspiratie, enzovoort).

5. Wanneer je eenmaal zover bent, geef je iedereen in huis twee vuilniszakken en 10 minuten de tijd. De ene vuilniszak is voor alles wat weggegooid of gerecycled kan worden, de andere voor spullen die je kunt weggeven. Zet na die 10 minuten alles uit de eerste vuilniszakken direct bij de vuilnis en breng alles uit de tweede direct naar de kringloopwinkel.
6. Hanteer bij het sorteren van dingen waar je een groot aantal van hebt (boeken, speelgoed, T-shirts, om maar eens wat te noemen) de regel dat je voor elke X die je houdt, er één wegdoet (kies voor X een cijfer tussen de 1 en 10). Als je er dan toch nog te veel overhoudt om in de kast of op de plank te passen, herhaal je dit proces (of je kiest voor X een lager getal).
7. Om je keuken op te ruimen haal je alle keukenspullen uit de kastjes en laden. Stop dit bij elkaar in een doos die je in de keuken laat staan. Telkens wanneer je iets uit de doos nodig hebt, leg je het na gebruik weer terug op zijn oorspronkelijke plek. Wat er na een maand nog altijd in de doos zit, geef je weg (behalve dingen die je zelden of misschien alleen maar in een bepaalde tijd van het jaar gebruikt, spiezen voor de barbecue bijvoorbeeld).
8. Een truc die je voor het opruimen van je klerenkast kunt gebruiken is om alle hangers andersom te draaien. Telkens wanneer je een kledingstuk hebt gedragen en weer terughangt, draai je de betreffende hanger weer goed. Alle kledingstukken die na een halfjaar nog omgekeerd in de kast hangen, geef je weg – behalve kleding voor speciale gelegenheden. (Je zult zien dat het waar is wat ze zeggen: 80 procent van de tijd draag je 20 procent van wat je in je kast hebt.)
9. Kijk bij het opruimen van de badkamer eens goed naar de

houdbaarheids- of uiterste gebruiksdatum van je make-up. Een goede vuistregel: hoe dichter je het product bij de ogen gebruikt, hoe minder lang je het kunt bewaren. Mascara moet bijvoorbeeld ongeveer elke vier maanden worden vervangen; andere gezichtscosmetica en lotions blijven vaak wel tot een jaar goed. Parfum gaat zelfs drie jaar mee.

De deskundige
Peter Walsh is een opruimdeskundige en een radio- en tv-persoonlijkheid. Hij is de auteur van diverse *New York Times*-bestsellers, waaronder *It's All Too Much: An Easy Plan for Living a Richer, Fuller Life with Less Stuff* en *Let It Go: Downsizing Your Way to a Richer, Happier Life*.

De toelichting
Stap één is je relatie met je spullen onder de loep nemen: die relatie moet voor jou goed zijn en niet omgekeerd. Alles wat daaraan voldoet: super. Van alles wat daar niet aan voldoet, moet je je afvragen wat het eigenlijk in je huis doet. We bewaren een hoop dingen omdat we bang zijn dat als we ze wegdoen, we daarmee degene die ze ons heeft gegeven beledigen of zullen vergeten. Of we denken dat ze ooit op een dag nog wel van pas zullen komen. Maar wat voor gevoel geven die dingen je? Als je je minder aanwezig voelt in het hier en nu, als je je in beslag laat nemen door zorgen over wat er in de toekomst mogelijk gaat gebeuren, leef je niet echt het beste leven dat je nu zou kunnen leven. Opruimen biedt dan uitkomst. Al deze opruimtrucs zijn bedoeld om je te helpen de ruimte in je huis zo te zien en in te richten dat jij je er werkelijk gelukkig kan voelen.

ORDE IN JE ROMMELLA

'Organiseer je rommella alsof het je eigen persoonlijke buurtwinkel is.'
– Shira Gill

1. Maak je aanrecht leeg om sorteerruimte te hebben.
2. Stel een timer in op 15 minuten.
3. Maak de la leeg en kieper alles op het aanrecht.
4. Haal een doekje door de la om alle stof en achtergebleven restjes (en oude, kleverige keelpastilles?) te verwijderen.
5. Leg alles wat echt rommel is – lege kauwgomverpakking, oude bonnetjes, uitgedroogde markeerstiften – apart, en gooi het weg.
6. Verdeel wat is overgebleven in twee stapels: een voor de dingen die in de la teruggaan, en een voor de dingen die je wel wilt bewaren, maar die ergens anders thuishoren.
7. Plaats ladeverdelers – gebruik hiervoor een set lage opbergbakjes van verschillende formaten en puzzel ze zo naast elkaar zoals voor jou en je ladespullen het makkelijkst is.
8. Stop weer terug in de la wat je in de la wilt bewaren – als het goed is, is dat een flink uitgekleed assortiment van dingen die je vaak snel moet kunnen vinden (post-its, pennen en stiften, de reserveafstandsbediening van de garagedeur, lijm, batterijen).
9. Duid de la vanaf nu anders aan. Als je het de rommella blijft noemen, vraag je er in feite om dat het weer een vergaarbak van rommel wordt. Noem het in vervolg de spullenla.
10. Leg alle andere dingen die nog op het aanrecht liggen stuk voor stuk op de plek waar ze echt thuishoren.

De deskundige

Shira Gill is de oprichtster van het populaire opruimadviesbureau Shira Gill Home en de auteur van *Minimalista*, dat in 2021 uitkomt bij Ten Speed Press.

De toelichting

De timer is een middel dat Shira bij het coachen gebruikt om mensen te laten zien dat dit echt geen uren hoeft te duren – het uitruimen en opruimen van je rommella is een klus die in een kwartier kan worden geklaard (een '#15minwin', zoals Shira deze opruimklusjes noemt en op Instagram deelt met en verzamelt vanuit de hele wereld). Haar ervaring is dat 90 procent van alles wat in een rommella ligt ook echt rommel is. Wees dus streng voor jezelf bij het bepalen van wat je wel of niet gaat bewaren. Die kapotte kerstdecoratie waar je totaal niet aan gehecht bent en die je met wonderlijm wilde repareren, moet je die nu echt bewaren? Ladeverdelers zijn belangrijk – een bakje voor pennen, stiften en potloden; een bakje voor scharen, een wat langere voor wat eenvoudig gereedschap als een schroevendraaier. Je wilt dat je la er zo georganiseerd uitziet als de buurtwinkel waar je weet waar alles staat, zodat je alles makkelijk kunt vinden en zodat anderen, wanneer ze zien hoe netjes alles gerangschikt ligt, minder geneigd zullen zijn er zomaar van alles in te laten rondslingeren.

OPEN JE BRIEVENBUSPOST

'Je hoort je maar hooguit twee keer met je post bezig te houden: een keer wanneer je het uit de brievenbus haalt en sorteert, en nog een keer wanneer je het afhandelt. Open een brief niet alleen maar "om te kijken wat het is" – dat is een verspilling van tijd en geestelijke energie.'

– Corinne Morahan

1. Kies een plek uit om post neer te leggen (een hoek van het aanrecht, een schaal op een tafeltje in de hal bij de voor-

deur) en een plek waar je je post afhandelt, je bureau thuis bijvoorbeeld (de plek waar je de post neerlegt en waar je het afhandelt kan natuurlijk ook dezelfde plek zijn).

2. Leeg je brievenbus elke dag, maar alleen op een moment dat je daar minstens 2 minuten de tijd voor hebt.
3. Sorteer de ongeopende post meteen in twee categorieën: bewaren en wegdoen.
4. Leg alles wat bewaard moet blijven op de plek die je hebt uitgekozen om post neer te leggen.
5. Gooi alles wat weg kan ook meteen weg, in de vuilnisbak of de oudpapierbak.
6. Wanneer je een kwartier de tijd hebt om te besteden aan het openen van je post (van die dag of van een paar dagen tegelijk), neem je het mee naar de plek waar je je post afhandelt. Zorg ervoor dat je daar je agenda, telefoon en/of laptop bij de hand hebt.
7. Open je post.
8. Als er een uitnodiging bij zit, kijk je meteen in je agenda of je dan vrij bent. Je laat weten of je wel of niet komt en noteert dit in je agenda. De uitnodiging zelf kun je nu weggooien (en als er een cadeau meegenomen moet worden krijg je bonuspunten als je er nu meteen één bestelt – je toekomstige zelf zal je dankbaar zijn).
9. Als er een rekening bij zit, regel of plan je de betaling daarvan in één moeite door. Kijk voor meer advies over het betalen van rekeningen op pagina 115.
10. Als er een kaartje bij zit, lees je het. Stuur een berichtje om ervoor te bedanken en berg het op of gooi het weg.
11. Noteer in je agenda wat je op dat moment niet meteen kunt afhandelen en laat die post liggen op de plek waar je je post afhandelt.

De deskundige

Corinne Morahan is de oprichtster en CEO van Grid + Glam, een in Bostongevestigd opruimadviesbureau dat esthetiek paart aan functionaliteit (de make-overs van bureaus en voorraadkasten die ze op Instagram heeft geplaatst zijn werkelijk om van te watertanden). Het G + G-lidmaatschap biedt leden de mogelijkheid om met ondersteuning, advies en middelen stap voor stap hun huis zelf te transformeren.

De toelichting

Het legen van je brievenbus is net als het doen van de afwas: als je het niet dagelijks doet, stapelt het zich op en dan ga je er alleen maar meer tegen opzien. De post bijhouden is een proces dat uit twee etappes bestaat: het verzamelen van de post en het afhandelen ervan, en die twee dingen doe je vaak niet meteen achter elkaar. Pak alleen de post uit je brievenbus wanneer je ook echt even een paar minuten de tijd hebt om het te sorteren – neem het niet in de gauwigheid mee onderweg naar je auto (geloof me: het zijn altijd de rekeningen die tussen de stoelen op de grond vallen). En wees radicaal met het weggooien van de post die weg kan – ja, aanbiedingsfolders zien er vaak prachtig uit, maar als je ze laat liggen, worden ze alleen maar moeilijker te weerstaan. En je tijd is kostbaarder dan die euro die je bespaart met die ene perfecte aanbieding die je uiteindelijk misschien aantreft tussen al die andere aanbiedingen.

Bonus

Als je een papieren krantenabonnement hebt, kun je je abonnement tijdelijk stopzetten als je meer dan vijf dagen weggaat (of de krant op je vakantieadres laten bezorgen of er iemand anders blij mee maken zolang jij weg bent). Zo voorkom je dat je brievenbus dichtslibt en hoef je bij thuiskomst niet eerst die stapel oud nieuws uit te pluizen om de post ertussenuit te vissen.

REORGANISEER JE KLEDINGKAST

1. Verzamel schoenendozen voor als je een kast met laden hebt en wat grotere dozen voor als je een kast met planken hebt, en gebruik de dozen als opbergplek voor afzonderlijke soorten kledingstukken die je opgevouwen bewaart: topjes, T-shirts, leggings, enzovoort.
2. Maak de kast leeg en leg alles bij elkaar op een vlak oppervlak, op je bed bijvoorbeeld, of eventueel de vloer.
3. Beslis welke kleren je wilt houden. Houd niets wat je niet fijn vindt om te dragen of waar je niet blij van wordt. Je weet wanneer je iets fijn vindt om te dragen als je ervan baalt dat het in de wasmand zit.
4. Vouw de kleren op die je wilt houden.
5. Bewaar ze per soort, gesorteerd op kleur, in een doos en plaats ze daar verticaal in (als hangmappen in een dossierkast).
6. Doe dit ook met broeken die je opgevouwen bewaart.
7. Leg de twee sokken van elk passend paar op elkaar, vouw ze in drieën en plaats het paar verticaal in je sokkenla of in een voor je sokken bestemde doos. (De meeste mensen rollen hun sokken ineen tot een soort van langwerpige bal; doe dat niet, je rekt het elastiek daarmee uit.)
8. Hang de kleding in je hangkast allemaal zo neer dat zowel de kleding als de hangers dezelfde kant op hangen (welke kant dat is, is een kwestie van voorkeur, waarover net zomin valt te twisten als over hoe je een rol wc-papier ophangt).
9. Hang lange, zware en donkere kleding links.
10. Hang korte, lichte en lichtgekleurde kleding rechts.

De deskundige

Patty Morrissey is een lifestyle- en opruimdeskundige en de oprichtster van Clear & Cultivate, een therapeutisch lifestyle- en opruimadviesbureau, gevestigd in Huntington, New York. Patty 'verricht ware magie', aldus CBS *This Morning*, en in de *New York Times* werd ze geprezen als 'opruimgoeroe'. In 2016 werd ze de eerst gecertificeerde KonMari-consultant buiten Japan, en als hoofdinstructrice van het KonMari-opleidingsprogramma werkt ze nauw samen met Marie Kondo.

De toelichting

De sleutel tot het opbergen van je kleding is overzichtelijkheid. In plaats van je shirts allemaal boven op elkaar te stapelen, zoals je vaak in winkels ziet, kun je ze veel beter verticaal plaatsen, in een rij naast elkaar. Zo verminder je de kans op kreukels (op een stapel ligt de onderste altijd in de verdrukking) en je pakt minder gauw altijd maar dezelfde (de twee die bovenop liggen). Strijk de shirts bij het vouwen met je handen glad (de warmte van je huid is daarvoor perfect). Door dat beetje extra zorg zullen je ook eventuele imperfecties opvallen, een vlek of een gaatje of een missend knoopje. Leg dergelijke kledingstukken even apart. Voor het hanggedeelte van je kledingkast is het belangrijk om het niet zo vol te hangen dat je niet meer met de hangers heen en weer kunt schuiven. Door de lange kleding bij elkaar te hangen houd je onder de korte kleding ruimte over voor bijvoorbeeld koffers of tassen. En je kleren op kleur gesorteerd opbergen is niet alleen handig (waar is mijn rode shirt? O, daar!) maar wordt ook als prettig ervaren (uit onderzoek is gebleken dat de aanblik van een zo ingerichte kledingkast positieve gevoelens opwekt). Het is ook een opsteker voor jezelf om zorg te besteden aan iets wat alleen maar voor jouw ogen bedoeld is, om je kledingkast te openen en de door jou gecreëerde ordelijke rust te zien, waar je voor kunt staan als voor je favoriete boetiek.

Pro-tip: zet een extra doos in je kast waar je de dingen in kwijt kunt die je niet meer draagt. Leeg hem af en toe door de spullen die erin zitten weg te geven of te verkopen.

Advies van de mode-expert

'Doe kleren die niet meer passen weg!' zegt Aya Kanai, hoofdredactrice van *Marie Claire* (en eerder hoofd van de modeafdeling binnen het Hearst-uitgeefconcern). 'Kleren bewaren die je een schuldig of rottig gevoel geven over jezelf, moet je niet willen. Lichamen veranderen. Die kleren stof laten verzamelen zal je niet helpen er ooit weer in te passen. Laat iemand anders ervan kunnen genieten!' De tweedehandsmarkt in mode is mede zo sterk gegroeid en belangrijk geworden omdat de mode-industrie de op één na meest vervuilende industrie ter wereld is. Ongelooflijk, nietwaar? Je doet dus wat goeds wanneer je kleren die niet meer passen doorgeeft of doorverkoopt aan iemand die ze een tweede leven kan geven.

6

Taken vergemakkelijken

EEN TO-DOLIJST MAKEN DIE JE OOK ECHT AFVINKT

1. Stel voor jezelf je top 3, 4 of 5 van prioriteiten vast (met betrekking tot je werk en je persoonlijke leven).
2. Noteer die prioriteiten naast elkaar, bovenaan een groot stuk papier, als koppen boven evenveel kolommen.
3. Bepaal van al je taken (al je to do's) onder welke prioriteit ze vallen en noteer ze in de betreffende kolom ('een massageafspraak maken' zou bijvoorbeeld onder 'beter voor mezelf zorgen' kunnen vallen).
4. Je zult vanzelf ook taken tegenkomen die onder geen van je prioriteiten te scharen zijn (zoals 'het autoverhuurbedrijf bellen over hun belachelijk hoge afschrijving'). Maak speciaal daarvoor een extra kolom, met als kop 'de overige 5 procent'.
5. Maak onderscheid naar soort: sommige taken vereisen 'denkwerk', terwijl andere alleen maar 5 minuten van je tijd kosten en weer andere in 15 minuten gedaan kunnen worden. (Je kunt ervoor kiezen om dat zichtbaar te maken op je to-dolijst door elke soort taak een eigen kleur te geven.)
6. Denk na over de volgorde waarin je de taken op je lijst het best kunt uitvoeren en nummer ze.

7. Plan je taken vervolgens in door er in je agenda de tijd voor vrij te maken die ervoor nodig is: een groter blok tijd voor het 'denkwerk' en kleinere blokjes tijd voor het 'doewerk', waar je een aantal van kunt samenvoegen om achter elkaar aan te pakken.

De deskundige

Christine Carter, Ph.D., is de auteur van *Niets meer aan doen. Durf los te laten en vind je gelukspunt.* Ze is socioloog en als senior fellow verbonden aan het Greater Good Science Center van de University of California Berkeley School of Law.

De toelichting

Een to-dolijst geeft alleen maar voldoening (en zal alleen maar werken) als je het gevoel hebt dat je naar de juiste doelen toewerkt – daarom is het zo belangrijk om eerst je prioriteiten te bepalen. Die kunnen variëren van 'het onderhouden van mijn vriendschappen' tot 'mijn bedrijf laten groeien'; beperk je echter tot vijf of minder, omdat je je hersenen anders overvraagt door je op te veel dingen tegelijk te willen focussen. Als je geen prioriteiten stelt, loop je het risico dat je al je tijd besteedt aan taken die thuishoren onder 'de overige 5 procent' (terwijl je daar hooguit drie kwartier van je dag aan zou moeten besteden). Het is verder heel inefficiënt om de taken op je to-dolijst een voor een af te handelen. Door vergelijkbare taken samen te voegen en achter elkaar te doen blijf je in de flow, zonder de hele tijd te hoeven schakelen tussen denkwerk en doewerk. Het is essentieel om je taken in te plannen – want als je hersenen niet weten wanneer je iets moet doen, blijft het daar rondzeuren. (Niet vergeten om hondenvoer te halen!) Het helpt niet om het alleen maar op te schrijven, alleen daarmee ben je het nog niet kwijt. Je kunt het pas uit je hoofd zetten als je weet: dinsdag, na mijn werk, haal ik hondenvoer.

Bonus
Word je al moedeloos als je alleen maar naar je to-dolijst kijkt? Dan doe je iets niet goed. Als je al van tevoren weet dat je geen tijd hebt om iets te doen of weet dat het er niet van gaat komen, zet het dan gewoon niet op je lijst (ook niet van die dingen die je al eeuwen van plan bent om te doen, zoals dat $^!*@ fotoboek van je vakantie toen naar Marbella). Zondagavond is een goed moment voor het maken van een to-dolijst, die je dan vervolgens elke avond even (een paar minuten maar) kunt bijwerken. Als je na 5 minuten nog altijd met kleurtjes in de weer bent en aan het indelen bent, stop dan en ga aan de slag.

BETAAL JE REKENINGEN

1. Maak het jezelf gemakkelijk en betaal zo mogelijk met een automatische incasso.
2. Bedenk wat voor jou het beste werkt: om elke rekening die binnenkomt direct te betalen of om binnenkomende rekeningen opzij te leggen en één keer in de week of één keer in de maand alles tegelijk af te handelen.
3. Als je kiest voor een maandelijkse afhandeling, regel dan dat al je rekeningen rond dezelfde datum betaald moeten worden, omdat je anders mogelijk met aanmaningen en boetes te maken krijgt.
4. Leg rekeningen op de plek waar je je post afhandelt. Kijk op pagina 107 voor het bijhouden van je brievenbuspost. En maak voor rekeningen die je per e-mail binnenkrijgt een apart mapje.
5. Handel al je rekeningen af op het (dagelijkse, wekelijkse of maandelijkse) moment dat je daarvoor hebt vrijgemaakt: bekijk de rekeningen en betaal ze.
6. Archiveer ze vervolgens of verwijs ze naar de prullenbak.

De deskundige
Corinne Morahan is de oprichtster en CEO van Grid + Glam, een in Boston gevestigd opruimadviesbureau dat esthetiek paart aan functionaliteit (de make-overs van bureaus en voorraadkasten die ze op Instagram heeft geplaatst zijn werkelijk om van te watertanden). Corinne is haar carrière begonnen op Wall Street en de ervaring die ze daar heeft opgedaan komt haar ook bij haar huidige werk goed van pas.

De toelichting
Loop al je vaste lasten langs en zet op een rijtje welke lasten al automatisch worden afgeschreven en welke nog niet, en ga na of je dat voor die laatste niet ook kunt regelen. Dat kost misschien even tijd, maar het zal je uiteindelijk een hoop tijd (en gedoe) schelen. Wanneer je dit aan het regelen bent, en wanneer je tot dan toe overzichtsfacturen van de kosten nog altijd per post hebt ontvangen, zul je wellicht de vraag krijgen of je deze in het vervolg per e-mail toegestuurd wilt krijgen. Het is verleidelijk om hier ja tegen te zeggen, maar doe dat alleen als je je mailbox net zo regelmatig en systematisch bijhoudt als je met je brievenbus hoort te doen. Kijk ook goed naar de datum van de maand waarop afschrijvingen plaatsvinden en rekeningen uiterlijk betaald moeten worden. Verander die data zo mogelijk, zodat afschrijvingen plaatsvinden en je betalingen kunt doen op een moment waarop je er zeker van kunt zijn dat er voldoende geld op je rekening staat.

INRUIMEN VAN DE VAATWASSER

1. Plaats kopjes en glazen allemaal in het bovenste rek – en maak voor de hoge glazen gebruik van de inkepingen (die soms aan de zijkant zitten, soms juist in het midden) om te

voorkomen dat ze de sproeiarmen raken, de deur of de bovenkant van de machine. Laat tussen de glazen een beetje ruimte over.

2. Het bovenste rek is ook de plek voor kleine schaaltjes, ontbijtkommen en vaatwasmachinebestendige plastic opbergbakjes (schraap wel eerst alle eventuele etensresten eruit). Leg ze ondersteboven, maar niet plat naar beneden; plaats ze net wat schuin en met de binnenkant naar het midden, in de richting van de onderste sproeiarm.
3. Vul het bestekmandje met de vorken en lepels met het handvat naar beneden, zodat het deel dat het meest vies is vrij in contact komt met het water en het afwasmiddel.
4. Plaats de messen wel met het handvat naar boven en de scherpe kant naar beneden, zodat degene die de afwasmachine leegruimt zich niet snijdt. (Als je vaatwasser een besteklade heeft, plaats de lepels, vorken en messen dan door elkaar, om te voorkomen dat het vuil zich gaat nestelen.)
5. Begin bij het inruimen van het onderste rek met de grootste en meest vieze borden. Plaats ze onder een schuine hoek met het eetvlak in de richting van de onderste sproeiarm. (Plaats alleen aardewerk in de machine dat onderop is voorzien van een merkteken dat aangeeft dat het vaatwasmachinebestendig is.)
6. Laat aan de achterkant en zijkanten ruimte vrij voor schalen en vaatwasmachinebestendige snijplanken, zodat deze het water en reinigingsmiddel niet blokkeren.
7. Vul het onderste rek verder op met kleinere borden en pannen, maar zorg overal voor tussenruimte. Weersta de neiging om je machine vol te proppen.
8. Vul het daarvoor bestemde reservoir met een afgepaste hoeveelheid reinigingsmiddel en controleer of er nog voldoende glansspoelmiddel in zit (voor een droge, streeploze vaat).

9. Laat voordat je op de startknop drukt eerst de keukenkraan net zolang lopen tot het water heet wordt – anders begint de vaatwasser de afwascyclus met koud water en dat is niet wat je wilt.

De deskundige

Consumer Reports (de Amerikaanse evenknie van de Nederlandse Consumentenbond) is een non-profitorganisatie die door onafhankelijk onderzoek en het uittesten van producten consumenten helpt een weloverwogen keuze te maken. (Ze kopen en testen jaarlijks zo'n vijfendertig vaatwassers, waarin een kleine tweeduizend verschillende, aangekoekte borden en overig serviesgoed wordt gewassen om proefondervindelijk vast te stellen wat het beste werkt.)

De toelichting

Wanneer je begint met het bovenste rek in te ruimen, heeft dat als voordeel dat je het kleine spul kwijt bent en je op het aanrecht meer ruimte hebt voor de grotere spullen, die vaak wat viezer zijn en meer voorwerk vereisen. Je kunt natuurlijk ook beginnen met het onderste rek, maar ruim dit dan ook eerst helemaal in voordat je met het bovenste rek aan de slag gaat. Een voor een is het meest efficiënt. Je wilt niet dat er maaltijden in je machine rondwervelen (we kennen allemaal wel mensen die halfvolle borden in het rek plaatsen; met zo iemand woon ik samen) dus schrapen is goed, maar met de vaatwassers van tegenwoordig is voorspoelen echt niet meer nodig (we kennen ook allemaal wel mensen die een zo goed als gewassen vaat in de vaatwasser plaatsen; zo iemand ben ik zelf). De echt aangekoekte spullen kun je eventueel eerst even in de week zetten met een beetje afwasmiddel. Er zijn ook vaatwassers met speciale turbojetzones. Kijk in de gebruiksaanwijzing hoe je dergelijke zones moet inruimen; dit verschilt van model tot model. Houd bij het inruimen in je achterhoofd dat de meeste vaatwassers twee sproeiarmen hebben: een onder in de machine en een die aan het bovenste rek vastzit. Sommige hebben zelfs een derde sproeiarm, die dan helemaal bovenin in de machine is geplaatst. Plaats dingen zo dat ze zo schoon mogelijk kunnen worden, in de juiste richting en met enige tussenruimte – bij borden die tegen elkaar aan leunen kunnen het water en het reinigingsmiddel niet overal komen, terwijl er juist ook water tussen de contactpunten blijft staan, wat het risico op breken vergroot. En wees eerlijk, in de tijd die je kwijt bent aan het herschikken van de vaat om die ene schaal er nog bij in te passen, had je diezelfde schaal al vijf keer met de hand kunnen afwassen. Je wint er niets mee, met alles er precies in passen.

Bonus

Dingen die je beter niet in de vaatwasser kunt plaatsen: grote keukenmessen (de reinigingsmiddelen kunnen het snijvlak aantasten en de hitte kan het metaal zachter maken) en alles wat gemaakt is van koper, brons, hout en porselein met bladgoud. Potten en pannen van aluminium of roestvrij staal kunnen over het algemeen zonder risico in de vaatwasser worden geplaatst, maar antiaanbakpannen dienen met de hand te worden afgewassen (zelfs als ze officieel wel vaatwasmachinebestendig zijn). Plaats vaatwasmachinebestendig plastic alleen op het bovenste rek, waar het het verste weg ligt van het hitte-element, dat anders vervorming van het plastic zou veroorzaken.

Pro-tip: maak regelmatig met een vochtige doek de deurrubbers schoon, waarin zich etensresten kunnen verzamelen. Dit kan een onfrisse geur veroorzaken en het kan tot schimmelvorming leiden, waardoor de deur uiteindelijk misschien zelfs niet meer goed afsluit. Vermijd het gebruik van bleekmiddel, agressieve chemicaliën en schuurmiddel voor het reinigen van de roestvrijstalen deur en de binnenzijde van de machine. Als je in een gebied woont met hard water is de kans groot dat je last krijgt van kalkaanslag, niet alleen op het servies, maar ook in de machine zelf. Om dit te voorkomen kun je je machine het beste één keer per maand ontkalken met een speciaal voor vaatwassers bestemd ontkalkingsmiddel.

UITRUIMEN VAN DE VAATWASSER

'Vraag jezelf eens af wat je met de volgende 4 à 6 minuten van je leven gaat doen en of het echt belangrijker is dan borden in de kast hebben staan. Want meer tijd heb je niet nodig om de vaatwasser uit te ruimen.'
– Rachel Hoffman

1. Open de vaatwasser en schuif het onderste rek uit.
2. Til het mandje met het bestek eruit, neem het mee naar de keukenlade en ruim het op.
3. Pak de borden uit het rek, stapel ze op het aanrecht op elkaar en draag de stapel naar de kast waar je de borden bewaart.
4. Doe hetzelfde met de kleinere borden en schalen.
5. Wanneer het onderste rek helemaal leeg is, schuif je het terug de machine in en trek je het bovenste rek naar je toe.
6. Pak de glazen en de kopjes er met twee tegelijk uit en zet ze op hun plaats in de kast.
7. Berg ook alles op wat er verder nog in het rek ligt aan losse spullen – plastic opbergbakjes, losse schoteltjes –, op de plaats waar het thuishoort.
8. O, en heb jij dat ook, die ene vork of mok die je altijd weer in de vaatwasser terugplaatst in de hoop dat hij deze keer eindelijk wél schoon wordt? Pak hem, boen hem met de hand schoon, droog hem af en berg hem op.

De deskundige

Rachel Hoffman is een schoonmaakexpert en de oprichtster van Unfuck Your Habitat, een methode om je huis op orde te brengen en te houden. Ze is de auteur van *Cleaning Sucks: An Unf*ck Your Habitat Guided Journal for Less Mess, Less Stress, and a Home You Don't Hate.*

De toelichting

Mensen stellen het uitruimen van de vaatwasser liefst dagenlang uit, alsof ze die 4 à 6 minuten niet kunnen missen. Als je geen levens aan het redden bent, ruim die vaatwasser dan toch gewoon leeg. Hup! Doe het soort voor soort – borden opstapelen, kommen opstapelen – want onze hersenen houden van orde, en als je eenmaal een vast systeem volgt, is het uitruimen van de vaatwasser uiteindelijk iets waar je niet eens meer over hoeft na te denken. Je begint met het onderste rek omdat er spoelwater boven op de onderkant van de glazen en kopjes in het bovenste rek kan blijven liggen, en als je dat rek dan als eerste uitschuift, lekt dat spoelwater boven op je schone borden. Niet hygiënisch en niet efficiënt. (Je kunt ook glazen en kopjes kopen met een platte onderkant, zodat er sowieso geen water in kan blijven staan – iets om te onthouden!)

KOOP ALLEEN WAT JE VAN PLAN WAS TE KOPEN

1. Maak een lijstje van de dingen waarvoor je naar de winkel gaat – ook al zijn het er maar drie.
2. Ga naar een pinautomaat en haal geld van je rekening, voldoende om te betalen voor de dingen op je lijstje, maar niet meer.
3. Neem je bankpas en/of creditcard niet mee de winkel in,

maar laat ze thuis of (als je met de auto bent) berg ze uit het zicht op in het handschoenenvakje.

4. Loop direct naar de afdeling(en) waar zich hetgene bevindt waarvoor je naar de winkel bent gegaan. (Vraag bij de klantenservice waar je moet zijn als je dat niet weet en je jezelf niet vertrouwt om te gaan lopen ronddwalen.)
5. Stel jezelf de volgende vier vragen als je iets ziet wat niet op je lijstje staat, maar wat je wel in verleiding brengt: heb ik het nodig? Word ik er blij van? Vind ik het mooi? Wil ik het gewoon hebben? (Als je oprecht iets nodig hebt of er blij van wordt, koop het dan gerust; leg het terug en loop verder als dat niet zo is.)
6. Stel jezelf voor wanneer je oud en grijs bent en vraag je af of je je toekomstige zelf in financiële moeilijkheden wilt brengen omdat je huidige zelf het niet kan laten sierkussens van imitatiebont te kopen.

De deskundige

Tiffany Aliche, ook wel de 'Budgetnista' genoemd, is een financiële coach en de auteur van *The One Week Budget* en *Live Richer Challenge*. In 2019 heeft ze het ontwerp geschreven voor de 'Budgetnista Law', een wet die mede dankzij haar is aangenomen en die budgetbeheer heeft verheven tot een verplicht vak op middelbare scholen in New Jersey. Ze heeft de Live Richer Academy opgericht, waar vrouwen worden begeleid bij het opstellen, implementeren en automatiseren van hun eigen gepersonaliseerde plan voor financiële vrijheid.

De toelichting

Om later geen spijt te krijgen heb je een plan van aanpak nodig. Door met een afgepaste hoeveelheid geld de winkel in te gaan bescherm je jezelf voor al te impulsieve aankopen. Een extra rem is de prioriteitenchecklist: is dit iets wat ik nodig heb, waar ik blij van word, wat ik mooi vind of wat ik gewoon wil hebben? (Tiffany draagt armbanden met die vier vragen erop.) We geven allemaal geld uit aan dingen die we nodig hebben – voedsel, onderdak, medicijnen, vervoer – maar hoe zit het met de dingen waar we blij van worden? Dat zijn vaak de dingen die we ons niet zomaar kunnen veroorloven, waar we geduld voor moeten hebben, waar we eerst voor moeten sparen. En ondertussen geven we ons geld uit aan dingen die we alleen maar mooi vinden of gewoon willen hebben. Zolang je nog niet oud bent, is het moeilijk om rekening te houden met je oudere zelf. Wat daarbij kan helpen is een karikatuur van die oudere zelf maken. Tiffany heeft haar tachtigjarige zelf Wanda genoemd, en er een pittige, bemoeizuchtige dame van gemaakt. Beschouw je oudere zelf als een grootouder. Zou jij je oma vragen om voor je te gaan werken zodat jij als dertiger of veertiger lekker rustig aan kan doen en geld als water kan uitgeven? Waar het simpel gezegd op neerkomt, is dat als je nu niet met beleid met je geld omgaat, Wanda later met de gebakken peren zit.

Pro-tip: plak een sticker op je bankpas of creditcard en schrijf daarop: nodig hebben, blij worden, mooi vinden, willen hebben. Zo word je er elke keer dat je hem tevoorschijn haalt om hem te gebruiken aan herinnerd je prioriteitencheck te doen.

Bonus

Stel een 'ja-plan' op. Kies iets uit waar je echt blij van wordt en waar je moeite in wilt steken om het te kunnen bekostigen (vliegtickets naar Bali bijvoorbeeld). De volgende keer dat je nu nee zegt tegen iets wat je niet echt nodig hebt, formuleer je het anders voor jezelf – in plaats van dat je nee zegt tegen weer opnieuw een avondje uit eten gaan, zeg je ja tegen Bali. Op deze manier geef je jezelf niet het gevoel dat je jezelf iets ontzegt wanneer je niet bezwijkt voor dingen enkel en alleen omdat je ze mooi vindt of wilt hebben, maar heb je jezelf juist iets cadeau gedaan, doordat je dat grotere en betere zo wat dichterbij hebt gehaald. (Het werkt ook naar vrienden toe – 'Sorry meiden, ik moet nee zeggen tegen een brunch dit weekend, omdat ik ja zeg tegen Bali.') Hoe je erachter kunt komen waar je echt blij van wordt? Stel je voor dat je net zoveel geld op je bankrekening had staan als Oprah, wat zou je dan doen... of nog meer gaan doen? Reizen? Een bedrijf beginnen? Meer tijd doorbrengen met je gezin, familie en vrienden? Het theater bezoeken? Je antwoord(en) op die vraag zijn de dingen die je leven plezier en inhoud geven. Als je je richt op wat je nodig hebt en waar je blij van wordt in plaats van op wat je mooi vindt en wilt hebben, is dat een keuze om je geld met beleid te gebruiken, om een doelgericht en gepassioneerd leven te leiden.

MAAK EEN BOODSCHAPPENLIJSTJE

1. Pak je agenda erbij en kijk hoe de komende week eruitziet (hoeveel avonden wordt er thuis gekookt, zijn er lunchpakketten nodig, staan er speciale activiteiten gepland of bezoeken van of naar vrienden?).
2. Bedenk wat je de komende week wilt eten en schrijf op welke ingrediënten je daarvoor nodig hebt.
3. Kijk in je koelkast en keukenkastjes om te inventariseren wat er aangevuld moet worden (denk aan eieren, brood, koffie en die niet te versmaden truffelkaas van de kaasboer) en voeg die aan je lijstje toe.
4. Ga met deze lijst in de hand naar waar je je voorraden bewaart (de garage, de kelder, die kast in de hoek die zo moeilijk opent?) en controleer of je niet toevallig al iets

daarvan in huis hebt. Als dat zo is, streep je het door (dat is nog eens boodschappen doen!).

5. Neem je lijst door en stel hem opnieuw op door zo veel mogelijk dingen bij elkaar te zetten die ook in de winkel bij elkaar in de buurt liggen.
6. Pak de herbruikbare boodschappentassen en leg ze meteen in de kofferbak van je auto of stop ze in je fietstassen, zodat je ze niet kan vergeten wanneer je boodschappen gaat doen.

De deskundige
Michele Vig is de oprichtster en hoofdcoach van Neat Little Nest, een in Minneapolis gevestigd opruimadviesbureau.

De toelichting
Om niet te veel boodschappen in huis te halen moet je weten hoeveel eten je nodig hebt (of juist niet nodig hebt) voor de komende week. Op die manier geef je niet te veel geld uit en voorkom je dat je dingen moet weggooien – want hoe triest is het niet om voedsel dat verlept of over de datum is in de vuilnisbak te zien belanden? Bij volwassen worden hoort ook dat je leert om vooruit te kijken in plaats van van moment tot moment te leven. Als de kans groter is dat je op weg naar huis gebraden kip meeneemt dan dat je er thuis zelf een gaat braden, moet je geen 'kip' op je boodschappenlijst zetten. (En bespaar jezelf een schuldgevoel – we maken het ons allemaal weleens makkelijk.) Krijg je zaterdag vrienden op bezoek? Koop dan nu vast wat lekkere hapjes. Zorg dat al je favoriete producten ofwel in huis zijn of op je lijst staan. En door je lijst te reorganiseren met de indeling van de winkel in je hoofd, zoef je straks de gangpaden langs.

Pro-tip: met een goede organisatie van je koelkast, keukenkastjes en voorraadkast wordt boodschappen doen een stuk makkelijker. Michele adviseert om eten 'over te hevelen' – om het uit het plastic en de kartonnen verpakking te halen en in glas of doorzichtig plastic te bewaren. Zo blijft het langer vers en ziet het er aantrekkelijker en smakelijker uit, maar dat niet alleen: het scheelt je ook tijd en gedoe. Stel dat je de mueslirepen in een plastic bakje bewaart en de muesli in een glazen pot, dan zie je met één oogopslag hoeveel je nog in huis hebt, zonder in zakken te hoeven kijken of met pakken te hoeven schudden. En een keukenkast of voorraadkast die er prettig en overzichtelijk uitziet – en je niet tegemoet schettert met de woordvervuiling en overstimulatie van hedendaagse voedselverpakkingen – biedt een rust aan het oog die je er doorgaans niet verwacht, waardoor het bereiden van de maaltijd en het opruimen van de boodschappen alleen maar leuker kan worden. En wie wil dat nou niet?

JE BOODSCHAPPEN INPAKKEN

1. Zet tijdens het boodschappen doen zware spullen voor in je karretje – en de grote zware spullen zelfs op de onderste 'verdieping', waar je er goed bij kunt, en ze geen gevaar vormen voor de lichtere, breekbaardere spullen (let ook goed op waar je deze laatste neerlegt als je een kind in je karretje hebt zitten).
2. Bij de kassa plaats je je boodschappen in volgorde van gewicht op de lopende band: de zwaarste eerst en daarna de spullen in pakken.
3. Kruiden, chips en andere lichte spullen zijn als laatste aan de beurt.
4. Gebruik herbruikbare boodschappentassen – ze zijn goed voor het milieu, ja, maar ook handig voor jou, omdat ze niet scheuren. En er kan meer in.

5. Richt je tas in zoals je een huis zou bouwen. Begin met de 'muren', door alle spullen in pakken (rijst, tissues, mueslirepen) tegen de zijkanten van de tas te zetten.
6. Vul de ruimte tussen de muren op met blikken en potten en andere zware dingen, dit zijn je 'meubels'. (Zorg ervoor dat glazen verpakkingen elkaar niet raken.)
7. Leg groente en fruit, chips, koekjes en andere lichte spullen hierbovenop – beschouw ze als de 'decoraties' van je huis.
8. Pak diepvriesspullen bij elkaar in een tas zodat ze koud blijven (en je thuis direct weet welke tas je als eerste moet uitpakken).
9. Leg eieren en brood altijd helemaal boven op de andere boodschappen in een tas.
10. Pak vlees bij elkaar in een aparte tas (en doe dit liefst ook met chemische en schoonmaakproducten). Gebruik hiervoor bij voorkeur een plastic tas in verband met eventueel lekken (een risico waar je je herbruikbare tassen niet aan wilt blootstellen). Het goede nieuws is dat steeds meer supermarkten voor dit soort doeleinden afbreekbare plastic tasjes hebben.
11. Mocht je het geluk hebben dat je ergens boodschappen doet waar die voor je worden ingepakt, maak daar dan dankbaar gebruik van.

De deskundige

Dwayne Campbell heeft jarenlange ervaring als medewerker van supermarktketen Hy-Vee en heeft in 2019, bij de door de National Grocers Association georganiseerde nationale kampioenschappen, de eerste prijs gewonnen als beste inpakker van de Verenigde Staten (bij de beoordeling werd gekeken naar snelheid, opbouwtechniek, gewichtsverdeling, houding en stijl). Hy-Vee is een coöperatie die in handen is van de werknemers zelf, met meer dan 265 winkels verspreid over acht staten in het Midden-Westen.

De toelichting

Een boodschappentas efficiënt inpakken begint met de boodschappen in de juiste volgorde op de band te plaatsen, en daarvoor kan het nodig zijn om even goed te kijken hoe alles in je kar staat. Als je zware boodschappen verstopt staan onder de lichte boodschappen, zul je die lichte spullen als eerste op de band plaatsen, wat betekent dat ze of onderop in je tas terechtkomen of in de weg liggen bij het inpakken, en dat is niet wat je wilt. Plaats je boodschappen dus met beleid in je karretje, voor het gemak van jezelf of een ander die je boodschappen inpakt. Door 'muren' op te bouwen langs alle kanten van de tas creëer je een ruimte waarbinnen potten tomatensaus, flessen en zakken appels of aardappels goed rechtop blijven staan en stevig verankerd liggen, zodat de tas niet uit model getrokken wordt en goed hanteerbaar blijft. Voor het dragen van de tassen is het het prettigst als ze ongeveer even zwaar zijn; let ook daarop bij het inpakken en prop ze niet te vol. Bewaar de chips voor het allerlaatst, omdat je die door de ruimte die een zak inneemt, door de lucht die erin zit, niet tussen de andere boodschappen kwijt kunt. Ga extra voorzichtig te werk wanneer je de opbouwtechniek toepast met een plastic tas, om niet met een hoek van een pak een scheur in het plastic te maken, en plaats ook niet te veel of te zware spullen in het midden.

Pro-tip: pak alle conserven voor je voorraadkast in één (of twee) tas(sen), zodat je die thuis in één moeite door kunt uitpakken.

DE WAS DOEN

1. Pak elke dag een machinelading wasgoed aan (de ene dag de donkere was, de andere dag de lichte was of de fijne was bijvoorbeeld, of doe al het wasgoed van één gezinslid tegelijk in de wasmachine).
2. Trek opgepropte sokken los, keer broeken binnenstebuiten, behandel vlekken voor met een vlekkenmiddel (zie pagina 131 voor het behandelen van lastige vlekken) en stop alles in de machine.
3. Woel met een hand door het wasgoed om te controleren of het vrij in de trommel kan bewegen (met andere woorden: prop de machine niet te vol).
4. Voeg wasmiddel toe in de daarvoor bestemde wasmiddellade en stel de machine in op het juiste programma en de juiste temperatuur (over het algemeen kies je voor donkere was een lage temperatuur, voor lichte was een hogere of zelfs hete temperatuur, en fijne was op het fijnwas- of handwasprogramma). In plaats van het wasmiddel in de wasmiddellade te doen kun je het ook in een doseerbol direct op het wasgoed in de trommel leggen.
5. Als je denkt dat je gaat vergeten dat je de wasmachine aan hebt gezet, weet dan dat je daarin niet de enige bent en zet de timer op je telefoon.
6. Wanneer de wasmachine klaar is met zijn werk, pak je het wasgoed eruit, schud je alles uit en stop je het in de droger of hang je het uit om aan de lucht te drogen (zoals bijvoorbeeld die nieuwe spijkerbroek die je een beeeetje moeilijk aan krijgt).
7. Controleer of de pluizenfilters schoon zijn, doe de deur van de droger dicht, stel hem in en druk op de startknop.
8. Zodra de droger klaar is, pak je de was eruit. Neem het mee naar de plek waar je die opvouwt (vaak is dat de slaap-

kamer) en leg de spullen opgevouwen en wel op de plek waar ze thuishoren.

De deskundige

Becky Rapinchuk, ook wel 'Clean Mama' genoemd, is een schoonmaak- en opruimdeskundige en is de auteur van drie boeken, waaronder *Simply Clean: The Proven Method for Keeping Your Home Organized, Clean, and Beautiful in Just 10 Minutes a Day* en *Clean Mama's Guide to a Healthy Home*. Ze heeft ook een eigen Clean Mama-productenlijn.

De toelichting

Dagelijks een was doen, van begin tot eind (wassen, drogen, opvouwen en wegbergen) klinkt als een opgave, maar elke dag een beetje is uiteindelijk makkelijker dan alles in één keer moeten doen – met als extra voordeel dat je altijd schone kleren hebt. Doe de was direct 's ochtends in de machine of zelfs al de avond ervoor en stel hem dan zo in dat hij een uur voordat je uit bed komt met het wasprogramma begint. Heb je niet genoeg was voor elke dag een volle wasmachine? Was dan om de dag. En als je witte wasgoed maar blijft liggen omdat je er niet zo gauw een trommel vol van hebt, was het dan samen met wat gekleurde was op een lagere temperatuur (voor de meeste witte was is dat geen enkel probleem, vooral niet als het kinderkleding is – waarvoor Becky trouwens de tip heeft om niet op kleur maar op kind te sorteren, wat bij het opruimen een hoop werk scheelt). Keer alle kleding (behalve broeken) bij het inladen van de machine met de goede kant naar buiten – zodat je dat niet meer hoeft te doen bij het vouwen en opruimen, wat veruit het vervelendste deel van het karwei is.

Bonus

Veel wasverzachters bevatten kunstmatige geurstoffen en schadelijke ingrediënten (die zich als een laagje om de vezels van de stof hechten waardoor de kleding op den duur minder goed schoon wordt). Gebruik in plaats daarvan witte azijn (giet drie à vier eetlepels gewoon in het wasverzachtergedeelte van de wasmiddelenlade – en wees niet bang: ik beloof je dat je was echt niet naar saladedressing gaat ruiken!) en wollen droogballen. Wol is biologisch afbreekbaar en natuurlijk antimicrobieel. Voeg aan elke lading waarmee je de droger vult drie wollen ballen toe: je was wordt er zachter van en is bovendien sneller droog (de droogballen zijn herbruikbaar en gaan tot wel duizend keer mee). Als je de geur van wasverzachter mist, kun je op elke bal een klein beetje essentiële olie druppelen.

VLEKKEN VERWIJDEREN

1. Neem het kledingstuk met de vlek mee naar de gootsteen of wastafel en breng een vlekoplosser op de vlek aan.
2. Wrijf de vloeistof lichtjes uit in het gebied van de vlek (met een schoon, zacht borsteltje of met je vinger).
3. Houd het deel met de vlek op enige afstand onder de kraan en laat er warm water op stromen. Bij bloedvlekken moet je de stof juist direct onder de kraan houden – om het water beter op de vlek te kunnen laten inwerken – en koud water gebruiken.
4. Laat het kledingstuk even weken in een badje met warm water (koud water bij bloedvlekken en als het om fijne stoffen gaat zoals zijde en wol – en laat zijde nooit langer dan een halfuur weken).
5. Als de vlek wel vervaagd is, maar nog altijd zichtbaar, herhaal je dit proces tot je tevreden bent.

6. Was het kledingstuk daarna zoals je dat normaal ook zou doen.
7. Voor de behandeling van hardnekkige vlekken kun je vlekkenoplosser combineren met zuiveringszout. Wrijf dit mengsel met een borsteltje over de vlek, waarna je de hierboven beschreven stappen volgt.
8. Doe geen kleren in de droger waar nog vlekken in zitten.
9. Strijk ook geen kleren waar nog vlekken in zitten.

De deskundigen

Gwen Whiting en Lindsey Boyd hebben samen The Laundress opgericht, een hoogwaardig, wereldwijd verkrijgbaar merk van ecologisch verantwoorde was-, textielverzorgings- en schoonmaakproducten. The Laundress heeft zich tot doel gesteld van noodzakelijke huishoudelijke werkzaamheden een weldadige ervaring te maken door effectieve producten te koppelen aan kennis van schoonmaken.

De toelichting

Voor een optimale vlekverwijdering dien je de behandeling af te stemmen op de soort stof en het type vlek, die samen bepalend zijn voor wat het aangewezen product is, de juiste watertemperatuur en de beste techniek. Let extra op met kledingstukken gemaakt van zijde of wol: was deze alleen met de hand en met koud water; gebruik geen zuiveringszout en stop ze niet in de droger. Als je een algemene vlekoplosser gebruikt, kies er dan een die geschikt is voor de aanpak van lastige vlekken van bijvoorbeeld rode wijn, saus, chocolade, gras, koffie, thee en fruit. De stap met het stromende water is belangrijk en moet niet worden overgeslagen, maar moet wel worden afgestemd op het type vlek en de soort stof (voor bloedvlekken moet je bijvoorbeeld koud water gebruiken, omdat het bloed er anders juist meer in trekt).

Bonus

Voor het verwijderen van olieachtige vlekken heeft The Laundress een zeeptablet ontwikkeld die zowel direct op de stof als in de was te gebruiken is. Of probeer deze tip van 'Clean Mama' Becky Rapinchuk: bewaar een stukje wit krijt bij je wasmiddelen en wrijf daarmee over de olie- of vetvlek (dus ook bij vlekken van boter, sladressing, bakolie, enzovoort). Het krijt heeft een absorberende werking. Was het kledingstuk daarna zoals je dat anders ook zou doen, en als het goed is, komt het dan weer helemaal schoon uit de was.

HANDDOEKEN FRIS GEUREND EN ZACHT HOUDEN

1. Berg je handdoeken zo op dat vieze geurtjes zo min mogelijk kans krijgen zich erin te nestelen (en speciaal voor mijn twaalfjarige zoon kan ik daaraan toevoegen dat 'in een hoopje op de grond van je slaapkamer' daarvoor niet de beste manier is). Bewaar je handdoeken op een schone en droge plek.
2. Hang na het douchen je handdoek uit zodat hij goed kan drogen voordat je hem weer gebruikt. (Als je een erg vochtige badkamer of douche hebt, zonder afzuiging of ventilatie, kun je je handdoek beter ergens anders uithangen, tot hij droog is, in je slaapkamer bijvoorbeeld.)
3. Gebruik een badhanddoek nooit vaker dan twee keer voordat je hem in de was doet.
4. Gooi geen natte handdoeken in de wasmand – hang ze eerst uit en stop ze pas bij het andere vuile wasgoed wanneer ze helemaal droog zijn.
5. Vervang kleinere handdoeken en gastendoekjes regelmatig (bij voorkeur elke dag).
6. Laat handdoeken (of welk ander wasgoed dan ook) nooit

langer dan een paar uur in de wasmachine liggen. Voor natte handdoeken vormt de afgesloten ruimte van de wastrommel een ideale broedplek voor bacteriën en geurtjes.

7. Doe nooit te veel handdoeken tegelijk in de trommel van de wasmachine of droger. Het water en de lucht moeten voldoende ruimte hebben om hun werk te kunnen doen: de handdoeken (of ander wasgoed) schoon wassen en drogen.
8. Als gebruikte handdoeken bovenmatig vies ruiken, kun je ze voorwassen met warm water en wat zuiveringszout (houd als dosering acht eetlepels aan voor een volle machine), direct op het wasgoed in de trommel. Was ze daarna met gewoon wasmiddel.
9. Stop met het gebruik van wasverzachter – het hecht zich aan de vezels waardoor de handdoeken minder goed schoon worden en ze hun donzigheid verliezen (nog afgezien van het feit dat er potentiëel schadelijke chemicaliën in zitten die je liever niet in je huis wilt hebben). Kijk voor alternatieve middelen om je was zacht te houden op pagina 131.
10. Vouw de handdoeken direct op zodra je ze uit de droger haalt.
11. Maak je wasmachine regelmatig schoon (kijk in de handleiding van je machine hoe je dit het beste kunt aanpakken).

De deskundige

Becky Rapinchuk, ook wel 'Clean Mama' genoemd, is een schoonmaak- en opruimdeskundige en is de auteur van drie boeken, waaronder *Simply Clean: The Proven Method for Keeping Your Home Organized, Clean, and Beautiful in Just 10 Minutes a Day* en *Clean Mama's Guide to a Healthy Home*. Ze heeft ook een eigen Clean Mama-productenlijn.

De toelichting
Handdoeken absorberen water (daarvoor zijn ze uiteindelijk ook bedoeld) en als ze na gebruik niet goed worden uitgehangen blijven ze te lang vochtig en vormen ze een ideale broedplaats voor bacteriën. En dan gaan ze vies ruiken (en wordt het moeilijker om ze weer fris te krijgen). Prop ze nooit op elkaar: niet in de wasmand, niet in de wasmachine, niet in de droger. Ook handdoeken hebben ruimte nodig om te ademen. Door ze direct vanuit de droger op te vouwen (en – bonuspunten – op te bergen) voorkom je dat ze gaan verfrommelen en hun donzigheid verliezen.

Bonus
Een eenvoudige manier om het jezelf makkelijker te maken is om over te stappen op alleen maar witte handdoeken (en kies dan meteen ook voor witte lakens, om het jezelf nog makkelijker te maken). Waarom? Omdat je ze dan allemaal tegelijk kunt wassen, op een hoge temperatuur en met witwasmiddel of zelfs met gebruik van een veilig 'bleekmiddel' als zuiveringszout als dat nodig is om ze goed schoon te krijgen en vlekken te verwijderen, zonder dat je bang hoeft te zijn voor kleurverlies. Bovendien geven witte handdoeken je badkamer een extra fris aanzien en passen ze bij elke kleur en inrichting.

Pro-tip: heb je een T-shirt dat viezig ruikt en maar niet fris wil worden? Stop het in een ziplockzakje en leg het een nachtje in de vriezer. De bacteriën die de veroorzakers zijn van die viezige geur, vriezen dan dood.

EEN HOESLAKEN OPVOUWEN

1. Plaats het hoeslaken op een plat oppervlak met de elastiekkant naar boven.
2. Strijk met je handen het laken en de hoeken zo glad mogelijk.
3. Vouw het laken in de breedte dubbel, met de hoeken netjes op elkaar, en let er vooral op dat het deel dat nu onder ligt niet oppropt. Strijk het dubbelgevouwen laken opnieuw met je handen zo glad mogelijk.
4. Schuif de twee bovenste hoeken in de onderste hoeken.
5. Vouw het laken opnieuw in de breedte dubbel, zodat alle vier de hoeken nu bovenop elkaar liggen.
6. Strijk het opnieuw met je handen glad.
7. Schuif de bovenste twee ineengeschoven hoeken in de onderste twee ineengeschoven hoeken.
8. Vouw het laken nu tweemaal in de lengte dubbel (en herhaal dit zo vaak als je zelf wilt).

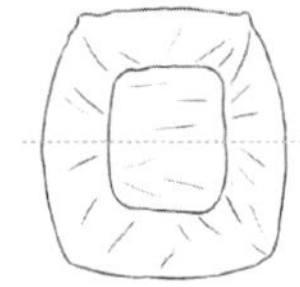
Stap 1

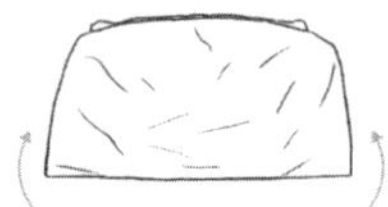
Stap 2

Stap 3

Stap 4

Stap 5

Stap 6

De deskundige

Ariel Kaye is de oprichtster en CEO van Parachute, een modern lifestylemerk, en de auteur van *How to Make a House a Home: Creating a Purposeful, Personal Space*. Kaye is met Parachute begonnen als een online merk met een uitgelezen assortiment beddengoed (de naam Parachute is geïnspireerd op de manier waarop de stof opbolt wanneer je lakens uitschudt). Het merk heeft tegenwoordig een eigen keten aan fysieke winkels en heeft zijn assortiment uitgebreid met matrassen, bad- en tafellinnen, woonkameraccessoires en een babycollectie.

De toelichting
Hoeslakens netjes opvouwen is een uitdaging, maar dat hoeft het niet te zijn. Als je stap voor stap de hier beschreven methode volgt, bespaar je jezelf tijd en frustratie (en ruimte in je linnenkast). Het is belangrijk om telkens voordat je vouwt het laken glad te strijken; als je dat niet doet wordt het een bol pakket. Een iets minder volwassen oplossing (die ik zelf ook gebruikte totdat ik dit boek schreef) is om voor elke matras in huis maar één hoeslaken te hebben, dat je de dag dat je het wast, meteen weer om de matras doet, zodat er helemaal niets gevouwen hoeft te worden.

EEN OVERHEMD STRIJKEN

1. Kijk op het label van het overhemd op welke strijkijzerstand je het kunt strijken en stel je strijkijzer hierop in.
2. Leg de boord plat en strijk deze aan de binnenzijde, vanuit de punten naar het midden toe. (Sla de boord pas weer om wanneer je het overhemd helemaal hebt gestreken.)
3. Strijk de beide manchetten (let erop dat de knoopjes los zijn) door ze open en plat neer te leggen en met de punt van het strijkijzer naar de mouw toe te strijken. Draai bij beide mouwen de manchet vervolgens om, om hem ook aan de buitenzijde te strijken.
4. Leg een mouw op de strijkplank, met de achterzijde naar boven, en strijk beide lagen van de stof met de hand goed glad (controleer voordat je het strijkijzer erop zet nog eens extra of er echt geen vouwen in de stof zitten). Haal het strijkijzer met lange streken over de stof en strijk een

vouw in de lange zijde van de mouw. Draai de mouw om en doe hetzelfde aan de voorzijde, en herhaal dit proces bij de tweede mouw.

5. Schuif, mouw voor mouw, de open mouw bij het schoudergedeelte over het plankuiteinde en strijk dit glad.
6. Leg het overhemd met het rugpand naar boven, en aan beide kanten van de plank een mouw, om het (dubbellaagse) schouderpand te strijken, het bovenste deel van het rugpand, direct onder de boord. Strijk aan beide zijden vanaf de schouderkant naar het midden toe. Strijk vervolgens ook de rest van het rugpand, door het strijkijzer vanaf de onderzijde van het schouderpand naar beneden toe over de stof te halen.
7. Strijk dan de voorpanden, en begin met het pand met de knoopsgaten. Beweeg het strijkijzer vanaf de boord naar beneden, maar strijk een eventueel borstzakje juist vanaf de onderkant naar boven.
8. Het voorpand met de knoopjes is als laatste aan de beurt. Strijk niet over de knoopjes heen, maar beweeg er met het strijkijzer soepeltjes langs en tussendoor.
9. Hang het overhemd direct na het strijken op een hangertje om straks niet weer van voren af aan te hoeven beginnen.

De deskundigen

Gwen Whiting en Lindsey Boyd hebben samen The Laundress opgericht, een ecologisch verantwoorde lijn van was- en textielverzorgingsproducten die wereldwijd te koop zijn.

De toelichting

Kijk altijd eerst op het label, maar neem niet altijd zonder meer aan dat iets alleen professioneel gereinigd kan worden (in 90 procent van de gevallen kunnen dergelijke kledingstukken gewoon thuis gewassen en gestreken worden). Kleding van katoen en linnen kan zonder risico worden gestreken; wees bij synthetische stoffen wat voorzichtiger en probeer eerst een onopvallend stukje uit. (Stoffen die je nooit moet strijken zijn: wol, fluweel en corduroy – door het strijken plet je de natuurlijke pool van de stof.) Je strijkt de boord als eerste omdat je, als je die tot het laatst bewaart, het pas gestreken overhemd weer helemaal verkreukelt en al je werk voor niets is geweest. Bij het strijken van de mouwen trek je de mouw eerst goed strak langs de naad voordat je hem op de plank neerlegt, zodat er langs de lange zijde al een mooie, rechte vouw ligt, zonder dat zich valse plooien vormen. Je strijkt de voorzijde van het overhemd als laatste omdat het laatste dat je strijkt het gladst zal blijven en dit het deel is waar het oog direct op valt (van jezelf als je in de spiegel kijkt, en van anderen wanneer je hun tegemoetloopt).

Stap 1

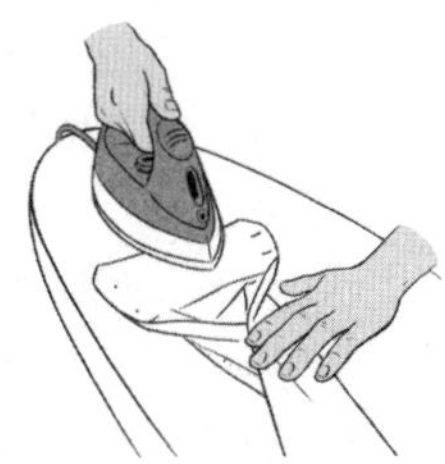

Stap 2

Stap 3

Stap 4

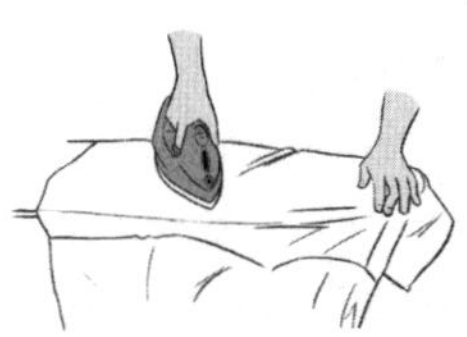

Stap 5

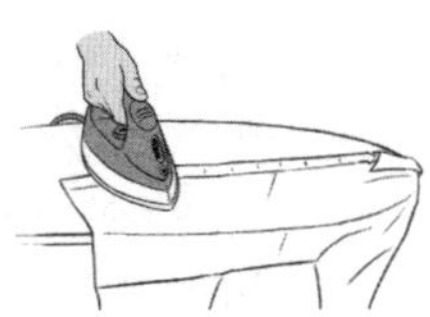

Stap 6

EEN DEKBED IN EEN DEKBEDOVERTREK STOPPEN

1. Leg het dekbed plat op bed.
2. Keer het overtrek binnenstebuiten.
3. Steek je handen tot in de twee bovenste hoeken van het overtrek en pak daarmee de bovenste twee hoeken van je dekbed beet.
4. Schud het overtrek met de goede kant naar buiten over het dekbed heen, terwijl je de hoeken goed vast blijft houden.
5. Blijf schudden en wapperen totdat het overtrek helemaal over het dekbed heen is gevallen.
6. Controleer of de twee onderste hoeken van het dekbed netjes in de twee onderste hoeken van het overtrek vallen, en help ze op hun plaats als dat niet zo is.
7. Knoop van een dekbedovertrek met knoopjes de knoopjes dicht.
8. Zet de vier hoeken van het dekbed eventueel in het overtrek vast met behulp van dekbedclips.
9. Schud het geheel nog een keer goed op en laat het op je bed landen, waar je het nog wat gladstrijkt.

De deskundige

Ariel Kaye is de oprichtster en CEO van Parachute, een modern lifestylemerk, en de auteur van *How to Make a House a Home: Creating a Purposeful, Personal Space*. Kaye is met Parachute begonnen als een online merk met een uitgelezen assortiment beddengoed (de naam Parachute is geïnspireerd op de manier waarop de stof opbolt wanneer je lakens uitschudt). Het merk heeft tegenwoordig een eigen keten aan fysieke winkels en heeft zijn assortiment uitgebreid met matrassen, bad- en tafellinnen, woonkameraccessoires en een babycollectie.

7

Schoonmaken

IN MAXIMAAL 10 MINUTEN DE BOEL AAN KANT

1. Neem een schoonmaakdoekje en -spray mee de kamer in die je aan kant wilt hebben.
2. Stel een timer in op 10 minuten.
3. Pak alle dingen bij elkaar die voor een onfrisse geur kunnen zorgen – vieze borden, afval, vuile was – en breng ze naar de plek waar ze thuishoren.
4. Ruim de platte oppervlakken leeg of stapel de spullen die er liggen op.
5. Maak het nu blootgelegde oppervlak schoon met het doekje en de spray.
6. Loop de kamer uit en stap weer naar binnen, kijk waar je je nu als eerste aan stoort en pak dat aan.

De deskundige

Rachel Hoffman is een schoonmaakexpert en de oprichtster van Unfuck Your Habitat, een methode om je huis op orde te brengen en te houden. Ze is de auteur van *Cleaning Sucks: An Unf*ck Your Habitat Guided Journal for Less Mess, Less Stress, and a Home You Don't Hate.*

De toelichting

Door een timer in te stellen voorkom je dat je je door de hoeveelheid werk laat afschrikken en leer je jezelf aan om opruimen te zien als iets om even tussendoor te doen (in plaats van alles maar te laten versloffen tot je tijd kunt maken voor een marathonopruimsessie). Welke kamer je ook onder handen neemt, pak eerst de spullen aan die kunnen gaan stinken, en als tweede de platte oppervlakken – tafel, dressoir, aanrecht. Hierop verzamelen zich de meeste spullen en als je die opruimt ziet meteen de hele kamer er opgeruimder uit. Door snel even weg te gaan en weer binnen te lopen kun je beter met een onbevooroordeelde blik zien waar je je het meest aan stoort – vaak is dat ook waardoor je er juist tegen opziet om die kamer op orde te brengen. Zelfs al na 10 minuten kun je een duidelijk verschil zien, en dat werkt weer motiverend om de boel bij te houden (en er wat vaker 10 minuten van je tijd in te investeren).

Bonus

Leer jezelf standaard naar deze mantra te handelen wanneer je thuiskomt: 'Zet het niet neer, maar zet het weg.' Je schoenen bijvoorbeeld. Hoeveel meer tijd kost het om ze in de kast weg te zetten in plaats van ze gewoon maar uit te schoppen? Minder dan een halve minuut. En hoeveel werk is het wel niet als je na een week van je schoenen uit schoppen zeven paar in de gang hebt staan? Dan is het algauw iets waar je liever helemaal maar niet aan begint. En omdat het makkelijker is om iets weg te zetten als alles ook een eigen plaats heeft, geef je alle dingen die anders blijven rondslingeren een vaste plek in huis door te zorgen voor planken, manden, hangers en kapstokhaken. (Heb je kinderen? Hang dan ook wat haken op kinderhoogte en leer ze hun eigen spullen weg te hangen.)

DE VLOER SCHOONMAKEN

'Dé manier om minder schoon te hoeven maken is vaker schoonmaken.'
– Donna Smallin Kuper

1. Raap alle losse dingen van de vloer (schoenen, speelgoed, boeken, enzovoort).
2. Rol kleine losse vloerkleden op. Hierin – en hieronder – verzamelt zich vuil en stof. Neem ze mee naar buiten en klop of schud ze uit.
3. Stofzuig de vloer of veeg het vuil met een zachte bezem bij elkaar en stofzuig het bijeengeveegde vuil op.
4. Nu je toch de stofzuiger bij de hand hebt, kun je meteen ook met het borstelopzetstukje de vensterbanken, lampenkappen en plinten ontstoffen.
5. Gebruik voor het dweilen van een hardhouten vloer alleen water (geloof me!).
6. Begin met dweilen in de verste hoek en werk vandaaruit terug naar de deur, zodat je niet over de nog natte vloer hoeft te lopen en er voetafdrukken in achterlaat.
7. Maak wat je gebruikt hebt meteen ook schoon voordat je het weer wegzet (verwijder haren en pluisjes uit de bezem of de zuigmond van je stofzuiger, en controleer ook of de stofbak moet worden geleegd of de stofzak moet worden vervangen).

De deskundige
Donna Smallin Kuper is een gecertificeerd schoonmaak- en opruimdeskundige en de auteur van *Cleaning Plain & Simple.*

De toelichting

Ruim zo veel mogelijk rommel en vuil op voordat je met dweilen begint, omdat je anders alleen maar vuil aan het verplaatsen bent. En ja, voor het reinigen van een hardhouten vloer heb je niet meer nodig dan water. Is dat niet lekker makkelijk? En ook nog eens goed voor het milieu. Vloerfabrikanten adviseren het gebruik van water en bij sommige verkopers vervalt de garantie zelfs als je iets anders gebruikt. (Heb ook oog voor wat wel schoon is, maar wat extra zorg kan gebruiken.) Koop een vloerwisser met twee microvezelhoezen zodat je altijd een schone hoes hebt.

Bonus

Ga nooit pas stof afnemen nadat je hebt gestofzuigd. Ook stof is onderhevig aan zwaartekracht en daalt dus neer. Werk daarom van boven naar beneden. Gebruik voor het stof afnemen een microvezeldoekje en wat water in een spuitflesje, zodat je niet elke keer met het doekje naar de kraan hoeft te lopen om het vochtig te maken (waarbij het dan vaak ook te nat wordt). Bij stof afnemen gaat het erom dat je het verzamelt, niet verplaatst. Doe het dus langzaam en met aandacht. Denk ook aan plekken die vaak over het hoofd worden gezien – zoals de bladen van een ventilator, die erg vies kunnen worden, vooral in de keuken. Plinten zijn ook van die plekken waar het vuil zich gauw ophoopt, en wanneer dat eenmaal is gebeurd, is stoffen alleen niet meer genoeg om ze schoon te krijgen. Neem ze mee in je schoonmaakroutine om te voorkomen dat het een hele klus wordt.

Over routine

Zorg ervoor dat je een schoonmaakroutine hebt. Hoe routineuzer je schoonmaakt, hoe makkelijker en sneller het je afgaat. Kies een volgorde die voor jou het beste werkt en houd die volgorde voortaan aan – zodat je er op een gegeven moment niet eens meer bij na hoeft te denken en je steeds efficiënter wordt. Je vloeren blijven ook schoner als je ze dagelijks even snel doet. Zoals Donna zegt: 'Voor schoonmaken geldt dat bijhouden veel makkelijker is dan inhalen.'

Over microvezels

Microvezeldoekjes en -dweilen zijn gemaakt van synthetische vezels van uiterst geringe dikte (vandaar de naam 'microvezels') met als speciale eigenschap het vermogen om vet en vuil en zelfs bacteriën in zich op te nemen en vast te houden. Ze zijn ook zeer vochtabsorberend en drogen snel. Ze zijn geschikt voor het reinigen van vrijwel elk oppervlak, zonder dat je daar iets anders voor nodig hebt dan alleen maar wat water. Om de doekjes te reinigen was je ze op een hoge temperatuur samen in de wasmachine (zonder ander wasgoed als kleding of handdoeken) met alleen wasmiddel, geen wasverzachter. Stel voor het drogen de droger in op een lage temperatuur of hang ze uit. Een microvezeldoek kan zo'n vijftig wasbeurten mee. (Als je er niet goed voor zorgt, raken de tentakelachtige ruimtes tussen de microvezels verstopt, en kunnen ze hun werk niet meer goed doen.)

Pro-tip: let er bij het stofzuigen van tapijt op dat je bij elk stuk waarover je de zuigmond van je af beweegt, de zuigmond ook weer naar je toe beweegt. Pas bij het terugbewegen zuig je het dieperliggende vuil op. Doe dit dus niet gehaast, maar langzaam en rustig.

DE KEUKEN OPRUIMEN NA HET ETEN

'Ruim alle afwas op voordat je naar bed gaat om de volgende dag een nieuwe start te kunnen maken. Als je dingen in de week laat staan, is dat uitstel van werk. Doe je toekomstige zelf een plezier door nu even door te pakken.'
– Rachel Hoffman

1. Maak een deel van het aanrecht leeg om de vieze borden kwijt te kunnen. (Als je tijdens het koken al hebt opgeruimd – wat echt is aan te raden – kun je misschien direct door naar stap 2.)
2. Zet pannen en andere grote spullen ergens neer waar je er wel bij kunt, maar waar ze niet in de weg staan (op het fornuis bijvoorbeeld). Als ze eerst moeten inweken, vul je ze met heet water en wat afwasmiddel en laat je ze zo op het fornuis staan terwijl je doorgaat met opruimen.
3. Pak het eten dat over is in en zet het weg – zie ook pagina 189 – en zet ook alle dingen die je hebt gebruikt terug in de koelkast of de voorraadkast. Haal er, als dat nodig is – ja, die bedoel ik, die ketchupfles – eerst een vochtig doekje langs.
4. Haal de spoelbak leeg en plaats wat erin staat in de afwasmachine of was het met de hand af en zet het in het afwasrek te drogen.
5. a) Als je voor je moet zien wat er gedaan moet worden, ruim dan de eettafel helemaal leeg en zet alles op het lege aanrechtblad.
   b) Als je je door de grootte van een klus gauw laat afschrikken kun je beter in etappes opruimen – eerst al het bestek, daarna de borden, daarna de kopjes en de glazen of van alle eters een voor een het volledige eet-

gerei. Handel elke etappe volledig af voordat je aan de nieuwe etappe begint.

6. Schraap alles schoon, spoel het af en plaats het in de afwasmachine (kijk op pagina 116 voor de juiste manier van inruimen).
7. De pannen en andere grote dingen die niet meer in de vaatwasser kunnen, was je een voor een met de hand af in de spoelbak.
8. Haal een doekje over alle aanrechtbladen en over de tafel.
9. Maak het fornuis en andere keukenapparaten die je hebt gebruikt schoon, haal een doekje over de handgrepen van de koelkast en veeg de vloer.

De deskundige

Rachel Hoffman is een schoonmaakexpert en de oprichtster van Unfuck Your Habitat, een methode om je huis op orde te brengen en te houden. Ze is de auteur van *Cleaning Sucks: An Unf*ck Your Habitat Guided Journal for Less Mess, Less Stress, and a Home You Don't Hate*.

De toelichting

Om te kunnen schoonmaken heb je ruimte nodig en daarom begin je met het leegmaken van een deel van het aanrecht – en alleen al de aanblik van dat leeggeruimde aanrecht werkt motiverend om ook de rest op te ruimen (netheid brengt netheid voort). Stapel de spoelbak niet vol met vieze borden en pannen, want het is alleen maar lastig/frustrerend om iets schoon te spoelen te midden van ronddrijvende vieze vaat. Hoe je de tafel afruimt is een kwestie van persoonlijke voorkeur. Maar ga geen borden op elkaar stapelen waar nog eten op ligt; je wilt jezelf geen dubbel werk bezorgen met platgedrukte aardappelen tegen een schone onderkant. En weet je wat het is met het voorweken van borden? Het is een vorm van uitstel. Ze zien er missschien wel uit alsof ze het nodig hebben om in de spoelbak in de week te worden gezet, maar je weet dat je ze daar dan laat staan, of niet? Voorkom dat door het gewoon niet te doen (er is echt geen wet die voorschrijft dat borden eerst moeten worden voorgeweekt). Sluit je dag net zo schoon af als je hem bent begonnen, en zadel je toekomstige zelf niet op met de gevolgen van de luiheid van je huidige zelf. Droog de pannen en andere grote dingen af en zet ze op hun plaats terug, voordat je de keuken als opgeruimd beschouwt. Je verdient extra bonuspunten als je de afwasmachine op tijd hebt aangezet om hem zijn cyclus te laten voltooien en je hem voordat je naar bed gaat nog hebt leeggeruimd. Kijk op pagina 120 hoe je dat het beste kunt doen.

Over schoonmaken en kinderen

Kinderen horen alles wat je zegt, dus waak ervoor dat je schoonmaaktaken niet als schoonmaaklasten afschildert – als je de keuken aan het opruimen bent, loop dan niet te klagen over hoe vervelend dat is. Je hoeft er ook niet elke keer dat je de afwasmachine inruimt een feestje van te maken, maar realiseer je welke boodschap je afgeeft als je altijd maar loopt te klagen over dit soort karweitjes. Je wilt het goede voorbeeld geven en je kinderen leren dat huishoudelijk werk nu eenmaal gedaan moet worden, dat het misschien niet altijd even leuk is, maar dat het een onderdeel is van ons dagelijks leven, net als tandenpoetsen. En denk ook goed na voordat je je kind als straf een schoonmaaktaak geeft: daarmee kun je een afkeer van schoonmaken bewerkstelligen, met alle gevolgen van dien.

DE DOUCHE EN/OF BADKUIP SCHOONMAKEN

1. Haal alles uit de douche weg: zeep, shampoo, douchesponzen.
2. Schuif het douchegordijn aan de kant; sla het over de rail of haal het helemaal weg.
3. Spuit de wanden rondom in met een reinigingsmiddel, maar sla de douchebak, de vloer en/of de badkuip nog even over.
4. Wacht 5 minuten om het reinigingsmiddel te laten inwerken.
5. Boen met de ruwe kant van een schuursponsje tegel voor tegel de wanden schoon. Werk in een zigzagpatroon van boven naar beneden. Spoel het sponsje tussendoor niet uit.
6. Herhaal stappen 3, 4 en 5 voor de douchebak en/of badkuip. (Let op: gebruik de zachte kant van het sponsje als de douchebak en/of badkuip van acryl is, omdat de ruwe kant krassen kan veroorzaken.) De douchebak en/of badkuip is alleen als tweede aan de beurt als je erin moet staan om bij de wanden te kunnen komen. Als dat niet zo is, kun je ze gerust tegelijk met de tegels doen.
7. Pak de douchekop uit de houder, zet het water op heet en sproei langs de wanden in hetzelfde zigzagpatroon als waarmee je ze hebt schoongewreven. Als de douchekop aan de stang vastzit, kun je de muren met een emmertje of kan schoonspoelen.
8. Wrijf met een microvezeldoekje over de wanden tot de tegels droog en glanzend zijn. Doe dit ook met de douchebak en/of badkuip. Vergeet niet ook het chroom op te poetsen.

De deskundige

Melissa Maker is de presentatrice van CleanMySpace, een YouTube-kanaal met meer dan 1,3 miljoen abonnees, en is de oprichtster van Clean My Space, een in haar thuisland Canada gevestigd schoonmaakbedrijf. Ze is de auteur van *Clean My Space: The Secret to Cleaning Better, Faster – and Loving Your Home Every Day*.

De toelichting

Houd je aan het zigzagpatroon en ga niet in cirkels op de wanden van je douche staan boenen – pure tijdverspilling. Om de zeepresten goed van de tegels af te krijgen is het belangrijk dat je een goed reinigingsmiddel gebruikt en dat je het de tijd geeft om zijn werk te doen. Hoe langer je het laat inwerken, hoe beter het de zeepresten kan afbreken en hoe minder hard jij hoeft te boenen. Je hoeft niet hoger te spuiten dan de langste persoon die van de douche gebruikmaakt, omdat daarboven geen zeepresten zullen zitten. Gebruik voor een douchecabine met glazen deuren onverdunde azijn in een spuitfles als reiniger. Ga voor het reinigen van de douchebak en/of badkuip op je knieën op een opgerolde handdoek zitten en vergeet niet ook de binnenzijde te doen van de kant waar je tegenaan leunt – iets wat vaak wordt vergeten.

Bonus

Gebruik Melissa's zigzagpatroon niet alleen voor de wanden van je douche, maar voor alle oppervlakken. Begin in de linkerbovenhoek en werk vandaaruit naar de rechterbovenhoek, terwijl je druk blijft uitoefenen. Zak naar de plek er direct onder en werk nu weer terug naar links, waar je opnieuw een verdieping zakt en weer naar rechts werkt, en zo verder tot je helemaal beneden bent. Het is een van de meest efficiënte manieren van schoonmaken die door iedereen omarmd zou moeten worden, in plaats van het cirkelende boenen waar de meeste mensen bij zweren, maar waarbij je het vuil van het niet geboende deel vrolijk meeneemt naar je zojuist geboende deel.

Pro-tip: de meeste mensen realiseren zich niet hoe krachtig veel reinigingsmiddelen zijn. Dat zijn ze echter alleen maar als ze ook goed gebruikt worden – en een hoop mensen doen dat niet, en daarom denken ze dat ze niet goed werken. Wees royaal in het gebruik van reinigingsmiddelen en geef ze de tijd om hun werk te doen: het heeft zo'n 3 tot 5 minuten nodig om door te kunnen dringen tot in het vuil en vet dat zich aan het oppervlak heeft gehecht.

(IN 3 MINUTEN) EEN TOILET SCHOONMAKEN

'Schrik niet terug voor dit soort karweitjes. Het houdt je nederig en wrijft je onder de neus hoe belangrijk hygiëne is.'
– Melissa Maker

1. Spuit het toilet van boven tot onder in met een allesreiniger. (Vergeet niet ook de voet van de toiletpot en de vloer eromheen, vooral niet met mannen in huis – ja, voel je gerust aangesproken nu.)
2. Spuit toiletreiniger in de pot en laat het enkele minuten inwerken.
3. Werk van boven naar beneden. Pak een stuk stevig keukenpapier en veeg er in een zigzagpatroon mee over de bovenkant van het waterreservoir, de spoelknop en het reservoir zelf. Gooi het papieren doekje vervolgens weg.
4. Veeg met een nieuw doekje het deksel van de bril schoon, kantel hem omhoog en veeg ook de onderkant van het brildeksel schoon.

5. Verfrommel het papieren doekje zodat het in de hoeken wat steviger wordt en veeg daarmee langs de scharnieren. Gooi het doekje daarna weg.
6. Pak opnieuw een schoon doekje en veeg daarmee eerst over de bovenkant en daarna over onderkant van de bril. Laat de bril omhoog staan en gooit ook dit doekje weg.
7. Gebruik een vierde papieren doekje om de pot zelf schoon te maken, van de bovenrand, langs de zijkanten tot aan de voet en de vloer eromheen.
8. Schrob de binnenzijde van de toiletpot schoon met een toiletborstel (maar ga niet te woest staan schrobben, om spetters te voorkomen). Begin onder de rand en werk helemaal rond voordat je de binnenzijde van boven naar beneden schoon borstelt, tot in het afvoergedeelte, waarin je de borstel een aantal keer heen en weer beweegt.
9. Spoel door en draai de borstel rond in het schone spoelwater.
10. Houd de borstel zo vast dat het borstelgedeelte boven de pot hangt, kantel de bril terug en zet daarmee de steel van de borstel klem, zodat de natte borstel boven de pot kan uitlekken.

De deskundige

Melissa Maker is de presentatrice van CleanMySpace, een YouTube-kanaal met meer dan 1,3 miljoen abonnees, en is de oprichtster van Clean My Space, een in haar thuisland Canada gevestigd schoonmaakbedrijf. Ze is de auteur van *Clean My Space: The Secret to Cleaning Better, Faster – and Loving Your Home Every Day*.

De toelichting

Spuit het toilet royaal in met een schoonmaakmiddel zodat het zijn werk voor jou kan doen. Toiletreinigingsmiddelen, voor het schoonmaken van de wc-pot, koop je vaak in een fles met een gebogen hals, waarmee je makkelijker onder de toiletrand kunt spuiten (beweeg het spuitstuk langzaam langs de binnenrand, terwijl je in de fles blijft knijpen, om het reinigingsmiddel gelijkmatig te verdelen).

Gebruik voor het schoonmaken van een toilet liever stevig keukenpapier dan uitwasbare doekjes, omdat, nou ja, het nu eenmaal een toilet is (en gebruik, als je dat wilt, ook gerust huishoudhandschoenen). Werk van boven naar beneden en pak een nieuw stuk papier wanneer het oude verzadigd is (over het algemeen heb je vier papieren doekjes nodig per schoonmaakbeurt). Gooi ze weg in het afvalemmertje in het toilet of de badkamer en leeg dat na afloop. De laatste stap is belangrijk als je niet met een lekkende borstel wilt blijven zitten of hem nat in de houder wilt terugplaatsen (met alle risico's van dien op een vieze wc-borstelhouder). Het is goed om de borstel af en toe te reinigen door hem te laten weken in een emmer met heet water met daarin opgelost een lepel zuurstofbleekpoeder. Laat hem een halfuur staan, spoel hem goed uit en laat hem boven de emmer uitlekken.

8

Wees handig

EEN LIJST OPHANGEN

1. Kijk aan de achterkant van je lijst of hij is voorzien van een hangertje of oogje om hem aan op te hangen (bij de meeste lijsten is dat het geval, of deze worden er in ieder geval vaak bij geleverd, inclusief een instructie hoe ze te bevestigen).
2. Als je een lijst hebt zonder hangertje, koop dan bij een doe-het-zelfzaak ophangdraad en span dit aan de achterkant van de lijst vast.
3. Meet (met een meetlint) de hoogte en breedte van de lijst op en geef deze afmetingen met behulp van afplaktape weer op de plek waar je je lijst wilt hebben hangen.
4. Stap bij de muur weg en loop er een paar keer langs om er zeker van te zijn dat je daar graag iets aan de muur wilt hebben hangen. Een lijst hoort op gemiddelde ooghoogte te hangen (veel mensen hangen hem te hoog).
5. Als je iets boven een zitbank wilt hangen, houd dan een tussenruimte aan van 15 tot 20 centimeter tussen de onderzijde van de lijst en het hoogste punt van de bank (of tot waar je hoofd komt als je zit). Let erop dat het kunstwerk of de foto goed past bij de omringende meubels en/of decoraties, zodat het er niet wat verweesd bij hangt.
6. De manier waarop je de lijst aan de muur bevestigt, hangt

af van het gewicht ervan. Voor lichte, kleine lijstjes kun je volstaan met een spijker of schroef; middelgrote lijsten met een gewicht tot 15 kilo kun je ophangen aan een driekantige haak, voor de verdeling van het gewicht; alles wat zwaarder is, moet worden gezekerd (en kan beter worden opgehangen door iemand met verstand van zaken).

7. Meet de afstand tussen de bovenkant van je lijst en het hangertje.
8. Teken de plek van het hangertje op de muur af door diezelfde afstand aan te houden vanaf de bovenste horizontale strook afplaktape.
9. Draai of hamer de schroef, haak of spijker in de muur.
10. Hang de lijst op.
11. Controleer met een waterpas of de lijst recht hangt. Of, als je geen waterpas hebt: doe een grote stap terug en stel de lijst op het oog zo recht mogelijk bij.
12. Met een beetje plakgum aan de achterzijde van de lijst, in de twee onderste hoeken, kun je ervoor zorgen dat de lijst ook echt recht blijft hangen.
13. Ga niet tegen al je vrienden lopen vertellen dat je dit kunt als je deze vaardigheid eenmaal onder de knie hebt – voordat je het weet vragen ze jou om hulp telkens als ze iets willen ophangen.

De deskundige

Jasmine Roth is de presentatrice van *Hidden Potential*, een tv-programma op de Amerikaanse betaalzender HGTV, en is de winnaar van het eveneens door HGTV uitgezonden *Rock the Block*. In *Hidden Potential* laat ze zien hoe je een doorsneehuis kunt transformeren tot je eigen droomhuis. Ze is ook de oprichtster en bedrijfsleidster van Built Custom Homes, een bureau dat ontwerpen verzorgt voor nieuwbouwwoningprojecten in Huntington Beach, in Californië.

De toelichting

De oude timmermanswijsheid – twee keer meten, één keer zagen – geldt ook voor het ophangen van een lijst. Hoe beter je voorbereidende werk, hoe makkelijker het eigenlijke karwei. Neem de tijd, meet alles op, denk goed na over waar je iets precies wilt hebben hangen, en ga dan pas gaten in muren maken. (En als het dan toch misgaat, is er ook geen man overboord, maar kijk je gewoon op pagina 157, waar staat hoe je een gaatje in de muur weer wegwerkt.) Stap 3 is heel belangrijk, omdat je zo een beter beeld krijgt van hoe het is als daar iets aan de muur hangt. Als je geen meetlint hebt, kun je een stukje touw of een schoenveter gebruiken – maar Jasmine is van mening, en ik ben het met haar eens, dat in elk huis een meetlint aanwezig hoort te zijn. Een aan de achterkant gespannen ophangdraad heeft als voordeel dat je de lijst terwijl die al hangt recht kunt schuiven (je hoeft dus niet meteen al alles superstrak recht te hebben). En als je lijst net niet recht wil blijven hangen of als je er zeker van wilt zijn dat hij net zo recht blijft hangen als jij hem hebt opgehangen – ook wanneer de deur net wat te hard wordt dichtgeslagen – is plakgum dé oplossing. En al helemaal als je een collage hebt hangen, die met scheef hangende lijstjes algauw haar charme verliest.

Over fotocollages

Voor fotocollages, en voor muurdecoraties in het algemeen, geldt: groter is beter. Hoe kleiner de lijstjes, hoe voller je huis lijkt. Je kunt wel kleine lijstjes gebruiken, hier en daar in huis, maar hang ze niet bij elkaar. Het is veel mooier om een collage te maken met zo'n zeven grotere lijsten dan met vijftien kleine lijstjes. Een oneven aantal werkt overigens altijd beter dan een even aantal. En voor fotocollages is het zeker van belang om eerst met afplaktape enigszins een beeld te krijgen van hoe het eruit gaat zien en wat het beste werkt.

Bonus

Jasmines advies is om in elke ruimte in huis, zelfs in de badkamer, een ingelijste foto te hebben staan of hangen. Dit hoeven geen professionele foto's te zijn. Gewoon een selfie, een spontaan portret, een foto van je hond met zijn tong uit zijn bek – iets waar je blij van wordt. Foto's die uitnodigen tot een 'O ja, weet je nog wat er gebeurde toen we die foto namen?' vertellen vaak meer dan een door een beroepsfotograaf geschoten geposeerd portret.

Pro-tip: als je een zwart-witfoto wilt vergroten en inlijsten zonder dat je er kapitalen aan wilt uitgeven, kun je ook naar een printwinkel gaan en een grootformaat afdruk op gewoon papier laten maken, in plaats van op fotopapier. Eenmaal achter glas zie je nauwelijks verschil en het kost veel minder.

EEN GAATJE IN DE MUUR WEGWERKEN

1. Je hebt het volgende nodig: muurvuller, een plamuurmes en een schuurblokje (allemaal te koop in elke doe-het-zelfzaak).
2. Doe een beetje muurvuller op je plamuurmes en vul het gat ermee op door het heen en weer uit te strijken alsof je een boterham smeert.
3. Als het gat helemaal is opgevuld, schraap je het teveel aan muurvuller er met het plamuurmes af (met het mes in een hoek van 45 graden ten opzichte van de muur).
4. Laat de muurvuller drogen – hoelang dat duurt, is afhankelijk van de luchtvochtigheid en de grootte van het gat én van het soort muurvuller dat je gebruikt. Kijk op de verpakking voor informatie hierover.
5. Wrijf met een schuurblokje voorzichtig over het gevul-

de gedeelte en schuur zo alle oneffenheden weg (de muur moet uiteindelijk glad aanvoelen).

6. Veeg met een vochtige doek het stof van de muur.
7. Herhaal deze stappen zo nodig. (Strijk met je vingers over de muur en als je ter hoogte van het gat nog een inkeping voelt, heeft de muur nog een beetje extra muurvuller nodig.)

De deskundige

Jasmine Roth is de presentatrice van *Hidden Potential*, een tv-programma op de Amerikaanse betaalzender HGTV, en is de winnaar van het eveneens door HGTV uitgezonden *Rock the Block*. In *Hidden Potential* laat ze zien hoe je een doorsneehuis kunt transformeren tot je eigen droomhuis. Ze is ook de oprichtster en bedrijfsleider van Built Custom Homes, een bureau dat ontwerpen verzorgt voor nieuwbouwwoningprojecten in Huntington Beach, in Californië.

De toelichting

Weten dat je een gaatje in de muur van een spijker of schroef weer kunt wegwerken, maakt het idee van een lijst ophangen veel uitvoerbaarder – omdat het ineens geen ramp meer is als het misgaat. Grotere gaten – zoals die in mijn keldermuur, waar mijn zwager met zijn volle gewicht tegenaan smakte toen hij achter een pingpongbal aan dook – moeten vaak gestuct worden, iets wat beter door een ervaren iemand gedaan kan worden (in het geval van mijn keldermuur door mijn vader). Als je je muren laat schilderen, zal de schilder zelf eerst voor een egale muur zorgen, daar hoef je niet speciaal iemand voor in te huren. Kleine gaatjes, van spijkers of schroeven, kun je makkelijk zelf opvullen. Gebruik niet te veel muurvuller (het hoeft alleen maar in het gaatje, je hoeft er niet de muur mee te bestrijken). En vergeet niet met een vochtige doek het stof van de muur te vegen voordat je gaat verven. Als je het goed hebt gedaan, zie je na het verven niets meer van het gaatje noch van je herstelwerkzaamheden.

Pro-tip: als je geen muurvuller en plamuurmes bij de hand hebt, maar je toch dat gaatje weg moet werken, kun je wat witte tandpasta gebruiken. Doe er een beetje van op een vingertop en duw het in het gaatje. Strijk het uit en laat het drogen. Als de muur in kwestie niet wit is, kun je je vinger in de verf dopen die voor de muur is gebruikt en daarmee op de tandpastaplek deppen, op de manier waarop je ook concealer op je gezicht aanbrengt.

KOOP EEN KAMERPLANT (EN HOUD HEM IN LEVEN)

'Niemand wordt geboren met groene vingers, of het tegenovergestelde daarvan. Het verschil zit hem erin dat mensen die zeggen dat ze groene vingers hebben bereid zijn er moeite voor te doen. Iedereen kan groene vingers hebben.'
– Hilton Carter

1. Let eens goed op wat voor licht je in huis hebt – hoe het naar binnen valt, welke kamers het lichtst zijn, hoe groot je ramen zijn, en aan welke kant die ramen zijn (ga dit laatste niet lopen gokken, maar gebruik liever een kompas-app), en schrijf dat op.
2. Probeer jezelf te kwalificeren als plantenmens. Hoeveel tijd heb je en hoeveel zorg/interesse ben je bereid te steken in de verzorging van een bepaalde plant? Wees eerlijk tegen jezelf.
3. Noteer kenmerken van je huis: 'Ik woon in een flat, met ramen op het westen, die uitkijken op de naastgelegen flat,'

of: 'Mijn huis heeft grote ramen op het zuiden, maar aan die kant van het huis staan grote bomen.'

4. Ga met al die informatie naar een plantenkwekerij en vraag wat voor plant ze jou op basis daarvan kunnen aanraden. Als je huisdieren hebt, vermeld dit dan ook – sommige planten zijn giftig.
5. Vraag voordat je met je plant de deur uit loopt hoe je hem het beste kunt verzorgen (dat wil zeggen hoe vaak en hoeveel water je hem moet geven, hoeveel licht hij nodig heeft) en luister daar ook goed naar. Nog beter: schrijf het op.
6. Ga wanneer je thuiskomt de plant niet meteen verpotten. Zet hem neer op de plaats waar hij voortaan zal staan en laat hem rustig acclimatiseren. Hij kan de eerste tijd wat blad verliezen – sommige van de oudere, laagst groeiende bladeren worden dan geel of bruin en vallen eraf – maar dat is niet meer dan normaal en geen reden tot paniek. Verpot je plant pas wanneer de wortels door de gaatjes van de pot beginnen te groeien.
7. Controleer of je plant water nodig heeft. Bij de meeste planten kun je dit doen door je wijsvinger zo'n 5 centimeter diep in de aarde te steken: als de aarde droog is, geef je de plant water, anders niet.
8. Ga bij het water geven langzaam en met aandacht te werk (giet bijvoorbeeld niet zomaar je half leeggedronken glas water boven de aarde leeg). Gebruik lauw water (de wortels schrikken van koud water) en giet het met zorg uit, zodat het door de aarde heen kan sijpelen tot het er door de gaatjes onder in de pot weer uit stroomt.
9. Laat de plant 15 tot 20 minuten met zijn voeten in het water staan, maar zorg er daarna voor dat de schotel weer watervrij is door hem leeg te gieten of het water eruit op te deppen. Als je er water in laat staan, kan dit wortelrot veroorzaken en dat is niet goed voor je plant.

10. Haal eens in de drie weken een vochtig doekje over de bladeren (door het bladoppervlak vrij te houden van stof en ongedierte kan de plant het licht van de zon beter in zich opnemen).

De deskundige

Hilton Carter is de 'plantendokter' van Apartment Therapy en de auteur van *Wild at Home: How to Style and Care for Beautiful Plants* en *Wild Interiors: Beautiful Plants in Beautiful Spaces.* In zijn huis in Baltimore heeft hij zelf meer dan tweehonderd planten.

De toelichting

Je kunt niet zomaar zeggen: 'Ik heb een lege hoek die wat groen nodig heeft,' of een plant kopen omdat die zo populair is op Instagram (ik kijk nu naar mijn tabaksplant!). Je moet je een beetje bewust zijn van jezelf en van de ruimte die je hebt. Sommige planten kunnen alleen gefilterd licht verdragen, terwijl andere juist direct zonlicht nodig hebben. Dat zijn dingen die je duidelijk moet hebben. Het acclimatiseren is een belangrijke stap omdat de plant moet wennen aan een nieuw leven met minder licht, minder zorg en minder liefde dat hij gewend was te krijgen in de plantenkwekerij (hoe goed je ook je best gaat doen). En als het op water geven aankomt, kun je niet oplettend genoeg zijn. Overbewatering uit angst dat de plant tekortkomt, is een van de meest voorkomende oorzaken van de dood van kamerplanten (over het algemeen duiden gele bladeren op een teveel aan water en bruine bladeren op een tekort aan water). Voor planten in de vensterbank kan het wanneer het buiten kouder wordt, ook binnen te koud voelen. Houd dit in de gaten en zet ze zo nodig iets verder van het raam af.

Bonus

Geef je plant een naam. Raar? Misschien. Maar het is ook een geweldige manier om van jezelf een planteneigenaar met verantwoordelijkheidsgevoel te maken. Het is één ding om een verwaarloosde rode potchrysant de deur uit te moeten doen, maar Bob wegdoen? Monsterlijk! Praat met je planten ('Hoe gaat het vandaag, Bob? Heb je dorst?') en besteed tijd aan hen. Wanneer je een baby krijgt of een hond neemt, haal je boeken in huis over ouderschap, ga je naar puppycursus, verdiep je je in je nieuwe rol en bereid je je voor zodat je je baby of je puppy het best mogelijke leven kan bieden. Doe dat ook voor je planten – het zijn net zo goed levende dingen, niet slechts decoraties.

Over orchideeën

Mensen denken vaak dat ze hun orchidee hebben laten doodgaan wanneer hij is uitgebloeid. Maar alleen de bloemen zijn dan dood, niet de plant zelf. Gooi hem dan ook niet weg – met wat liefdevolle zorg kun je hem weer tot bloei brengen.

Bonus

Tijd om te verpotten? Dit zijn de tips van Hilton:

1. Ga op zoek naar een pot met een diameter van 5 centimeter meer dan de huidige pot van je plant.
2. Vul de nieuwe pot tot een derde met verse potaarde.
3. Houd de oude pot boven de nieuwe pot en haal de plant er voorzichtig uit; de aarde die daarbij loskomt, valt zo in de nieuwe pot. (Als je plant nog in zo'n dun plastic potje zit waarin hij is opgekweekt, kun je daar een beetje in knijpen om de aarde wat losser te maken waardoor je de plant er gemakkelijker uit haalt.)
4. Maak de wortels en aarde voorzichtig met je handen wat los en plaats je plant in de nieuwe pot.

5. Voeg bovenop en aan de zijkanten verse aarde toe en druk die wat aan. Laat zo'n 2 centimeter vrij tot de bovenrand van de pot, zodat bij het begieten het water niet uit de pot over de rand stroomt. (Koop de juiste potaarde voor je plant; voor vetplanten bijvoorbeeld is er een speciaal mengsel.) Geef de plant ook na het verpotten alleen water als hij dat nodig heeft.

JE GAZON ONDERHOUDEN

'Je gazon is een levend deel van je huis, en het onderhoud daarvan kun je dan ook niet beschouwen als zomaar een huishoudelijke taak.'
– Allyn Hane

1. Maai regelmatig – minimaal één keer in de week, en wanneer het veel regent bij voorkeur twee keer. Houd voor ogen dat je per keer dat je maait maximaal een derde van de lengte wilt hoeven wegsnijden.
2. Zorg ervoor dat je grasmaaier een scherp mes heeft, waarmee het gras mooi recht wordt afgesneden. (Een bot mes trekt de grastoppen kapot en laat zo wat we bij mensen open wonden zouden noemen na, waardoor de plant vatbaar wordt voor ziekte en schimmel.)
3. Laat het gemaaide gras op het gazon liggen. Als je een maaier hebt met een opvangbak en vaak maait, kun je het maaisel – als het niet is samengeklonterd – weer over je gazon uitstrooien, een milieuvriendelijke manier van bemesten.
4. Hark bladeren van het gazon als ze als een tapijt het gras bedekken en het zonlicht blokkeren. Als er slechts hier en daar wat blad ligt, kun je het gewoon mee maaien, om sa-

men met het gras gekneusd en vermalen te worden.

5. Geef (vroeg in de ochtend) water. Een gazon heeft gemiddeld 25 millimeter water per week nodig, maar afhankelijk van het soort gras kan dat ook wat minder of meer zijn.
6. Bemest je gazon elke vier tot zes weken. Een tuincentrum heeft over het algemeen de meeste keuze, ook aan milieuvriendelijke meststoffen die speciaal geschikt zijn voor het type gras van jouw gazon.
7. De beste manier om je gazon vrij te houden van onkruid als paardenbloemen en straatgras is door het goed te onderhouden.
8. Bestrijd eenmaal opgekomen onkruid zo tijdig mogelijk door het met wortel en al uit te trekken. (Onkruidbestrijdingsmiddelen tasten altijd meer aan dan alleen het onkruid).

De deskundige

Allyn Hane is een gazononderhoudsexpert en heeft als de 'Lawn Care Nut' een eigen YouTube-kanaal, waarop hij wekelijks laat zien wat je kunt doen om het groenste, volste en mooiste grastapijt van de buurt te krijgen en houden. Hij heeft vijftien jaar gewerkt voor TruGreen, de grootste gazonspecialist ter wereld.

De toelichting

Het belangrijkste wat je voor je gazon kunt doen is het op de juiste manier maaien. Als je dat niet goed doet, zal het altijd een worsteling blijven. Zoals satellietschotels signalen uit de ruimte opvangen, zo vangen grassprieten de stralen op van de zon. En om die grassprieten onder controle te houden moet je ze niet te lang laten groeien, maar moet je ze ook weer niet te kort afsnijden, om genoeg groen over te houden voor de fotosynthese. Het advies qua bemesting was lange tijd om één keer in de lente en één keer in de herfst flink uit te pakken met kunstmest. Maar dat is achterhaald: het is veel beter om vaker kleine hoeveelheden organische gazonmest uit te strooien. (Wanneer je gazon er kaler en ongezonder gaat uitzien, kan het wel wat extra hulp gebruiken en dan kun je gerust wat scheutiger met de meststof zijn en gras bijzaaien). Er zijn twee manieren om onkruid tegen te gaan: voorkomen (door goed onderhoud en het gezond houden van de bodem) en genezen (door onkruid zodra het opkomt met de hand of een onkruidsteker uit te trekken).

Over besproeien

Door het gras vroeg in de ochtend water te geven krijgt het de tijd om het vocht op te nemen en te drogen. Als je 's avonds gaat sproeien, blijft het gras – vooral wanneer de luchtvochtigheid hoog is – de hele nacht nat, wat ziekte en schimmel kan veroorzaken. Om te weten hoeveel 25 millimeter water is kun je één of twee lege tonijnblikjes op het gras plaatsen, de sproeier aanzetten en de tijd bijhouden. Als het blikje vol is, kijk je op je timer: zo lang moet je elke week je gazon sproeien. Verdeel die hoeveelheid tijd over twee keer, de ene helft bijvoorbeeld op woensdag en de andere helft op zondag. Dat is beter dan elke dag een beetje water geven, omdat het gras dan minder diep wortelt, terwijl het juist goed is voor het gras om met de wortels tot diep in de aarde te reiken, waar het koeler is, waardoor de plant beter op temperatuur blijft. Van deze gouden regel moet je alleen afwijken als je nieuw gras hebt ingezaaid: houd de grond dan twintig dagen achter elkaar nat om het gras goed te laten kiemen.

1. Check het weerbericht om er zeker van te zijn dat er geen regen wordt voorspeld voor de komende 12 tot 24 uur.
2. Als er geen regen wordt verwacht, zorg dan dat je rond half acht, acht uur 's ochtends buiten staat.
3. Pak de tuinslang, koppel hem aan de kraan vast en sleep hem mee naar de plek in je tuin die water nodig heeft (liefst zonder daarbij andere planten te pletten).
4. Zet het spuitstuk op de sproeistand, zet de kraan aan en geef elke plant een flink bad, alsof er 25 tot 50 millimeter uit de lucht is komen vallen.
5. Besteed wat extra tijd aan alles wat nieuw geplant is. (Nieuwe aanplant moet vijf keer in de week water krijgen; vaste struiken en bomen maar twee tot drie keer, afhankelijk van het klimaat.)
6. Sproei niet alleen bij de stam van de plant, maar ook rondom, tot aan de 'drupgrens' van de paraplu die door de bladeren wordt gevormd – dat wil zeggen, tot aan het punt op de grond waar het water van de verst reikende tak van de plant naar beneden druppelt.

De deskundige

Chris Lambton is de presentator van *Lawn and Order* en *Yard Crashers* van de Amerikaanse tv-zender DIY Network en is regelmatig te gast bij het door de betaalzender HGTV uitgezonden *Going Yard*. Hij leidt het familiebedrijf E. Lambton Landscaping, een hoveniersbedrijf dat gevestigd is in Cape Cod, waar hij woont met zijn vrouw Peyton en hun twee kinderen, Lyla en Hayes.

De toelichting

Tegen een dag flink regenen kun jij met je tuinslang (of je besproeiingssysteem) niet op, dus als er regen wordt verwacht, laat je je tuinslang voor wat hij is – en trek je alle planten die je buiten in potten hebt staan uit de luwte tevoorschijn zodat ook zij van de regen kunnen profiteren. En jij hoeft je een aantal dagen niet bezig te houden met water geven – hoeveel dagen is afhankelijk van de planten in je tuin en de hoeveelheid regen die er is gevallen. Als je je tuinplanten wel water moet geven, doe je dat voordat de zon te warm is. Als je wacht tot bijvoorbeeld twee uur 's middags, verdampt het water al voordat de grond het kan opnemen. En water dat op de plant zelf blijft liggen, werkt als een vergrootglas, waardoor het blad verbrandt. Als je pas laat op de avond gaat sproeien, blijven de planten en de grond juist weer te nat, wat tot wortelrot kan leiden. (De ideale tijd om een automatisch sproeisysteem op in te stellen is half zes 's ochtends.) Je hoeft de slang echt niet alleen op de stam van de plant te richten – de wortels van een plant reiken in de grond net zo breeduit als de takken boven de grond.

Pro-tip: als je er niet echt voor warmloopt om je tuinplanten water te geven (of als je niet zoveel vertrouwen in jezelf hebt als het erom gaat levende dingen levend te houden) kies dan voor inheemse planten, planten die van nature voorkomen in de streek waar je woont en die gewend zijn aan de soort grond in je tuin en de hoeveelheid regen die er valt.

Bonus

Als je een tijd van huis weggaat en je maakt je zorgen over de planten die je in potten hebt staan (en die eerder uitdrogen) biedt deze oplossing uitkomst: vul een lege wijnfles met water en zet hem op de kop in de pot. Het water sijpelt heel geleidelijk uit de fles de aarde in. Afhankelijk van de grootte van de pot kun je ook een kleine of grotere plastic fles, waar je gaten in hebt geprikt, tot aan de hals in de pot ingraven, en die vervolgens met water vullen. Je kunt dan met een gerust hart een paar weken van huis.

VOORKOM (EN BESTRIJD) ONKRUID IN JE BLOEMPERK

1. Bedek de grond rondom je planten en struiken met een tiental centimeters dikke laag mulch. Ook waar je bollen hebt gepoot kun je mulchen, omdat het organische materiaal in de winter als een beschermende deken werkt en de afbraak ervan extra voedingsstoffen aan de grond levert.
2. Wanneer er onvermijdelijk toch onkruid de kop opsteekt, wacht dan tot het heeft geregend en trek het de dag erna uit de grond.
3. Neem een emmer mee de tuin in of een lege plastic bloempot (van het soort waarin planten worden verkocht – bewaar daar een paar van) en een schoffel of onkruidsteker.
4. Baken voor jezelf een stuk af van een halve vierkante meter ('van de rozenstruik tot de hortensia' bijvoorbeeld) en richt je alleen op dat stuk.
5. Trek het onkruid er met wortel en al uit – gebruik hiervoor als dat nodig is het juiste gereedschap – en gooi het in de emmer of bloempot. (Onkruid wieden kun je eventueel combineren met het voeren van een telefoongesprek of het luisteren naar een podcast.)
6. Doe een stap achteruit om het resultaat te kunnen bewonderen wanneer je klaar bent met je eerste halve vierkante meter, voordat je doorgaat met de volgende halve vierkante meter. Of laat het daarbij en doe de rest een andere keer.

De deskundige

Chris Lambton is de presentator van *Lawn and Order* en *Yard Crashers* van de Amerikaanse tv-zender DIY Network en is regelmatig te gast bij het door de betaalzender HGTV uitgezonden *Going Yard*. Hij leidt het hoveniersbedrijf E. Lambton Landscaping, een familieonderneming die de naam draagt van zijn vader, die Chris en zijn broers en zussen 25 cent gaf voor elke paardenbloem die ze van het gazon verwijderden (met een vleesmes, om er zeker van te zijn dat ook de wortel meekwam) en gevestigd is in Cape Cod, waar Chris ook woont, samen met zijn vrouw Peyton en hun twee kinderen, Lyla en Hayes.

De toelichting

Je kunt je tuin geen grotere dienst bewijzen dan mulchen. Tuincentra verkopen (en bezorgen) kant-en-klare mulch, die in grote hoeveelheden vaak goedkoper is dan wanneer je losse zakken koopt. Mulch bestaat uit organisch materiaal, dat tot voor de grond voedingsrijke stoffen wordt afgebroken. De warmte die bij dit proces vrijkomt, smoort het onkruid al in de kiem. Door de wind en door dieren worden er ook zaden van ander onkruid aangevoerd, waartegen je nog wel zal moeten optreden (als je niet wilt dat ze het vocht en de voeding uit de bodem halen ten koste van je eigen aanplant). Regen maakt de grond zacht, waardoor het makkelijker is om het onkruid met wortel en al te verwijderen – want als je dat niet doet, staat het er binnen een week weer. Maar ga niet in het wilde weg aan de gang. Deel de te wieden tuin op in stukken van een halve vierkante meter, om je taak overzichtelijk te houden en voldoening in je werk te kunnen scheppen bij het zien van het verschil tussen een gewied en een nog ongewied deel (en dat werkt weer motiverend). Pas diezelfde methode toe bij het onkruidvrij maken van je oprit of terras.

Pro-tip: als je liever geen tuinhandschoenen gebruikt (Chris zelf draagt ze nooit; het belemmert hem bij het werk), maar ook geen vieze nagels wilt, kun je met je nagels over een stuk zeep schrapen: waar zeep zit, kan geen aarde meer komen.

EEN VUUR AANMAKEN IN DE OPEN HAARD

1. Open de regelklep van het rookkanaal (de kachelpijp die de rook door de schoorsteen wegleidt).
2. Controleer de aslade onder het rooster en leeg hem zo nodig. Als de open haard nog kort daarvoor is gebruikt, kan de as nog nasmeulen en deze kun je dus niet zomaar ergens weggooien.
3. Verfrommel wat stukken krant of ander goed brandbaar materiaal en leg dit op het rooster (papieren boodschappentassen werken ook goed en door ze te gebruiken om een vuur aan te maken hoef je je ook niet meer schuldig te voelen dat je toen weer eens je herbruikbare boodschappentassen was vergeten).
4. Bouw boven op de papierfrommels een laag van aanmaakhoutjes op – aanmaakhoutjes zijn kleine, langwerpige stukjes gekloofd hout, stokjes of restjes timmerhout (als je iemand bent die restjes timmerhout heeft rondslingeren: gebruik hiervoor alleen onbehandeld en ongeverfd hout).
5. Plaats tussen en op de aanmaakhoutjes een aantal kleine stukken brandhout schuin omhoog, maar bouw de stapel niet dicht.
6. Leg hierbovenop wat grotere stukken brandhout en laat ook nu tussen de blokken ruimte vrij.
7. Rol wat krantenpapier tot een fakkel en steek een uiteinde aan. Houd de krantenfakkel ongeveer een halve minuut in de schoorsteen omhoog, tot je de rook van het papier ziet opstijgen.
8. Steek het papier onder de houtstapel aan met een lucifer of (als hij nog brandt) de krantenfakkel.

De deskundige

John Zammett is mijn vader. Hij heeft al vijfenzestig jaar ervaring met het bouwen van een knapperend haardvuur – toen ik klein was, kloofden we ons eigen brandhout, en het stuk afvalhout waar hij geen aanmaakhout van kan maken, moet hij nog tegenkomen. (Hij zou geschokt zijn als hij wist hoeveel Duraflame-briketten ik er in een winter doorheen jaag.)

De toelichting

De regelklep openen is de belangrijkste stap (zoals je zult merken als je dit een keer vergeet); maak er daarom een gewoonte van om dat als eerste te doen. En stap 7 dient om er zeker van te zijn dat je het goed hebt gedaan. Alleen als het heel koud is of als er veel wind staat, kun je beter wachten met het openen van de regelklep tot je aan stap 7 toe bent (omdat er anders al te veel koude lucht binnenstroomt, en koude lucht daalt en kan zo de rook terug je huis in slaan wanneer je het vuur aansteekt). Vuur heeft zuurstof nodig en een volle aslade belemmert een goede doorstroom van lucht onder het vuur. Door een brandende fakkel in de schoorsteen omhoog te houden, check je niet alleen of je de regelklep wel hebt opengezet, maar verwarm je daar ook de lucht, waardoor de schoorsteen goed begint te trekken en de vlammen door zuurstof worden gevoed. Er zijn veel manieren om een haardvuur op te bouwen, maar met deze opbouw krijgen de kleinere stukken brandhout de kans om goed vlam te vatten en zo te helpen de grotere blokken hout te laten ontvlammen.

Pro-tip: het kan helpen het vuur goed brandend te krijgen door een raam in de buurt van de haard open te zetten, waardoor de vlammen zich met extra zuurstof kunnen voeden. Een rokerig vuur betekent dat er sprake is van onvolledige verbranding – hoe meer rook, hoe minder goed het hout brandt (met andere woorden, een vuur dat rookt is geen goed vuur – en de geur ervan zal nog dagenlang in je haar, kleren en je huis blijven hangen).

9

Etenstijd

HET BEWAREN EN WASSEN VAN GROENTE EN FRUIT

1. Was groente en fruit pas wanneer je het gaat bereiden of opeten.
2. Bewaar bessen (ongewassen) in een glazen pot of schaal die je met keukenpapier hebt bekleed (gebruik hiervoor bij voorkeur de ongebleekte soort, want je wilt je etenswaren natuurlijk liever niet in gebleekt papier bewaren), dek ze af met een tweede stuk keukenpapier, doe het deksel op de pot of schaal en plaats hem in de koelkast.
3. Bladgroente blijft het langst vers in de groentelade van je koelkast.
4. Bewaar ook appels in de koelkast (daar blijven ze langer goed dan op het aanrecht).
5. Haal champignons en andere paddenstoelen uit het plastic bakje, doe ze in een groentezakje van ongebleekt papier, en bewaar ze in de koelkast.
6. Leg groente en fruit die niet in de koelkast thuishoren – ui, knoflook, avocado – op een platte, in plaats van in een komvormige schaal. Een etagère is hiervoor perfect en het ziet er nog mooi uit ook. (Wanneer je een hoop fruit en groente bij elkaar in een diepe schaal doet, liggen er din-

gen helemaal onderop die vaak worden vergeten – daar heb je weer zo'n verschrompelde mandarijn!)

7. Leg avocado's die zacht worden wel in de koelkast (waar je ze nog een dag of twee, drie goed kunt houden).
8. Wanneer je eraan toe bent om de groente of het fruit te bereiden of op te eten, was je eerst je handen voordat je de groente of het fruit gaat wassen.
9. Spuit stevige groente of fruit in met een kant-en-klaar groentereinigingsmiddel of gebruik een mengsel van azijn en water (één deel azijn op drie delen water in een spuitfles en je maakt korte metten met pesticiden en vuil), spoel ze af onder de koude kraan en wrijf het vuil dat is blijven zitten er met je handen of een groenteborsteltje af.
10. Was zachte groente zoals sla en spinazie in een badje met koud water en spoel ze na in een vergiet, waar ze ook in kunnen drogen. Of droog de groente in een slacentrifuge (als je die hebt – en als je ook kinderen hebt, is dat een geweldig karweitje voor hen).

De deskundige

Catherine McCord is voedingsdeskundige en de oprichtster van Weelicious, een website (en een fantastisch Instagram-account) gericht op het gezin en verantwoorde voeding. Ze is de auteur van *Smoothie Project*, *Weelicious* en *Weelicious Lunches*.

De toelichting

Haal wanneer je thuiskomt van de markt, de groentewinkel of de supermarkt, je groente- en fruitaankopen uit de verpakking. Houd ze droog tot je ze gaat gebruiken – vooral bessen en besachtig fruit (met name frambozen, die enorm poreus zijn). Bessen zijn net sponzen en absorberen het vocht waarmee ze in aanraking komen. Als je ze nat wegzet, zullen ze eerder gaan schimmelen (het keukenpapier zuigt eventueel restvocht op en helpt zo de besjes droog te houden). Hetzelfde geldt voor al je groente. En bewaar alles zo dat je kunt zien wat je in huis hebt – op platte schalen, in glazen potten, in doorzichtige plastic zakken. Op die manier gebruik je je groente en fruit ook, en daar gaat het natuurlijk uiteindelijk om.

Pro-tip: gooi vers fruit of verse groente niet weg als het er wat minder uit begint te zien of overrijp wordt. Snijd het in stukjes, spreid deze uit op vetvrij bakpapier, plaats dit een nacht in de vriezer, doe de bevroren stukjes in een diepvrieszakje en plaats dit terug in de vriezer. Op deze manier kun je ze tot vier maanden lang goed houden. (Vergeet niet op het zakje te schrijven wat erin zit en wanneer je het hebt ingevroren.)

VLEES ONTDOOIEN

1. Haal vlees een dag voor je het wilt gebruiken uit de vriezer en plaats het op een bord in de koelkast.
2. O, wacht, je bent het vergeten? Dompel het vacuümverpakte vlees een halfuur onder in een grote schaal met lauw water (vervang het water eventueel wanneer het te veel afkoelt).
3. Leg het niet in de magnetron. Ook niet op de ontdooistand. (Vlees is in plastic verpakt; onder invloed van de microgolven versmelt het plastic met de inhoud en dan eet je straks vlees met plastic.)
4. Als je een hele kip moet ontdooien, kun je het proces versnellen door de verpakking te verwijderen en koud water door de buikholte te laten stromen.
5. Controleer na het ontdooien of het vlees nog goed is door eraan te ruiken. (Kip kan soms wat naar (rotte) eieren ruiken, maar met een beetje spoelen is die geur vaak snel verdwenen. Gooi hem weg als dat niet zo is.)

6. Eenmaal ontdooid vlees moet je niet weer invriezen, tenzij je het hebt bereid en verwerkt in een bouillon, soep of saus.

De deskundige

Anya Fernald is gespecialiseerd in duurzame voeding. Ze is slager en de medeoprichtster en CEO van de Belcampo Meat Company, dat zelf vee fokt en verwerkt tot vlees dat in de eigen winkels en restaurants wordt aangeboden (ze organiseren zelfs *meat camps*). Ze heeft gejureerd bij de door het Food Network uitgezonden kookprogramma's *Iron Chef America* en *The Next Iron Chef*, en is de auteur van *Home Cooked: Essential Recipes for a New Way to Cook*.

De toelichting

Ja, in een ideale wereld plannen we onze maaltijden op tijd en halen we het vlees een dag van tevoren uit de vriezer. Maar wie van ons denkt daar altijd aan? In geval van nood doet de lauwwatertruc wonderen (lauw water betekent trouwens handwarm water). Het is een veilige ontdooimethode die voor alle soorten vlees werkt – zelfs voor gehakt voor een bolognesesaus of chilischotel. Waar je wel op moet letten voordat je het onderdompelt, is dat het vlees ook echt lucht- en waterdicht is verpakt, omdat de buitenkant anders zompig wordt. Het invriezen en ontdooien gaat niet ten koste van de voedingswaarde van het vlees. En zolang het vlees van goede kwaliteit is en het vacuümverpakt is, zodat het niet door 'vriesbrand' kan verkleuren, behoudt het in principe zijn smaak. Anya heeft de (blinde) proef op de som genomen met vlees van haar eigen bedrijf en proefde geen verschil tussen het verse en het ontdooide vlees. Over het algemeen geldt: hoe beter het product van zichzelf is, hoe beter het zijn eigenschappen behoudt, hoe je het ook bewaart. Minderwaardig vlees van een met graan gevoerde koe wordt er niet beter op wanneer je het invriest en ontdooit. Kwaliteitsvlees bevat minder water en dat betekent dat wanneer je het invriest, zich geen ijskristallen vormen in het vlees die het spierweefsel kunnen beschadigen, waardoor het vlees slap wordt. Let bij het kopen van kip op de aanduidingen 'vrije-uitloopkip' of 'scharrelkip' en 'luchtgekoeld'. Vooral dat laatste is belangrijk; het betekent niet alleen dat de kip geen extra vocht bevat, maar ook dat de lichaamstemperatuur op natuurlijke wijze is gedaald tot koelkasttemperatuur en niet door onderdompeling in een bleekoplossing (ja, dat is wat er met de meeste kippen gebeurt).

Pro-tip: als je vlees invriest (en veel mensen zullen zich die vaardigheid de afgelopen tijd eigen hebben gemaakt) kun je het het beste vacuüm laten verpakken. Veel slagers doen dit op verzoek of hebben al kant-en-klaar vacuümverpakt vlees liggen. Let erop dat er geen overdaad aan vocht in de verpakking zit. Goed verpakt vlees voorkomt bacterievorming, vochtverlies en het binnensijpelen van water, en daarmee vriesbrand. Als een vacuümverpakking niet mogelijk is, pak het vlees dan zo strak mogelijk in plastic in (in vershoudfolie of een ziplockzakje) en druk de lucht er zo veel mogelijk uit. Zorg er vooral voor dat het magere deel van het vlees volledig door plastic wordt afgedekt; dit is minder belangrijk voor delen waar vet zit of kip met huid, omdat hier minder gauw verkleuringen ontstaan door vriesbrand.

Geef op de verpakking altijd aan wat erin zit en op welke datum je het hebt ingevroren.

VOORBEREIDING OP DE MAALTIJDBEREIDING

1. Loop voor jezelf de maaltijdbereiding door (door het recept van het begin tot het eind door te nemen of – als je zonder recept werkt – door de verschillende stappen in je hoofd te doorlopen).
2. Ontspan: schenk jezelf een glas wijn in of een kop thee, zet je favoriete muziek lekker hard of zet op de achtergrond de tv aan. Als je de oven straks nodig hebt, doe hem dan nu vast aan om hem te kunnen laten voorverwarmen.
3. Plaats een grote snijplank op het aanrecht naast het fornuis. Als je die ruimte niet hebt, kun je hem ook als een brug boven de spoelbak leggen.
4. Zet daarbij in de buurt een lege schaal neer om resten in kwijt te kunnen terwijl je aan het werk bent. Zo'n tijdelijke 'afvalbak' maakt alle verschil van de wereld.
5. Haal alle potten, pannen en gerei tevoorschijn die je nodig hebt en geef ze hun plek.
6. Verzamel alle ingrediënten en rangschik ze op je werkvlak in de volgorde waarin je ze gaat gebruiken (raadpleeg zo nodig stap 1).
7. Snijd de groenten met de langste bereidingstijd eerst en werk zo verder.
8. Ruim tussendoor, wanneer de pannen op het fornuis staan, je werkvlak op door alles wat je niet meer nodig hebt terug te zetten en, als dat nodig is, de schaal met afvalresten leeg te gooien.

De deskundige

Rachael Ray is kok, auteur en tv-persoonlijkheid. Ze is presentatrice van het mede door haarzelf geproduceerde en met een Emmy Award bekroonde praatprogramma *Rachael Ray* en van het door Food Network uitgezonden *30 Minute Meals*.

Daarnaast is ze de oprichtster en eindredactrice van het tijdschrift *Rachael Ray In Season*, en heeft ze kortgeleden haar inmiddels zesentwintigste kookboek uitgebracht, *Rachael Ray 50: Memories and Meals from a Sweet and Savory Life*, dat meteen bij verschijnen de *New York Times*-bestsellerlijst bereikte.

De toelichting

Je wilt niet voor verrassingen komen te staan terwijl je aan het koken bent. Daarom kun je beter van tevoren voor jezelf nagaan welke ingrediënten en keukenbenodigdheden je nodig hebt, en wat het langste duurt om te bereiden (zodat je weet dat je dat als eerste moet gaan snijden). Verder is het belangrijk om in de juiste stemming te zijn, nog voordat je het fornuis aanzet – omdat je gerecht anders niet lukt zoals jij wilt dat het lukt, waardoor je voorlopig geen zin meer zult hebben in koken. Als je een maaltijd met meerdere gerechten bereidt, leg dan niet alle ingrediënten tegelijk klaar, maar eerst alleen de benodigdheden voor het eerste gerecht waar je mee bezig gaat, om het voor jezelf overzichtelijker te houden en om ruimte te houden om te werken. Zorg ervoor dat je alles onder handbereik hebt staan, inclusief de schaal voor restafval. Je werkt sneller en soepeler als je onnodige inspanningen achterwege kunt laten (zoals tien keer heen en weer lopen naar de vuilnisbak). Wanneer je eenmaal aan het koken bent, kun je sowieso beter niet te veel hoeven lopen. De sleutel tot efficiënt koken is om alles van tevoren klaar te hebben staan – je mise-en-place – zodat je niet met de handen waar je net de rauwe kip mee hebt vastgepakt, in de kastjes op zoek moet naar de braadpan terwijl je uien staan aan te branden (ik weet helaas waar ik het over heb...). Leer jezelf aan om tussendoor telkens op te ruimen – dat werkt niet alleen veel efficiënter, je voorkomt zo ook dat je aan het eind niet meer weet waar je moet beginnen met opruimen. (De man van Rachael doet de afwas bij hen thuis... Zou jij dat niet ook doen als ze voor je kookt?)

Bonus

Verhit een pan met antiaanbaklaag nooit zonder dat je er eerst olie of boter in hebt gedaan. Als je dat niet doet, komen er giftige stoffen vrij die zich in de lucht en in de pan verspreiden. (Bij een gietijzeren of roestvrijstalen pan bestaat dat gevaar niet.)

EEN SALADE MAKEN

1. Pak een grote mengkom, met een inhoud die veel ruimer is dan de hoeveelheid salade die je van plan bent te maken.
2. Kies minimaal twee bladgroenten als basis – bij voorkeur een slasoort (rucola bijvoorbeeld) en een knapperig bladgewas (boerenkool bijvoorbeeld). Was en droog de bladgroente en doe ze in de mengkom.
3. Afhankelijk van welke groenten je verder kiest, snijd, hak of rasp je deze, waarna je ze eveneens in de kom doet.
4. Als je een graansoort wilt gebruiken (quinoa en farro zijn bijvoorbeeld zeer geschikt voor een salade) zorg er dan voor dat je die na bereiding eerst goed laat afkoelen voordat je die in de kom doet.
5. Voeg een proteïnerijk ingrediënt toe (als je een maaltijdsalade maakt): stukjes gebraden kip of rundvlees, bonen of falafel.
6. Goede keuzes voor kaas zijn Parmezaanse kaas, blauwe kaas, geitenkaas of feta. Door het te raspen of te verkruimelen zorgt het voor een betere samenhang van de salade.
7. Strooi er iets krokants over uit – noten, zaden, tortillachips (om de smaak hiervan beter tot zijn recht te laten komen,

kun je deze ook eerst wat roosteren) – en wat fruitigs of zoetigs zoals gedroogde abrikozen, cranberry's of rozijnen.

8. Wacht met het toevoegen van de dressing tot vlak voordat je de salade gaat eten of opdienen, en schenk deze langs de binnenrand van de kom uit. Ga één à twee keer rond voor een licht gedresseerde salade, drie à vier keer voor een rijk gedresseerde salade.
9. Schep met slabestek alles goed dooreen, door van onderaf naar boven te scheppen. Blijf dit doen tot alles met de dressing in aanraking is gebracht en de smaakmakers niet meer alleen bovenop liggen, maar overal doorheen zijn gemengd.
10. Strooi er tot besluit wat verse kruiden boven uit (bieslook of munt), wat kleinere zaadjes (sesam- of maanzaad) en wat zeezout en peper.

De deskundige

Katelyn Shannon is chef-kok en hoofd onderzoek en ontwikkeling van Sweetgreen, een keten van saladebars met vestigingen in diverse Amerikaanse steden. Voor de door haar samengestelde menu's van Sweetgreen wordt gebruikgemaakt van verse, duurzame en plaatselijke ingrediënten.

De toelichting

Zorg er altijd voor dat de kom waarin je de ingrediënten voor je salade samenvoegt ruimer is dan wat je erin stopt – hoewel je dan voor het serveren eventueel wel weer een wat passender formaat kom kunt gebruiken. In een extra grote kom kun je alles veel beter door elkaar mengen (een voorwaarde voor een geslaagde salade) zonder dat er van alles uit kiepert. Welke ingrediënten je precies gebruikt en in welke verhoudingen, is vooral een kwestie van persoonlijke voorkeur (en van wat je in huis hebt), maar qua samenstelling kun je de volgende algemene richtlijnen aanhouden: als je salade bedoeld is om als volledige maaltijd te dienen, heeft hij beslist ook wat graan en proteïne nodig; als de salade een bijgerecht is, kun je het wat eenvoudiger houden. Een knapperig bladgewas is belangrijk omdat het voorkomt dat je salade 'indikt'. Een salade leent zich goed voor het combineren van een verscheidenheid aan textuur en smaak, hij wordt er vaak interessanter en lekkerder van. Let wel op dat je geen warme ingrediënten toevoegt, vooral niet als je er gauw verwelkende bladgroente in hebt verwerkt.

Bonus

Als je van tevoren een salade wilt klaarmaken, moet je wachten met het toevoegen van knapperige ingrediënten en avocado (de knapperige dingen worden slapper wanneer ze te veel vocht opnemen en avocado gaat bruin verkleuren). Dek de salade voor zover je hem hebt kunnen maken af met een vochtige doek (die de salade ook echt moet raken) en bewaar hem in de koelkast tot het moment dat je hem gaat eten of serveren, en voeg dan pas de resterende ingrediënten en de dressing toe.

EEN EENVOUDIGE DRESSING MAKEN

'Wanneer je dit eenmaal onder de knie hebt, hoef je nooit meer een dressing te kopen. (En wil je dat ook helemaal niet meer.)'
– Katelyn Shannon

1. Kies je basis, die altijd uit drie delen vet en één deel zuur moet bestaan (dus bijvoorbeeld 300 milliliter olijfolie op 100 milliliter rodewijnazijn).
2. Begin met een emulgator (dijonmosterd of eigeel). Een emulgator is een stof die helpt twee of meer stoffen die van nature niet met elkaar mengen (zoals olie en azijn) één geheel te laten worden, een zogeheten emulsie.

3. Voeg hier een zoetmaker aan toe, zoals honing of ahornsiroop.
4. Gebruik voor de smaakopbouw geperste knoflook, fijngesneden sjalotjes, kruiden of citroen- of sinaasappelrasp.
5. Doe alle ingrediënten (behalve de olie) in een blender of gebruik een staafmixer met beker en laat het apparaat alles door elkaar mengen.
6. Giet nu voorzichtig, terwijl je het apparaat op een langzame stand laat doorgaan met blenden, de olie erbij tot er een mooie gladde emulsie ontstaat.
7. Proef de dressing en voeg naar smaak zout en peper toe.

De deskundige

Katelyn Shannon is chef-kok en hoofd onderzoek en ontwikkeling van Sweetgreen, een keten van saladebars met vestigingen in diverse Amerikaanse steden. Voor de door haar samengestelde menu's van Sweetgreen wordt gebruikgemaakt van verse, duurzame en plaatselijke ingrediënten.

De toelichting

De klassieke verhouding voor een vinaigrette (de Franse benaming voor een lichte dressing) is 3:1 (olie:azijn of vet:zuur) maar voel je vrij om hier naar eigen smaak mee te variëren. Als je van een smeuïge dressing houdt, gebruik dan de volle drie delen olie; voeg wat minder olie toe als je voorkeur uitgaat naar een iets zuurdere dressing. Door alle ingrediënten door elkaar te mengen voordat je de olie toevoegt, is de emulgator goed verdeeld, waardoor het emulgeren makkelijker verloopt. Je kunt dit ook zonder blender of staafmixer doen door de ingrediënten met een garde in een mengkom door elkaar te klutsen en te blijven klutsen terwijl je er vervolgens de olie langzaam bij schenkt. Een verse dressing kun je zo'n vijf dagen goedhouden in de koelkast. De beste manier om het te bewaren is in een pot of fles met een luchtdicht deksel (beugel- of weckflessen of -potten zijn hiervoor ideaal).

Over het mengen van salade en dressing
Schenk de dressing pas over de salade vlak voordat je hem serveert. Stem je dressing ook af op het soort salade dat je hebt gemaakt. Als je een graansoort in je salade hebt verwerkt, kun je beter geen mayonaise-achtige dressing gebruiken, omdat de graankorrels dan alles opzuigen en de rest van de salade wat smakeloos blijft. Gebruik ook geen romige dressing als je al romige kaas of avocado in je salade hebt verwerkt, omdat het dan algauw wat zompig wordt. Een salade met ingrediënten die gauw slap worden, laat zich het beste combineren met een lichtere dressing, zoals een vinaigrette.

Katelyns favoriete vinaigrette

2 eetlepels versgeperst citroensap
2 eetlepels versgeperst limoensap
1 theelepel sjalotjes, fijngesneden
1 theelepel dijonmosterd
1 eetlepel honing
½ theelepel verse citroenrasp
½ theelepel verse limoenrasp
1 eetlepel verse kruiden (dille, dragon of basilicum), fijngesneden
12 eetlepels (180 ml) neutrale olie (saffloer- of avocado-olie bijvoorbeeld)

(Volg de bovenstaande instructies voor het emulgeren en kruiden – als je de citroen- en limoenrasp grover wilt houden of grotere stukjes sjalot in je dressing wilt hebben, kun je die ook aan het eind toevoegen, nadat je de emulsie al hebt gemaakt.)

1. Vul een pan met water (ongeveer 5 liter water voor 500 gram pasta), zet hem op het fornuis en breng het water aan de kook.
2. Voeg aan het kokende water zo'n twee eetlepels zout toe.
3. Breng het water opnieuw aan de kook en voeg dan de pasta toe.
4. Roer erdoorheen zodat de pasta niet aan elkaar kleeft.
5. Laat de pasta doorkoken, met het deksel van de pan, in borrelend water, en blijf roeren om vastkleven te voorkomen.
6. Plaats ondertussen een vergiet in de spoelbak.
7. Schep voordat je de pasta afgiet met een soeplepel kookvocht uit de pan en bewaar hiervan een mok vol.
8. Als je de pasta direct aan een saus toevoegt, giet hem dan 2 à 3 minuten eerder af dan de hoeveelheid minuten die op het pak staan aangegeven voor een pasta al dente, omdat de pasta in de saus nog even doorkookt.
9. Wanneer de pasta lang genoeg heeft gekookt (proef het om het zeker te weten) giet je hem in het vergiet – of hevel hem zonder afgieten met een pastatang rechtstreeks over in de saus.

De deskundige

Rachael Ray is kok, auteur en tv-persoonlijkheid. Ze is presentatrice van het mede door haarzelf geproduceerde en met een Emmy Award bekroonde praatprogramma *Rachael Ray* en van het door Food Network uitgezonden *30 Minute Meals*. Daarnaast is ze de oprichtster en eindredactrice van het tijdschrift *Rachael Ray In Season*, en heeft ze kortgeleden haar inmiddels zesentwintigste kookboek uitgebracht, *Rachael Ray 50: Memories and Meals from a Sweet and Savory Life*, dat meteen bij verschijnen de *New York Times*-bestsellerlijst bereikte.

De toelichting

Zorg voor voldoende water en een pan die groot genoeg is om de pasta de ruimte te geven die hij nodig heeft om niet aan elkaar vast te gaan kleven. (Rachael heeft speciaal voor het koken van spaghetti een ovale pan bedacht waar de staven deegwaar in hun volle lengte in passen.) Twee eetlepels lijkt misschien wat veel zout, maar los van de saus moet de pasta zelf ook op smaak worden gebracht. (Dat je het zout pas moet toevoegen als het water echt kookt, is om je pan te beschermen.) En ook het water kan die zoute smaak wel gebruiken – het mag zo zout zijn als zeewater. Beschouw het kookwater als een ingrediënt van je gerecht. Bij het koken verliest de pasta wat van zijn zetmeel aan het water, en dat zoutige, stijfselachtige water is een ideaal bindmiddel voor sausen – giet een beetje pastawater over de pasta wanneer je deze mengt met de saus en de saus zal beter aan de pasta blijven plakken.

DE PERFECTE HAMBURGER MAKEN

'Een hamburger is voor mij het broodje bij uitstek, en over elk element ervan – de burger, het broodje, de kaas, de specerijen – moet worden nagedacht. Elk element moet eerst op zich kloppen en daarna voeg je het samen tot het perfecte geheel.'
– Bobby Flay

1. Neem rundergehakt dat niet te mager is, liefst met een vetpercentage van 20 procent.
2. Kneed het gehakt, maar niet te veel en te hard. Verdeel het in porties van zo'n 150 gram en vorm deze tot platte schijven van 2 à 3 centimeter dik.
3. Kruid de schijven aan beide zijden royaal met alleen zout en peper, verder niets.

4. Druk in het midden van elke schijf met je duim een kuiltje; hierdoor blijft de burger tijdens het bakken beter in model.
5. Verhit de pan of de grill (het voordeel van een braadpan of gietijzeren koekenpan is dat de burger in zijn eigen sappen bakt in plaats van dat deze er boven een open grill uit wegdruppen).
6. Sprenkel wat plantaardige olie (koolzaad- of saffloerolie bijvoorbeeld) in de hete pan. Wanneer het begint te roken, is de olie op de juiste temperatuur.
7. Leg je burgers in de pan of op de grill en blijf ervan af: laat ze in 2 tot 2,5 minuten dichtschroeien (voor een medium rare tot medium resultaat).
8. Weersta de verleiding om de burgers met een spatel platter te drukken – zo druk je de sappen eruit.
9. Draai de burgers om en laat ze ook aan de andere kant 2 tot 2,5 minuten bakken. Kom er ook nu verder niet aan.
10. Als je je broodjes roostert (en dat is echt het lekkerst) kun je dat nu ondertussen doen – in een broodrooster, de oven of op de grill.
11. Als je cheeseburgers maakt, leg je er vlak voordat de burgers klaar zijn één of twee plakjes kaas op om die te laten smelten, waarbij je de burgers afdekt (op de grill zo'n 30 seconden, in de pan, na toevoeging van een paar eetlepels water, 15 tot 20 seconden).
12. Leg de burger op het geroosterde broodje en kleed het verder naar smaak aan.

De deskundige

Bobby Flay is een onderscheiden chef-kok, restauranthouder en tv-ster (bekend van onder meer de door Food Network uitgezonden programma's *Bobby Flay*, *Bobby Flay's Barbecue Addiction* en *Iron Chef Gauntlet*). In 2008 heeft Bobby zijn eerste

Bobby's Burger Palace geopend (op 20 minuten rijden van waar ik woon op Long Island!) en inmiddels zijn er verspreid over Amerika negentien BBP's. Hij heeft tal van kookboeken geschreven en heeft als eerste chef-kok een ster gekregen op de Walk of Fame in Hollywood.

De toelichting

Een goede burger begint bij de slager, met het kopen van kwaliteitsvlees. Het gehakt moet voldoende vet bevatten; als het te mager is (een vetgehalte van 10 procent of minder) wordt de burger te droog en heeft hij niet genoeg smaak. (Zoals Bobby zegt: 'Als je een burger eet, eet dan ook een burger.') Veel mensen voegen te veel kruiden en andere ingrediënten aan het gehakt toe. Niet doen! Het enige dat je nodig hebt, is peper en zout. Het gehakt wordt vaak ook overkneed. Hoe losser het gehakt, hoe malser de burger en hoe beter de textuur. De grill moet echt heet zijn, anders schroeit het vlees niet dicht, maar wordt het alleen verwarmd en zit je uiteindelijk met een grijzige hap. De beste garantie voor een burger met een krokante korst en sappig, smaakvol vlees is een gietijzeren koekenpan. Bobby gebruikt er zelfs een op de barbecue buiten. En de reden waarom je met je duim een kuiltje in de schijf drukt, is deze: onder invloed van de hitte van het bakken zwelt de burger op en begint meer op een gehaktbal te lijken, waardoor mensen in de verleiding komen om hem met een spatel plat te drukken, en waarmee ze meteen ook al het sap eruit drukken (niet doen dus!). Het kuiltje in het midden van de schijf voorkomt het opzwellen, waardoor de burger zijn oorspronkelijke platte vorm behoudt zonder dat jij je er verder mee hoeft te bemoeien.

Bobby's mening over kaas:
Er zijn verschillende kaassoorten waaruit je kunt kiezen voor een cheeseburger. Veel mensen gebruiken standaard cheddarkaas. Bobby heeft juist een hekel aan cheddar op een burger omdat 'het niet goed smelt, maar zweet' waardoor de olie uit de kaas drupt. Zijn favoriete keus is Amerikaanse kaas, omdat 'het goed smelt, goed smaakt en hem aan zijn jeugd doet denken, en daar draait het bij een burger per slot van rekening om'. Voor wie geen Amerikaan is en geen Amerikaanse kaas bij de hand heeft, is een Goudse kaas ook geen slechte keuze.

Bobby's mening over broodjes:
'Je kunt elk broodje kiezen dat je wilt, zolang het brood zelf maar zacht is. Op een volkoren broodje met een harde korst trek je je burger kapot bij het eten. Wat je nodig hebt is een zacht wit bolletje, met of zonder sesamzaad, waar je burger als het ware mee versmelt als je hem ertussen legt. En ik rooster mijn broodjes altijd, dat is nu eenmaal het lekkerst – dat contrast van textuur.'

Bobby's mening over de gaarheid van burgers:
'Vraag een willekeurige kok hoe hij zijn burger gebakken wil hebben en je hebt 99 procent kans dat hij zegt: medium rare, de overige 1 procent zal rare zeggen. Ik wil mijn burger medium gebakken hebben, en ik zal je vertellen waarom. Een burger is geen biefstuk, geen filet mignon, maar een burger, en dat is nu net het verschil. Als je een burger medium rare bakt, heeft het vet nog niet de kans gehad om te smelten. En dat is juist wat je wilt, dat het vet een beetje smelt en de burger vanbinnen lekker mals maakt. Net ietsje langer dan medium rare is de perfecte mate van gaarheid voor een burger.'

KLIEKJES BEWAREN

'Zie kliekjes niet als een op te warmen kant-en-klare maaltijd, maar als een potentieel ingrediënt voor een geheel nieuw gerecht.'
– Dan Pashman

1. Breng eten dat over is in veiligheid voordat het in de vuilnisemmer belandt. (Let daar vooral op als je eters hebt en mensen behulpzaam willen zijn met opruimen.)
2. Pak voor elke soort eten dat je wilt bewaren het juiste formaat opbergbakje en plaats de bakjes die je nodig hebt op het aanrecht. (Gebruik geen plastic zakjes: ze zijn slecht voor het milieu en wees eerlijk, hoeveel mensen ken je die graag uit een plastic zakje eten?) Vergeet ook niet de bij de bakjes passende deksels te pakken Ja, ja, ik weet dat dat makkelijker gezegd is dan gedaan.
3. Bedenk alvast welke nieuwe bestemming je de kliekjes gaat geven en welk voorbereidend werk je daarvoor kunt doen. Ga je het overgebleven gehaktbrood op brood eten? Snijd het dan nu alvast in plakjes, nu de snijplank nog op het aanrecht staat en de keuken toch nog niet is opgeruimd. Ga je de kip morgen gebruiken om er taco's mee te vullen, snijd hem dan nu vast in stukjes.
4. Laat eten met een krokant laagje dat je graag krokant wilt houden eerst helemaal afkoelen voordat je het inpakt. Andere restjes kun je gerust al inpakken als ze nog warm zijn.
5. Bewaar restjes die je later toch samen gebruikt (verschillende groenten voor in een omelet, bonen en rijst voor een bonen-met-rijstgerecht) nu al bij elkaar in een bakje, maar houd overgebleven pasta en saus wel gescheiden van elkaar.
6. Is er iets bij wat je morgen als lunch mee naar je werk wilt

nemen? Pak het dan nu alvast zo in dat je het morgen snel kunt pakken.

7. Plaats de bakjes voor in je koelkast, waar je ze niet over het hoofd ziet – niets zo jammer als kliekjes die je maar al te graag had opgegeten als je niet was vergeten dat je ze had.

De deskundige

Dan Pashman is de bedenker en presentator van de met de James Beard Award bekroonde podcast *The Sporkful* die, zoals Dan zelf zegt, 'niet voor fijnproevers, maar voor eters' is. Samen met zijn gasten duikt hij in alle details van eten om waarheden over voedsel en mensen boven tafel te krijgen. Hij is ook de presentator van het door het Cooking Channel uitgezonden programma *You're Eating It Wrong* en is de auteur van *Eat More Better: How to Make Every Bite More Delicious*. (En ik beken het maar meteen: zijn dochter en mijn dochter zaten rond hun tiende bij elkaar in de klas.)

De toelichting

Hoelang kliekjes goed blijven is afhankelijk van hoe je ze bewaart. Hoe minder lucht er in het bewaarbakje zit, hoe langer je het eten kunt goedhouden, daarom is het belangrijk een bakje op maat te kiezen om het vol te kunnen doen. Bovendien ziet een vol bakje met kliekjes er veel appetijtelijker uit dan een bakje dat maar voor een kwart gevuld is. Glazen bakjes zijn het beste, omdat ze in de afwasmachine kunnen, makkelijk zijn schoon te maken en niet van plastic zijn. Kies voor platte bakjes met een plat deksel zodat je ze makkelijk kunt stapelen. Als je een restje eten warm opbergt, slaat de warmte als condens in het bakje neer. Dat extra vocht is niet per se slecht (tenzij het iets is wat je juist liever zo krokant mogelijk wilt houden) en kan zelfs voorkomen dat het eten bij het opwarmen te droog wordt. Waar het uiteindelijk op neerkomt, is dat hoe beter je je kliekjes bewaart, hoe groter de kans is dat je ze ook daadwerkelijk gebruikt.

Bonus

Dé manier om van je kliekjes te genieten is om ze minstens een uur voordat je ze gebruikt uit de koelkast te halen, zodat ze op kamertemperatuur kunnen komen. Het ziet er smakelijker uit om te bereiden wanneer het vet in het eten niet meer gestold is, en je hoeft het restje eten zo ook minder lang te verhitten, waardoor je ook minder risico loopt dat het te gaar wordt. Neem bijvoorbeeld gebraden vlees. Als je van medium rare houdt, voorkom je zo dat het vlees bij het opwarmen zo taai als een schoenzool wordt (en je kunt het ook op brood eten zonder het nog extra te verwarmen wanneer het eenmaal op kamertemperatuur is).

BEDENKEN WAAR JE UIT ETEN GAAT

'Vergeet niet dat het restaurant dat je uitkiest iets zegt over wie jij bent, dus kies er niet zomaar een uit.'
– Chris Stang

1. Denk na over wat voor soort etentje je voor ogen hebt (voor een eerste afspraakje zul je in een andere sfeer willen tafelen dan wanneer je met goede vrienden je verjaardag viert).
2. Houd rekening met lawaaierigheid – je restaurantervaring kan staan of vallen met hoe lawaaiig het om je heen is. Het is dan ook belangrijk om van tevoren te weten hoe rumoerig of rustig het ergens is, ongeacht met wie je uit eten gaat.
3. Ga vervolgens na wat de keuken je te bieden heeft (kijk online op de menukaart) – en, het belangrijkste: of er voor

ieder wat wils is. Het is tegenwoordig standaard om mensen naar hun dieetwensen te vragen.

4. Lees recensies, maar richt je niet alleen op de kwaliteit van het eten. Kijk ook of je wijzer kunt worden met betrekking tot de in stap 1 en 2 genoemde punten.
5. Bel bij twijfel het restaurant op en stel je vragen. (Hebben ze een kindermenu? Zijn er glutenvrije mogelijkheden? Staat er ergens iemand op een gitaar alles overstemmende Phil Collins-covers te spelen?)
6. Maak wanneer je ruim van tevoren plant eventueel een aantal reserveringen, en vraag de mensen met wie je uit eten gaat je te helpen kiezen. Maar vergeet dan niet de reserveringen die je niet gebruikt af te zeggen. Doe dit áltijd (en niet pas op de dag zelf).
7. Er is niets mis mee om telkens weer bij hetzelfde restaurant te gaan eten.

De deskundige

Chris Stang is de medeoprichter van The Infatuation, een platform voor klantbeoordelingen van restaurants (ze hebben een app, een nieuwsbrief, een berichtendienst en een website) in inmiddels enkele tientallen steden wereldwijd. Hun idee over hoe een restaurantgids eruit hoort te zien is uniek (zo hebben ze bijvoorbeeld een lijst met restaurants speciaal aanbevolen voor wie uit eten gaat met 'wat minder goede vrienden'). In maart 2018 heeft The Infatuation het legendarische restaurantrecensiemerk Zagat overgenomen. Chris is ook de medeauteur van *How to Drink Wine*. Kijk op pagina 196 voor tips over de keuze van wijn.

De toelichting

Laat je bij de keuze van een restaurant niet leiden door waar de meest besproken chef-kok werkt of waar de meest gefotografeerde gerechten worden geserveerd, maar door wat voor jou voor die specifieke gelegenheid het belangrijkste is. Het eten zelf is uiteraard belangrijk, maar het gaat altijd ook om meer, en binnen dat totaalpakket van criteria kies je dan het beste restaurant voor de gelegenheid. Het begint met de locatie. Vraag je af of de plek voor iedereen die van de partij zal zijn goed bereikbaar is. (Is er een parkeerplaats voor als mensen met de auto komen?) En je wilt niet door rumoer gestoord worden als je een intiem etentje voor ogen hebt, een zakendiner hebt of gewoonweg niet van lawaaiige restaurants houdt. Hoe beter je weet wat je kunt verwachten (van het eten tot de muziek en de bediening), hoe beter je ervaring zal zijn. Daarom is het vaak zo fijn om bij je favoriete restaurant te eten.

Bonus

Is het een groepsetentje? Kies een restaurant uit met een ronde tafel wanneer je met een groep van vijf of meer bent – bel van tevoren op en vraag of ze een ronde tafel hebben en reserveer die. Aan een ronde tafel hoeft niemand zich buitengesloten te voelen.

Is het een eerste afspraakje? Kies voor een eerste afspraakje een restaurant uit waar je bekend bent met wat ze te bieden hebben, zodat je een gerecht kunt aanbevelen en een wijn kunt bestellen waarvan je weet hoe hij smaakt. Hoe meer zelfvertrouwen je uitstraalt, hoe beter je afspraakje zal verlopen (en je voorkomt zo dat je in een restaurant belandt met grote, gezamenlijke tafels of juist alleen maar romantische hoekjes). Ga naar een plek met een goede bar om aan te zitten, zodat je ter plekke kunt bepalen of je wel of niet samen gaat eten. Zo is er geen enkele druk.

Is het een zakelijk etentje? De mensen die je in zo'n geval bij elkaar brengt zullen in een andere situatie niet met elkaar uit eten gaan en hun voorkeuren (op culinair en ander gebied) zullen over het algemeen dan ook meer uiteenlopen dan bijvoorbeeld binnen een vriendengroep. Kies een restaurant met een gevarieerde menukaart en vraag van tevoren naar speciale dieetwensen. Als er papierwerk bij komt kijken, moet je ook zeker rekening houden met de tafelgrootte en hoe lawaaiig het ergens is.

Degene zijn die het restaurant uitkiest
'De vaardigheid om een goed en op de gelegenheid afgestemd restaurant uit te kiezen, geeft je sociaal aanzien. En wie wil niet over sociaal aanzien beschikken? Wie wil er niet degene zijn die voor een afspraakje, voor een groep vrienden of voor collega's de perfecte plek weet te kiezen om te eten of de perfecte wijn van de kaart weet te selecteren?' – Chris Stang

UIT ETEN GAAN (MET KLEINE KINDEREN)

1. Bel van tevoren (of kijk op de website) om te achterhalen hoe kindvriendelijk een restaurant is. Hint: het ontbreken van een kindermenu is niet echt veelbelovend, maar betekent niet per se dat je er niet terechtkunt.
2. Zorg dat je aan de vroege kant bent als je voor de avondmaaltijd uit eten gaat, wanneer het nog wat rustiger is, het personeel nog fris is en je kinderen niet eigenlijk al in bed hadden moeten liggen.
3. Vraag om een tafel in een hoek; dat is beter dan in het midden van de ruimte, waar je vol in het zicht zit. (Een afgeschermde zithoek met bankjes is voor echt kleine kinderen ideaal, omdat je dan lekker dicht tegen ze aan kunt zitten en ze niet zomaar kunnen opstaan.)
4. Wees direct vanaf het begin duidelijk tegenover de be-

diening wat ze van jullie kunnen verwachten en wat jullie plan is – dat je bijvoorbeeld direct het eten voor de kinderen wilt bestellen, terwijl de volwassenen eerst een drankje nemen en rustig de menukaart willen bestuderen.

5. Laat je kinderen ook iets speciaals bestellen, iets wat ze thuis gewoonlijk niet krijgen, zodat ze begrijpen dat uit eten gaan iets feestelijks is (en ze zich op hun allerbest moeten gedragen).
6. Als je kinderen echt honger hebben, kun je een voorafje nemen (een mandje brood of chips of iets anders dat zo op tafel kan worden gezet) en dat hun bloedsuikerspiegel (en hun gedrag) in toom houdt terwijl ze op hun eten zitten te wachten.
7. Bij het bestellen van het hoofdgerecht voor de volwassenen, vraag je of het toetje voor de kinderen tegelijkertijd met jullie maaltijd kan worden geserveerd (bij de meeste restaurants is een kindermenu inclusief een toetje).
8. Als je kinderen rusteloos worden, kun je even met ze naar het toilet lopen om hun handen te wassen.
9. Wanneer de maaltijd voor de volwassenen wordt gebracht, vraag je meteen om de rekening. Je hoeft niet direct te betalen, maar als de situatie ineens de verkeerde kant op gaat, hoef je in ieder geval niet meer op de rekening te wachten om ervandoor te kunnen gaan.
10. Ruim de ergste knoeiboel op voordat je gaat – of laat een extra royale fooi achter.

De deskundige

Karalee Fallert is de eigenaar van All Good Industries, dat in Charleston, South Carolina, een aantal restaurants beheert: het Park Café, het Royal American, de Taco Boy en de Wiki Wiki Sandbar. Ze is tevens de oprichtster van een Montessori-onderwijscentrum en het Green Heart Project, een gemeenschapsorganisatie waarbinnen vrijwilligers kinderen begeleiden bij het (leren) onderhouden van een schooltuintje.

De toelichting

Een beetje voorbereidend werk kan bijdragen tot een aangenamere ervaring voor alle betrokkenen. Stel je open op en vraag om hulp en advies. De communicatie met het bedienend personeel is enorm belangrijk – zij willen net zomin als jij dat jij daar gespannen in hun restaurant zit. De truc om zelf zo veel mogelijk van je maaltijd te kunnen genieten is door een stap achter je kinderen aan te eten – zodat jij hun eten voor hen kan snijden en ze met andere dingen kunt helpen, zonder dat je eigen eten koud staat te worden. En wanneer jouw maaltijd wordt gebracht, zijn de kinderen zoet met hun toetje. Wanneer je met kleine kinderen uit eten gaat, moet je voorbereid zijn op een snelle aftocht. Vraag je ook af hoe je wilt dat je kinderen zich uiteindelijk in een restaurant gedragen. Kleine kinderen nemen meer in zich op dan je vaak denkt. Geef dus het goede voorbeeld en let op je tafelmanieren, praat niet te hard en wees aardig tegen het bedienend personeel (raap bijvoorbeeld patat die op de grond is gevallen op, zodat je kind begrijpt dat jullie ergens te gast zijn).

DE WIJNKAART LEZEN (OF DOEN ALSOF JE DAT KUNT)

1. Als je een wijnkaart krijgt aangeboden, is dat een lijst met wijnen die door iemand van het restaurant zijn uitgekozen. De mensen van het restaurant kennen die wijnen, dus je kunt hun ook om advies vragen.
2. Begin met aan te geven hoeveel geld je aan een fles wilt uitgeven. Wees daarin duidelijk, ook als je een bedrag van

30 euro voor ogen hebt. Goede restaurants scheppen eer in een wijnkaart met een juiste prijs-kwaliteitverhouding, en de sommelier of ober zal je dan ook graag adviseren, ongeacht wat je te besteden hebt. (Je hoeft niet per se een prijs te noemen, je kunt ook discreet een bedrag aanwijzen en zeggen dat je iets 'in deze prijsklasse' zoekt.)

3. Beslis welke soort wijn je wilt: rode, witte, mousserende, rosé, enzovoort.
4. Kies een land of regio. Als je onzeker bent, kun je gerust naar een Franse wijn vragen, omdat die op vrijwel geen enkele wijnkaart zal ontbreken. Italië is ook een veilige keuze, maar door het grote aantal wijnregio's en druivensoorten van dit land loop je wel weer het risico dat je een nadere voorkeur uit zal moeten spreken.
5. Kies een wijn op smaakimpressie of druivenras. Smaakimpressies zijn bijvoorbeeld licht, droog en fris; zacht en rond; krachtig en vol. Druivenrassen zijn bijvoorbeeld pinot noir, chardonnay, sauvignon blanc.
6. Straal zelfvertrouwen uit. Ook al heb je geen flauw idee waar je het over hebt.
7. Vraag om de mening van de ober. Door je wensen niet helemaal in te vullen, laat je ruimte voor leidend advies van een deskundige. Je zou iets kunnen zeggen als: 'Ik zoek een fles van rond de 60 euro. Een rode, bij voorkeur soepele wijn uit Frankrijk. Wat kunt u me aanraden?'

De deskundigen

Chris Stang is de medeoprichter van The Infatuation en Grant Reynolds is een bekroonde sommelier en de eigenaar van Parcelle Wine in New York City. In hun boek *How to Drink Wine: The Easiest Way to Learn What You Like* bespreken ze alles wat met wijn te maken heeft, van hoe wijn wordt gemaakt tot of het wel of niet nodig is om wijn te laten 'ademen'.

De toelichting

Een goede sommelier zal het op prijs stellen als je ruwweg kunt aangeven waar je voorkeur naar uitgaat om je op basis daarvan de wijn te kunnen aanbevelen waar je van zult genieten. Ook iemand van het bedienend personeel zonder specialistische kennis van wijn zal je kunnen adviseren en in min of meer de juiste richting kunnen sturen. Als er niemand is die er ook maar enigszins verstand van heeft, zal de kaart met even weinig verstand van zaken zijn samengesteld en doet het er vermoedelijk ook weinig toe wat je kiest. Sluit je ogen en wijs gewoon wat aan. Of neem in plaats daarvan een biertje. Maar serieus, als je met zelfvertrouwen een wijnkaart kunt lezen en een keuze kunt maken, maakt die houding – dat je een situatie beheerst – beslist indruk op degene die tegenover je aan tafel zit, zelfs als je uiteindelijk zou bekennen dat je geen flauw idee hebt wat jullie nu precies aan het drinken zijn. Met zelfvertrouwen heb je de zaak al voor 90 procent gewonnen. Niet alleen als het om wijn gaat, maar ook in het algemeen.

Bonus

Enkele veilige keuzes die je op de meeste wijnkaarten zult tegenkomen:

Champagne
Chablis
Witte bourgogne
Italiaanse witte wijn
Barbera
Beaujolais
Chianti
Côtes du Rhône
Pinot noir

10

Gasten onthalen (en te gast zijn)

EEN COCKTAILPARTY ORGANISEREN

'Zet muziek aan, maak een gimlet voor jezelf en geniet van het voorbereidend ritueel zoals je hoopt te genieten van de party zelf. Hoe meer liefde en plezier je in de planning steekt, hoe meer liefde en plezier je gasten zullen ervaren.'
– Mary Giuliani

1. Een hapjesthema helpt om je party samenhang te geven (en de voorbereiding te vereenvoudigen). Zet bijvoorbeeld geen Mexicaanse dipsaus naast sushi. Als je voor de dipsaus kiest, kies dan ook voor quesadilla's en taquito's. En daarmee kies je meteen ook al de cocktail die je wilt serveren (margarita's, natuurlijk!).
2. Zet alleen hapjes klaar die op een klein bordje passen of die met de hand kunnen worden gegeten en waarvoor je verder niet meer nodig hebt dan een vork of een servet. Laat alles wat groter is achterwege.
3. Als je een ijsblokjesmachine hebt, begin dan een paar dagen van tevoren al met ijsblokjes maken en bewaar ze in zakken in de vriezer zodat je tijdens de party zeker weet dat je genoeg hebt. (En als er nog plek is in de vriezer, haal dan voor de zekerheid ook wat minibladerdeeghapjes in huis.)

4. Doe inkopen voor de bar. Je weet waarschijnlijk wel waar je gasten van houden, maar als basis kun je het volgende lijstje aanhouden: witte wijn, rode wijn, wodka, gin, tequila, whisky, bruiswater, tonic, cranberrysap en ijsblokjes. Plus citroenen en limoenen voor de garnering.
5. Als je een *signature cocktail* wilt aanbieden, maak je van tevoren een flinke hoeveelheid klaar die je op je party in bijvoorbeeld een punchschaal kunt presenteren.
6. Stel een afspeellijst samen (van maximaal twintig nummers) als een blauwdruk voor de avond: van rustige nummers naar meer feestelijke, en weer terug naar rustige muziek.
7. Kijk een dag van tevoren waar je alle schalen, schotels, serveer- en presenteerborden wilt plaatsen, markeer die plekken met post-its en houd alles apart wat je niet meer nodig hebt. Dat voorkomt dat je naar de goede schaal loopt te zoeken terwijl de eerste gasten zich al melden, en zo houd je beter overzicht.
8. Maak het toilet schoon (ook het toilet boven waarvan je niet denkt dat het door iemand gebruikt gaat worden). Zorg voor een lege prullenbak, voldoende toiletpapier, een schoon gastendoekje en een geurkaarsje.
9. Ruim je vaatwasser uit en leeg de afvalbak (leg een extra vuilniszak op de bodem ervan zodat je een volle vuilniszak makkelijk kunt vervangen).
10. Bedenk waar je de jassen van de gasten wilt laten – op een bed in de slaapkamer, een extra jassenrek in de hal, een opgeruimde gangkast.
11. Richt je bar in. Doe dit in de keuken als je daar zelf nog bezig bent met bereiden of voorbereiden wanneer de gasten arriveren. Snijd de citroenen en limoenen in partjes. Zet de witte wijn een uur voor aanvang van je party koud.
12. Steek de kaarsen aan, haal diep adem, loop een keer rond

en bekijk alles met een blik alsof je een van je gasten bent om er zeker van te zijn dat je aan alles gedacht hebt. Zet de muziek aan en laat de gasten nu maar komen.

De deskundige

Mary Giuliani is de eigenaresse van Mary Giuliani Catering & Events (en verzorgt party's voor beroemdheden als Bradley Cooper). Ze is de auteur van *Tiny Hot Dogs: A Memoir in Small Bites* en *The Cocktail Party: Eat, Drink, Play, Recover.*

De toelichting

Bij een cocktailparty horen hapjes en snacks, geen complete gerechten, dus houd het eenvoudig (maar als je een etentje geeft, kijk dan op pagina 202 hoe je indruk kunt maken met je gedekte tafel). Hoe meer je van tevoren hebt gedaan, hoe ontspannener je je op de dag zelf zult voelen (en hoe beter je de avond ervoor zult slapen). Geef jezelf twee uur de tijd om alles klaar te zetten voordat de eerste gasten komen. Breng jezelf in de stemming met wat muziek en een drankje erbij en ga na of je overal aan hebt gedacht. Zijn de toiletten schoon? Is er plek voor de jassen? Waar is de bar? Richt je bar gerust in de keuken in als je daar (tussendoor) nog bezig bent tijdens je party, zodat je daar niet alleen staat, én je jezelf makkelijk kunt bijschenken. De rommel opruimen na een party begint met een opgeruimd huis bij aanvang van de party. Zorg voor meeneembakjes zodat je gasten die dat willen aan het eind van de avond overgebleven hapjes en snacks kunt meegeven (hoe meer ze meenemen, hoe minder jij hoeft weg te bergen). En dwing jezelf om diezelfde avond nog de boel weer op te ruimen – schoonmaken met een licht hoofd is veel beter dan schoonmaken met een zwaar hoofd.

Bonus

Een beetje wiskunde voor je cocktailparty: ga bij het maken van hapjes uit van vier à vijf van elke soort voor iedere gast per uur. Onthoud deze rekensom bij het kopen van de drank: de meeste mensen drinken het eerste uur van een party twee drankjes en daarna, tot ze weggaan, één drankje per uur. Uit een fles wijn schenk je gemiddeld zeven glazen, uit een fles champagne zes fluitglazen en een fles likeur is voldoende voor twaalf cocktails. Reken twee glazen per gast, dus als je tien gasten krijgt heb je twintig glazen nodig.

Pro-tip: bij elke soort hapjes past wel een kaasplank en bijna iedereen houdt wel van kaas – en het is de perfecte snack om snel te kunnen aanbieden wanneer je gasten met de nodige trek arriveren. Zet de kaas echter niet tussen de andere hapjes in op tafel, maar op een plek apart (bij de bar bijvoorbeeld of op de tafel bij de open haard). Kijk op pagina 213 hoe je een fotogenieke kaasplank creëert.

EEN FRAAI GEDEKTE TAFEL PRESENTEREN

'Als je gedekte tafel bewondering afdwingt, zullen je gasten genieten, zelfs als het eten niet perfect is. Een maaltijd gaat niet alleen om eten, maar ook om de ervaring van het bij elkaar aan tafel zitten.'
– Liz Curtis

1. Bedenk een thema – dat kan van alles zijn, van een feest in Italiaanse stijl tot 'blauw en wit'.
2. Leg het tafellinnen uit. In principe heb je aan een loper voldoende, maar als je dat mooier vindt, kun je ook eerst een tafellaken neerleggen en daaroverheen een loper.
3. Kies voor stoffen servetten – een eenvoudig en duurzaam

accent dat je gasten zal opvallen – en leg ze als volgt neer: vouw ze aan weerszijden naar binnen tot een rechthoek en leg ze met de open zijde naar beneden, in de lengte, recht voor elke zitplaats. De bovenkant mag de loper raken of overlappen en de onderkant mag iets over de rand van de tafel heen hangen.

4. Plaats de borden op het servet: het dinerbord onder, daarbovenop een saladebord (en als je echt wilt uitpakken en ook soep serveert, daar weer bovenop een soepkom).
5. Leg het bestek als volgt neer: vorken links (de vork voor de salade wordt het eerst gebruikt en ligt daarom aan de buitenzijde, de dinervork ligt direct naast het bord), het mes en de lepel rechts (de lepel aan de buitenzijde, dus rechts van het mes, dat met de snijkant naar het bord gericht ligt). Een eventuele dessertlepel of -vork of beide leg je horizontaal boven het bord, met de steel gericht naar de kant waar hij thuishoort (de steel van de vork naar links, die van de lepel naar rechts). Leg niet meer bestek neer dan nodig is – als je een gang niet serveert, laat je ook het betreffende eetgerei achterwege.
6. Plaats het glaswerk rechts van het dinerbord, boven het mes en de lepel, en vergeet niet ook links daarvan een waterglas neer te zetten. Eventuele andere glazen plaats je daartussen, zodat het waterglas altijd het meest links blijft staan. Voor een echt feestelijke gelegenheid kun je, als je er genoeg hebt, er voor iedereen een fluitglas bij plaatsen. En als je van plan bent om je diner met een toost in te luiden, kun je daar alvast een klein beetje champagne in uitschenken. Kijk voor tips over het uitbrengen van een toost op pagina 220. Maar voor de rest is van tevoren inschenken geen goed idee; de champagne verliest dan zijn frisheid en sprankeling.
7. Plaats gelijkmatig verdeeld over het midden van de tafel

kandelaars met lange, taps toelopende kaarsen (als je er twee hebt, zet je ze aan weerszijden van de tafelversiering in het midden) en zet verspreid over tafel een aantal waxinelichtjes. Doe de kaarsen pas aan vlak voordat je gasten arriveren, om niet het risico te lopen dat ze voor het einde van de maaltijd zijn opgebrand.

8. Houd een tafelversiering met bloemen eenvoudig en laag genoeg voor een open blikveld. Je kunt zelf bloemen schikken (zie pagina 206) of misschien zelfs kleine plantjes kopen die je aan het eind van de avond aan je gasten kunt meegeven.

Stap 1

Stap 2

Stap 3

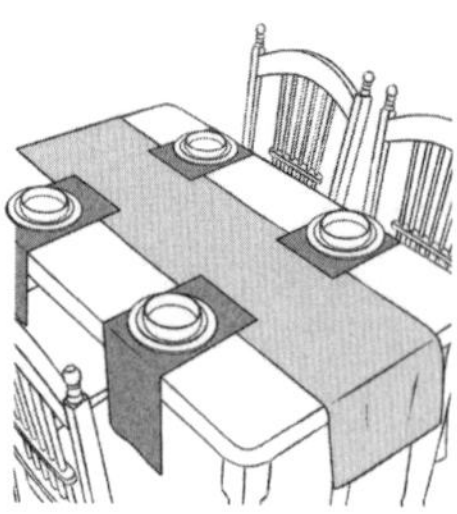
Stap 4

Stap 5

Stap 6

De deskundige

Liz Curtis is de oprichtster van Table + Teaspoon, een verhuurbedrijf van tafelaankleding. (Ze leveren door heel Amerika totaalpakketten af met alles wat je nodig hebt om dinergasten te ontvangen. Wanneer het etentje voorbij is, pak je alles weer netjes in de doos waarin je het hebt ontvangen en stuur je het weer terug.)

De toelichting

Het tafellinnen vormt de basis van je gedekte tafel, met de loper als verbindend element voor een eenvoudige en toch verfijnde uitstraling. Stoffen servetten hoeven niet meer te kosten dan 1 euro per stuk en zijn in allerlei kleuren verkrijgbaar. Door ze onder de borden te plaatsen, verleen je de gedekte tafel extra diepte en textuur. Als je servetringen wilt gebruiken, leg het servet dan op het bord. (Liz is geen fan van een gevouwen servet naast het bord, omdat dit voor haar de balans verstoort met een deel van het bestek op het servet en de rest niet.) Er is altijd wel iemand onder je gasten die precies weet hoe het hoort, dus let op de juiste rangschikking van het bestek, maar breng hier gerust wat variatie in aan voor een verrassender geheel. Vorken horen links naast het bord te liggen, ja, maar leg de ene vork bijvoorbeeld twee centimeter lager dan de andere, en doe hetzelfde met het mes en de lepel. Variatie in hoogte en vorm van het glaswerk biedt het kaarslicht meer oppervlak om in te weerkaatsen (kies daarom ook voor hoog en laag licht in de vorm van kaarsen en waxinelichtjes). En vul altijd de waterglazen voordat je gasten aan tafel plaatsnemen (ze zullen dan als vanzelf tussendoor een slok water nemen).

Leuk om te weten: een groot deel van de tafeletiquette zoals we die nu nog altijd hanteren voert terug tot de vroege middeleeuwen, toen mensen hun eigen mes bij zich hadden en gebruikten. En die messen waren scherp, zeer scherp. Het werd dan ook als een teken van agressie beschouwd als je je mes neerlegde met de snijkant naar je tafelbuur gericht. (Een leuk weetje om een gesprek met je tafelbuur aan te zwengelen.)

Over muziek:
Soundtracks van films zijn vaak uitstekend geschikt als achtergrondmuziek voor een etentje. De *Dirty Dancing*-soundtrack is perfect voor een luchtige, speelse avond, terwijl je met de door Hans Zimmer gecomponeerde muziek voor *Pirates of the Caribbean* of *Inception* een rustiger toon zet en je met de soundtrack van *Marie Antoinette* van Sofia Coppola een supercoole sfeer creëert.

BLOEMEN IN EEN VAAS SCHIKKEN

'De kunst van het bloemschikken is gebaseerd op het principe van balans en harmonie, wat betekent dat je de bloemen niet zomaar lukraak in een vaas zet: let op verdeling, textuur, contrast en de verhouding tot de vaas.'
– Katie Hartman

1. Kies je vaas. (En stem de soort en hoeveelheid bloemen af op de grootte en vorm van die vaas.)
2. Vorm voordat je een bloem in de vaas plaatst een beeld van hoe je het geheel eruit wilt laten zien. Dicht opeen of wijduitstaand? Rechtovereind of los en open? Wat heb je voor ogen?
3. Zorg voor voldoende ruimte om de bloemen uit te spreiden, af te snijden en in de vaas te schikken. Plaats een afvalbak naast je waar je de bijeengeveegde steelresten en het overtollige blad in kwijt kunt (of snijd de stelen direct boven de afvalbak af).
4. Vul de vaas tot driekwart met vers, koud water.
5. Haal je bloemen uit de verpakking en verwijder dode en verlepte bladeren (en gooi meteen ook het zakje met chemische bloemenvoeding weg).

6. Pluk het blad van het deel van de steel dat in het water komt te staan (bladeren die onder water staan zijn broedplekken voor bacteriën waardoor je bloemen eerder zullen verwelken).
7. Houd de bloem naast de vaas (met de onderkant van de steel op het aanrecht) om te zien waar je hem wilt afsnijden (wat weer afhankelijk is van het soort boeket dat je wilt creëren; hoe korter je de bloemen afsnijdt, hoe dichter opeen ze in de vaas zullen staan).
8. Snijd de stengel schuin af zodat de bloem een groter wondoppervlak heeft om water op te nemen (voorverpakte bossen bloemen uit de winkel zijn er vaak wel aan toe om bijgesneden te worden).
9. Als je groen in je boeket verwerkt, plaats dit dan als eerste in je vaas, kruiselings, zodat ze een frame vormen, ter ondersteuning van je blikvangers (ook als je een bos van enkel dezelfde soort bloemen in de vaas zet, begin je met dit kruiselings plaatsen).
10. Bouw je boeket op door telkens drie bloemen in een groepje bijeen te plaatsen – waarbij sommige wijd overhangen, terwijl anderen rechtop tegen de vaas leunen. (Zorg ervoor dat je de mooiste bloemen vooraan en in het midden van het boeket steekt als je de vaas niet ergens plaatst waar hij van alle kanten kan worden bekeken, maar tegen een muur aan bijvoorbeeld.)
11. Vul lege plekken op met de kleinere, minder opvallende bloemen die je overhebt.
12. Doe een stap terug om te kijken hoe het er van een afstandje uitziet en of je nog bloemen moet toevoegen of herschikken.
13. Ververs het water in de vaas elke dag en snijd de bloemen om de dag bij om zo lang mogelijk van je boeket te kunnen genieten.

De deskundige

Katie Hartman is de oprichtster van Floral Crush Studio, een succesvol, in Los Angeles gevestigd bedrijf dat gespecialiseerd is in bloemdecoraties en klanten bedient als HBO, E!, Rolex, Netflix, Kate Hudson, NBC en Facebook.

De toelichting

Met de juiste vaas maak je het jezelf een stuk makkelijker, zul je meer plezier beleven aan je werk en komen je bloemen beter tot hun recht – pioenrozen zien er bijvoorbeeld het mooist uit in een brede vaas waarin ze alle ruimte hebben om te pronken met hoe groot en vol hun bloemen worden. In een ruimte met een hoog plafond past een hoge vaas met bloemen die mooi lang zijn; als je in je slaapkamer een bosje bloemen op het tafeltje naast je bed wilt hebben staan, kun je het beter klein houden (en bloemen kiezen waarvan je de geur ook echt prettig vindt). Een boeket van een enkele soort bloemen past goed in een modern interieur, en voor wat kleur is een biedermeierboeket perfect – een boeketje kort afgesneden bloemen die tot een compacte halve bolvorm worden gerangschikt en zo op de vaas rusten. Als je juist een losser geheel wilt, dat zich niet met één oogopslag laat vangen, kun je de stelen op verschillende lengtes afsnijden. 'Blikvangers' zijn de grotere, opvallendere en duurdere bloemen die je natuurlijk ook volop in het oog wilt plaatsen. Laat wat ruimte vrij tussen de bloemen – hierdoor komen ze vaak beter tot hun recht – maar doe het zo dat je kunt zien dat het de bedoeling is, en het niet zomaar een lege plek lijkt. Snijd bloemen in eerste instantie liever iets te lang dan te kort af, voor het geval je iets wilt herschikken.

Pro-tip: let bij de aanschaf van bloemen op de stevigheid van het blad en koop ze niet als het blad slap of zacht is. In de lente zit je altijd goed met seringen, in de vroege zomer met pioenrozen, in de vroege herfst met dahlia's en in de winter met amaryllissen. De aronskelk is een elegante bloem die bovendien lang goed blijft, en hortensia's zijn een goede keuze voor als je uit bent op een grote, vullende bos bloemen. Kies bij twijfel voor bloemen van één enkele kleur, dat is altijd stijlvol.

EEN GOEDE FLES WIJN KOPEN (VOOR MINDER DAN 15 EURO)

'Waar het hierbij om gaat is dat je weet waar je van houdt – als je, al is het maar met een paar woorden, iets kunt aangeven over aroma, body of aardse tonen, kan een kenner je naar een wijn leiden die je zal bevallen.'
– Alyssa Vitrano

1. Vraag jezelf af waar de wijn die je gaat kopen voor bedoeld is: om bij de maaltijd te drinken? Als aperitief? Op zichzelf?
2. Bedenk wat jou in een wijn aanspreekt: val je voor een krachtige rode wijn of juist voor een frisse, lichtzure witte wijn?
3. Als je een fles voor iemand anders koopt (of voor iemand met wie je de fles samen gaat opdrinken), probeer er dan eerst achter te komen van wat voor wijn de ander houdt.
4. Stap op de dichtstbijzijnde verkoper af, die veel meer wijnen heeft geproefd dan jij en die daar werkt om jou te helpen.
5. Vertel wat je voor jezelf in stap 1-3 op een rijtje hebt gezet en hoeveel je wilt uitgeven.
6. Stel je open op. Vaak zijn wijnen gemaakt van minder bekende druivensoorten en afkomstig uit minder bekende wijnregio's goedkoper maar net zo smaakvol.

7. Vraag de verkoper die jou helpt wat momenteel diens favoriete wijn is. Het personeel wordt er letterlijk voor betaald om veel verschillende wijnen te proeven, om te kunnen vertellen over de specifieke wijnen die ze verkopen, om je te kunnen wijzen op de verborgen schatten die ze in huis hebben.
8. Vraag welke wijn er gekoeld beschikbaar is als je een witte wijn of rosé nodig hebt en geen tijd meer hebt om hem zelf te koelen.

De deskundige

Alyssa Vitrano schrijft over wijn op grapefriend.com en op haar populaire Instagram-account @grapefriend. Ze is een door de American Sommelier Association gecertificeerd wijnteler, wijnmaker en wijnproever. Maar het allerbelangrijkste is dat ze ontzettend veel van wijn houdt.

De toelichting

Voordat je een wijnwinkel binnenloopt, moet je al een idee hebben van het soort wijn dat je lekker vindt, voor welke gelegenheid je een fles koopt en hoeveel geld je wilt uitgeven. Dat maakt het hele proces een stuk eenvoudiger. Weet je niet goed wat voor wijn je lekker vindt? Vraag dan de volgende keer dat je een glas wijn bestelt in een bar of restaurant of je van de wijnen waartussen je twijfelt een paar slokjes mag proeven. Wijnen zijn beter te vergelijken wanneer je ze direct achter elkaar drinkt; het is dan makkelijker om te ontdekken welk smaakpalet je voorkeur heeft. Schroom niet om in de wijnwinkel of slijterij om advies te vragen. Het personeel dat er werkt heeft de meeste wijnen die er worden verkocht zelf geproefd en zal je in de juiste richting kunnen sturen, wat jou een hoop gezoek en tijd zal besparen. En grijp niet meteen naar de bekende namen. Omdat mensen nu eenmaal gauw bereid zijn om meer te betalen voor wat ze kennen, zijn deze wijnen vaak te duur voor hun kwaliteit. Maak een foto van het etiket als een nieuwe wijn je bevalt, zodat je de volgende keer weet waar je naar moet zoeken. (Goed om te onthouden: Amerikaanse wijnen zijn vaak genoemd naar de soort druif waarvan ze zijn gemaakt – chardonnay, sauvignon blanc, cabernet – terwijl Franse en Italiaanse wijnen genoemd worden naar de regio waar de druif wordt verbouwd – chablis, sancerre, bourgogne.)

Bonus

Is er niemand om je te helpen? Als je een witte wijn zoekt, is een sauvignon blanc een veilige keuze: de druivensoort is goed en de prijs is vaak redelijk. Maar probeer in plaats van een Franse (zoals een sancerre) eens een Nieuw-Zeelandse of een Zuid-Afrikaanse – wijnen die minder dan 15 euro kosten, met een overheerlijk aroma van grapefruit. Laat de pinot grigio een keer staan en probeer in plaats daarvan eens een pinot gris of pinot blanc. Deze wijnen zijn gemaakt van dezelfde druif, maar dan net anders en met een zweem van appels. Als je een rode wijn zoekt, koop dan een Argentijnse malbec, een soepele en zachte, maar toch krachtige tafelwijn, of een pinot noir. En als je bubbels zoekt, kies dan een prosecco (een Italiaanse mousserende wijn) met een heerlijk fruitige smaak van perzik. Of probeer een crémant, een mousserende wijn die volgens dezelfde *méthode traditionelle* wordt gemaakt als champagne, en geldt als een van de best bewaarde geheimen van de wijnwereld.

EEN LAAGJESTAART GLAZUREN

1. Laat de plat gebakken cakes tot kamertemperatuur afkoelen en plaats ze daarna (nog in de bakvorm) 20 minuten in de koelkast.

2. Zorg ervoor dat je roomglazuur op kamertemperatuur is en schep zo'n 15 eetlepels ervan in een schaaltje.
3. Haal de cakes uit de koelkast en verwijder ze uit de bakvorm.
4. Leg de cakes op een plat oppervlak en controleer of ze aan de bovenzijde niet te bol zijn geworden om te stapelen; snijd ze zo nodig met een broodmes bij.
5. Smeer in het midden van je taartschotel een dot glazuur uit het schaaltje uit en begin daarop met het opbouwen van je taart. Snijd de zijkanten bij en vergeet niet om elke laag cake met een laag glazuur te bestrijken.
6. Gebruik wat over is van het glazuur uit het schaaltje voor de glazuuronderlaag, waarmee je het kruimelige van de cake fixeert en je een glad oppervlak krijgt waarop je de eigenlijke glazuurlaag kunt aanbrengen.
7. Strijk met een (schone, eenvoudige en speciaal voor dit doel bestemde) spatel over deze glazuuronderlaag, om hem glad te maken (over de kruimels die er in deze laag zitten hoef je je niet druk te maken).
8. Zet de taart opnieuw 20 minuten in de koelkast.
9. Haal hem eruit en gebruik de rest van het glazuur voor de laatste laag.

De deskundige

Duff Goldman is een beroemd meesterbanketbakker, een ster van Food Network (*Ace of Cakes, Kids Baking Championships*) en de auteur van *Duff Bakes* en *Super Good Baking for Kids*.

De toelichting

Om een taart goed te kunnen glazuren, is het belangrijk dat je ook voorafgaand aan het aanbrengen van de laatste glazuurlaag alle stappen goed uitvoert. Door de cake na het bakken te laten afkoelen kan het vet (de boter of de olie) hard worden, waardoor de cake bij het bestrijken met glazuur makkelijker heel blijft. En omdat roomglazuur voor een groot deel uit vet bestaat, zou het eenvoudigweg smelten als je het over een nog warme cake uitstrijkt. Als je zelf roomglazuur hebt gemaakt, haal je het uit de koelkast terwijl de cakes afkoelen. Om het goed smeerbaar te krijgen kun je het au bain-marie verwarmen (of, net als Duff, een keukenbrander gebruiken) of het ruim van tevoren op het aanrecht zetten zodat het zelf al zijn stijfheid verliest. Zelfs nadat je de cakes hebt laten afkoelen in de koelkast, strijk je met het glazuren onvermijdelijk kruimels los. Daarom is een glazuuronderlaag zo belangrijk, en daarom doe je het glazuur dat je tijdens de eerste stappen gebruikt in een apart schaaltje, om te voorkomen dat het glazuur voor de laatste laag met kruimels 'vervuild' raakt. Door de nu voorgeglazuurde taart opnieuw in de koelkast te plaatsen kan de glazuuronderlaag opstijven en heb je een goede ondergrond voor een laatste glazuurlaag, die je met een spatel nog extra glad kunt strijken.

Pro-tip: als je cakes bij het bakken aan de randen wat bruin worden, is dat geen reden tot paniek. De kleur voegt juist wat smaak toe en het maakt de cake wat steviger. Hoe donkerder je cakes, hoe steviger de randen, hoe makkelijker het glazuren. (En als je een kant-en-klare mix gebruikt voor je cakes, hoef je je om uitdrogen ook niet druk te maken; er zitten genoeg conserveringsmiddelen in.)

EEN KAASPLANK SAMENSTELLEN

1. Leg de kazen op de plank – zorg voor variatie qua melksoort (schapen-, geiten-, koeienkaas) en/of textuur (romig, hard, fris) en voeg wat bakjes toe om uit te dippen.
2. Voor vlees op de plank vouw je plakjes salami in vieren,

snijd je worst in plakjes, scheur je prosciutto in hapklare stukjes en leg je het netjes uitgelijnd naast en rondom de kazen.

3. Voeg groente en fruit toe (wortel, komkommer, besjes, gedroogd fruit of cocktailaugurkjes) door her en der een hoopje ervan neer te leggen, eventueel in een schaaltje.
4. Vul de lege ruimte op de plank op met knapperige dingen – crackers, toastjes, noten, chips, pretzels. Vorm de nootjes tot hoopjes en leg de crackers en toastjes in een waaiervorm deels over elkaar. (Voeg ook altijd een extra schaaltje met alleen crackers en toastjes toe.)
5. Vul de lege schaaltjes met wat je wilt gebruiken om in te dippen – vijgenjam, honing, compote, hummus.
6. Garneer je plank ten slotte met bijvoorbeeld wat takjes verse tijm, rozemarijn, lavendel of zelfs eetbare bloemen.

De deskundige

Marissa Mullen is een kaasplankinfluencer (jazeker, die bestaan) en de bedenker van de @thatcheeseplate- en de @cheesebynumbers-methode. Ze is de auteur van *That Cheese Plate Will Change Your Life* (en geloof me, dat is niets te veel gezegd!).

De toelichting

Marissa's 'cheese by numbers'-methode betekent dat je alle ingrediënten kunt gebruiken die je maar bij de hand hebt en daar een mooi geheel van kunt creëren als je de zes basisstappen maar volgt: kaas, vlees, groente en/of fruit, iets te knabbelen, dips, garnering. Je begint met de kaas en vandaaruit bouw je de plank verder op, rondom de grootste elementen. Snijd de hardere kazen voor, zodat mensen er een stukje van kunnen pakken zonder met van die kleine, scherpe kaasmesjes te hoeven staan hannesen. Je wilt dat mensen makkelijk kunnen toetasten, en daarom vouw je de salami in vieren. Kies voor een mix van groente en fruit waarmee je de plank mooi op kleur kunt brengen, en gebruik de garnering voor een extra kleuraccent, waarna je het als een kunstzinnig geheel kunt presenteren (en vergis je niet, een goede kaasplank ís kunst). Je kunt een kaasplank ook van tevoren klaarmaken: dek hem af met huishoudfolie en zet hem in de koelkast (maar wacht nog met het toevoegen van alle knapperige dingen, omdat die dan hun bite verliezen). Haal de plank een uur voordat je hem presenteert uit de koelkast, om de kazen op kamertemperatuur en daarmee op smaak te kunnen laten komen.

Stap 1

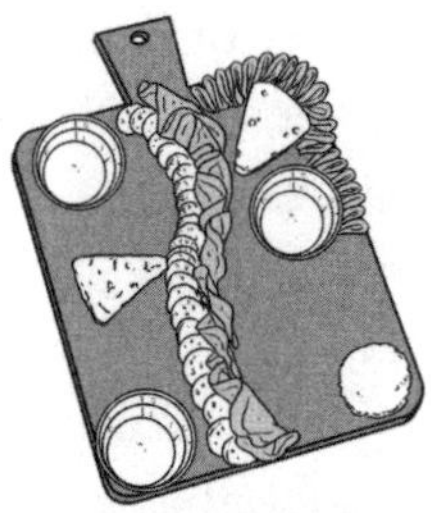
Stap 2

Stap 3

Stap 4

Stap 5

Stap 6

Bonus

Voeg een rivier van salami toe. Marissa heeft de term 'salamirivier' gemunt als beschrijving voor haar manier om opgevouwen plakjes salami in een slingerende lijn tussen en langs de kazen te plaatsen, voor een meer gelaagde en levendigere aanblik. Vouw elk plakje salami in vieren en knijp, met je hand over het ineengevouwen plakje heen, de punt ietwat samen. Wanneer je er zo'n vijf à zes zo hebt gevouwen, zet je ze op de plank en zo ga je verder tot je uiteindelijk over de hele lengte van de plank een lijn van salami hebt liggen. Vorm er nu een voortslingerende 'rivier' van door twee bochten in de lijn te duwen (hoe vaker je dit doet, hoe makkelijker het wordt, en je kunt het met allerlei soorten vlees doen).

EEN FLES WIJN ONTKURKEN ALS EEN PRO

1. Pak de wijn uit de kelder of de koelkast en bestudeer het veelal uit aluminium vervaardigde omhulsel rond het bovenste deel van de hals van de fles, de zogeheten capsule.
2. Als het een fles mousserende of witte wijn is die koel heeft gelegen, veeg dan eerst de condens van de fles, zodat je er goed grip op hebt bij het ontkurken.
3. Plaats de fles op een tafel of aanrecht en pak een kurkentrekker. (Als je er nog geen hebt, koop dan een sommeliers- of kelnersmes – zo'n eenvoudig ogende kurkentrekker met een getrapte lift en een kartelmesje; ze zijn goedkoop en overal verkrijgbaar.)
4. Klap het mesje uit. Houd met één hand de fles stevig bij de hals vast en plaats met je andere hand het mesje precies onder de druppelrand rond de flessenmond en snijd er in een ronddraaiende beweging mee langs de voorzijde en de achterzijde, door het aluminium van de capsule heen.
5. Licht het dopje van de capsule eraf en steek het in je zak of gooi het in de prullenbak.
6. Trek de spiraal tevoorschijn, plaats je wijsvinger vlak boven de punt en plaats deze in het midden van de kurk. Stel de hoek zo af dat de spiraal alleen maar loodrecht de kurk in kan draaien.

7. Terwijl je met je andere hand de fles nog steeds stabiel houdt, draai je met je voorkeurshand de spiraal de kurk in tot alleen de laatste ronding er nog boven uitsteekt.
8. Het bovenste trapje hoort nu ter hoogte van de flessenmond te staan – als dat niet zo is heb je de spiraal misschien iets te ver in de kurk gedraaid of juist niet ver genoeg, corrigeer dit.
9. Plaats dit eerste trapje op de rand van hals, verplaats de hand waarmee je de fles vasthoudt tot om de kurkentrekker en de hals van de fles heen en trek met je voorkeurshand de kurkentrekker voorzichtig omhoog; de kurk steekt nu nog deels in de hals, deels erbovenuit.
10. Plaats vervolgens het tweede, onderste trapje op de rand van de hals en trek opnieuw de kurkentrekker omhoog, eventueel voorzichtig heen en weer bewegend, tot de kurk uit de fles glijdt.
11. Veeg met een stukje keukenpapier of servet langs de binnenzijde van de hals (waar zich wat fijn sediment of tartraten hebben genesteld die je niet wilt meeschenken).
12. In een restaurant bieden ze je als gast vervolgens soms de kurk aan ter controle van de authenticiteit van de fles, maar thuis kun je dat achterwege laten en de wijn gewoon inschenken en lekker opdrinken.

De deskundige

Laura Maniec Fiorvanti is een meestersommelier en de medeoprichtster van de Corkbuzz Wine Studio in New York City.

De toelichting

Moeilijk is het niet, maar het is belangrijk om niets te overhaasten en voor elke stap van het proces de tijd te nemen – anders sta je algauw te klungelen en dan wordt het er alleen maar moeilijker op. De meest gemaakte fouten zijn: 1) de spiraal er niet recht in draaien waardoor de kurk aan de zijkant kapotgaat en afbreekt of vast komt te zitten, met het risico op stukjes kurk in de wijn; 2) niet controleren of het trapje van de lift goed op de rand van de fles aansluit, waardoor hij eraf glijdt terwijl je aan het trekken bent, je hand uitschiet en je jezelf in het gezicht slaat – gênant en pijnlijk; 3) te snel en te woest omhoogtrekken waardoor de kurk afbreekt – en dat afgebroken stuk kurk is een stuk lastiger uit de hals te verwijderen. Maar bedenk, zegt Laura, dat het er uiteindelijk om gaat dat je jezelf een glas wijn in kunt schenken. Als dat lukt, heb je het voor elkaar.

Stap 1

Stap 2

Stap 3

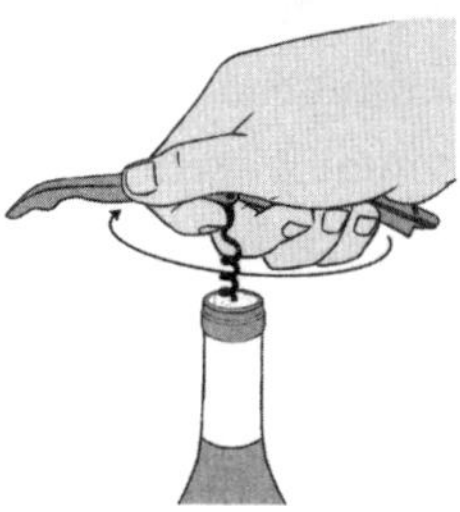
Stap 4

Stap 5

Stap 6

WIJN PROEVEN

1. Kijken.
2. Walsen.
3. Ruiken.
4. Nippen.
5. Spoelen.

De deskundige

Leslie Sbrocco is een met een James Beard en een Emmy Award onderscheiden wijnexpert. Ze is regelmatig te gast in het programma *Today* en is de auteur van *The Simple and Savvy Wine Guide*. Het is geen uitzondering voor haar om per week zo'n vijftig tot honderd wijnen te proeven (ja, ze spuugt de wijn weer uit). Ze presenteert een eigen show, *100 Days, Drinks, Dishes and Destinations*, die in heel Amerika te zien is op meer dan tweehonderd stations van het niet-commerciële televisienetwerk PBS.

De toelichting

Je eerste kennismaking met een wijn is met het oog, waarbij je de wijn beoordeelt op kleur en helderheid – dit doe je door het glas aan de steel vast te houden en de kelk tegen een witte achtergrond te bekijken voor het beste contrast. Wals de wijn door met de voet van het glas plat op tafel kleine cirkels te maken. Door de beweging komen er meer aroma's vrij, die je zo beter zult kunnen ruiken (de wijn heeft in de fles opgesloten gezeten en moet nu eerst 'ademen'). Als hij tegen de zijkant van het glas blijft kleven (als hij tegen het glas 'omhoogklimt' en als 'tranen' weer terugvalt) duidt dat erop dat de wijn zoet is of veel alcohol bevat. Voordat je de wijn proeft, ruik je er altijd eerst aan, omdat je reuk een veel krachtiger zintuig is voor het onderscheiden van smaakaroma's. Dan ten slotte het proeven zelf: omdat verschillende delen van je tong voor verschillende smaken gevoelig zijn, is het belangrijk om de wijn in je mond rond te laten bewegen om de smaak van de wijn in al zijn complexiteit te kunnen waarderen. Ga niet gorgelen alsof het mondwater is, maar open wel je mond een beetje om de lucht erlangs te kunnen laten gaan.

Pro-tip: witte wijn wordt gauw te koud gedronken, rode wijn eerder te warm. Bij een te koude witte wijn verdwijnt de smaak naar de achtergrond. Als je de wijn inschenkt en je ziet dat het glas beslaat, zoals bij het inschenken van een koud biertje, weet je dat de wijn te koud is. Om hem snel op smaak te brengen kun je het beste je handen om de kelk van het glas plaatsen. Een rode wijn hoort op keldertemperatuur te worden geschonken, 14 tot 16 graden; bij hogere temperaturen worden robuuste wijnen te zwaar en treedt de alcohol te veel op de voorgrond. Zet een fles rode wijn die je op kamertemperatuur hebt bewaard een uur voordat je hem drinkt in de koelkast.

EEN GEWELDIGE SPEECH HOUDEN

'Franklin Delano Roosevelt zei: "Wees eerlijk, houd het kort en ga weer zitten," en dat zijn eigenlijk nog altijd de drie dingen waar het bij speechen om draait.'
– Margaret Page

1. Bereid je publiek voor. Vraag iedereen zijn glas te vullen en op te staan om samen een toost uit te brengen. (Als je met wat vrienden aan tafel zit is het niet nodig om iedereen te laten staan, maar geef wel aan dat je wilt toosten, om iedereen de gelegenheid te geven zijn glas bij te vullen.)
2. Stem wat je gaat zeggen af op je publiek. Is het een werkgerelateerde gelegenheid? Zijn er kinderen aanwezig? Moet je je misschien een beetje netter uitdrukken dan je gewend bent?
3. Bepaal je bedoeling. Wil je iedereen welkom heten? Wil je een speciale gebeurtenis memoreren? Wil je je gastgever bedanken? Zorg ervoor dat je je bedoeling in je woorden tot uitdrukking laat komen.

4. Houd het kort (een speech hoort niet langer te duren dan 2 minuten).
5. Begin met wat achtergrondinformatie – stel jezelf voor als niet iedereen jou kent, vertel wat je relatie is tot degene op wie of hetgene waarop je een toost wilt uitbrengen en benoem waarom jullie hier allen bijeen zijn.
6. Probeer alleen grappig te zijn als je dat ook echt bent.
7. Vermijd onderonsjes. Met verhalen die niet door iedereen in het publiek worden begrepen, sluit je mensen buiten en dat is niet wat je wilt.
8. Besluit je speech met een op de gelegenheid afgestemde wens voor de toekomst (bij een verjaardag wens je iemand nog vele jaren toe; bij het binnenhalen van een nieuwe klant drink je op jullie wereldwijde succes; bij een geslaagde kaasplank proost je op een salamirivier voor de volgende keer).
9. Oefen je speech. Leer hem bij voorkeur uit je hoofd. (Als je hem hebt uitgeschreven, kun je hem gerust bij de hand houden, maar ga hem niet van papier voorlezen.)
10. Maak oogcontact met je publiek. Wanneer je het woord neemt, richt je je tot iemand die jou aankijkt, waarna je probeert tijdens het spreken iedereen, stuk voor stuk, rustig aan te kijken.

De deskundige

Margaret Page is de vicedirecteur van Toastmasters International, een non-profit onderwijsorganisatie met een wereldwijd netwerk van instellingen waar mensen kunnen leren in het openbaar te spreken en leiderschapsvaardigheden te ontwikkelen. Ze is tevens een etiquettedeskundige en de oprichtster van Etiquette Page Enterprises en Beyond the Page Coaching and Training.

De toelichting

Een goede spreker weet dat hij daar niet voor zichzelf staat, maar voor zijn publiek. Daarom kan het belangrijk zijn om wat achtergrondinformatie te geven, waarmee je iedereen je verhaal binnentrekt – 'Leah en ik hebben elkaar leren kennen toen we allebei nog stagiair waren,' of: 'Deze organisatie is in 1924 opgericht.' (Je kunt je speech beginnen met vertellen over hoe iets in het verleden was en besluiten met hoe je hoopt dat de toekomst eruit zal zien, en daarop toosten.) Een veelgehoord advies over spreken in het openbaar is je speech beginnen met een grapje. Dat werkt goed als je een grappig iemand bent, maar niet iedereen is dat (jij zult zelf het beste weten of je dat wel of niet bent). Wees jezelf: je komt dan oprechter over, waardoor je publiek ook meer open zal staan voor wat je te zeggen hebt. Bereid een speech altijd voor en oefen hem – het is erg moeilijk om mensen te enthousiasmeren als je van papier leest. En om een toost uit te brengen wil je iedereen die daar bijeen is met je meekrijgen, om daar als groep samen het glas te heffen, daarom sta je daar.

Bonus

Weet je niet wat je moet zeggen? Ga op zoek naar inspirerende citaten en leer die uit je hoofd, zodat je eens met wat anders voor de dag komt dan 'Op je gezondheid!'.

Drie etiquetteregels van het speechen:

- Als er op jou geproost wordt, hef je zelf niet het glas. Je kijkt vriendelijk glimlachend om je heen en knikt iedereen toe.
- Water – in een wijnglas of zelfs in een waterglas – is een volledig geaccepteerd alternatief om mee te toosten. Vroeger werd dit beschouwd als een faux pas, maar dat is absoluut verleden tijd. Het doel van toosten is niet om alcohol te

nuttigen, maar om een persoon, een idee of een concept in het zonnetje te zetten.

- Steek geen speech af met je handen in je zakken – dat komt over alsof je iets te verbergen hebt (sommige lichaamstaaldeskundigen beweren zelfs dat het geldproblemen verraadt – ja echt!).

Over oogcontact:
Met je blik naar boven gericht kijk je over de mensen heen, met je blik naar beneden gericht kijk je van de mensen weg, met je blik recht voor je uit kijk je de mensen aan. Bij de Toastmaster spreken ze van de Ozone (naar boven), de No Zone (naar beneden) en de Go Zone (recht voor je uit), om niet te vergeten oogcontact te maken. Kijk bij het praten telkens één persoon even aan, maar houd zijn blik niet gevangen, en kijk vervolgens iemand aan die juist aan de andere kant staat. Dat is hoe je op een natuurlijke manier met elkaar spreekt, en dat voelt je publiek.

MENSEN AAN ELKAAR VOORSTELLEN

1. Stel mensen aan elkaar voor op rang, niet op leeftijd of geslacht. Je zegt dus eerst de naam van degene die het belangrijkst is. 'Beyoncé, mag ik je voorstellen aan Erica Smith?' In zakelijk verband staan klanten, gasten en bezoekers hoger in rang dan je baas of collega, en dien je hen dan ook als eerste voor te stellen.
2. Kijk degene die je voorstelt aan terwijl je diens naam noemt en spreek die naam duidelijk en zonder aarzelen uit.
3. Probeer in het kort meteen ook wat informatie te geven over de personen die je aan elkaar voorstelt (waar ze dan

op kunnen inhaken om een gesprek te beginnen:'Beyoncé heeft zojuist haar vierhonderdste Grammy Award gewonnen; Erica is muziekdocente op een middelbare school.').

4. Als je mensen van gelijke rang aan elkaar voorstelt, noem je als eerste de naam van degene die het oudste is.
5. Wanneer je iemand aan een familielid voorstelt, begin je normaal gesproken met het noemen van de naam van de ander:'Beyoncé, mag ik je voorstellen aan mijn vader, John Zammett.'

De deskundige

Patricia Rossi is een etiquettecoach en een internationaal gastspreker, en ze doet op NBC Daytime verslag over omgangsvormen. Het door haar gepresenteerde *Manners Minute* wordt landelijk uitgezonden en is wekelijks te zien via het televisienetwerk van NBC, CBS, Fox en ABC. Ze is de etiquettedeskundige met de meeste volgers op Twitter en is de auteur van *Everyday Etiquette: How to Navigate 101 Common and Uncommon Social Situations*.

De toelichting

Mensen op de juiste wijze aan elkaar voorstellen getuigt van professionaliteit en gezag. Als dit jou makkelijk afgaat, zal het je aanzien verhogen en je zelfvertrouwen vergroten. Je brengt er je inzicht in en respect voor anderen mee tot uitdrukking. Daarom begin je ook altijd met het noemen van de naam van degene die het belangrijkst is – omdat dat nu eenmaal de meest natuurlijke volgorde is en je daarmee respect toont. Maak altijd oogcontact. Iedereen is er wel klaar mee, met het uitzicht op de bovenkant van het hoofd van mensen die maar op hun telefoon staan te staren. Laat zien dat je het belangrijk vindt om deze mensen aan elkaar voor te stellen door ook alleen maar daarmee bezig te zijn.

Bonus
Ga recht voor iemand staan wanneer je jezelf wilt voorstellen. Maak oogcontact en zeg eerst alleen je voornaam, onmiddellijk gevolgd door je voor- en achternaam. 'Hallo, ik ben Erin. Erin Ruddy.' Op die manier horen mensen, op een natuurlijke manier, je naam meteen twee keer.

IEMAND GROETEN (OF VOORSTELLEN) WIENS NAAM JE BENT VERGETEN

1. Kom er meteen eerlijk voor uit. 'Het spijt me, ik kan even niet op je naam komen. Hoe heet je ook alweer?'
2. Noem (als je je dat tenminste kunt herinneren) een detail over waar of hoe jullie elkaar eerder hebben ontmoet: 'Ik weet nog dat we elkaar daar en daar hebben gezien.'
3. Wanneer de ander zijn naam noemt, reageer je met: 'Natuurlijk, ...!' waarbij je de naam van de ander herhaalt.
4. Noem vervolgens ook jouw naam, je voor- en achternaam.

De deskundige
Diane Gottsman is een etiquettedeskundige en de auteur van *Modern Etiquette for a Better Life*. Ze is de oprichtster van de Protocol School of Texas, een bedrijf dat gespecialiseerd is in het verzorgen van trainingen in zakelijk leiderschap en zakelijke etiquette.

De toelichting
Het is een vergissing om te denken dat je ongemakkelijkheid kunt voorkomen door jezelf voor te stellen en te hopen dat de ander dan vanzelf ook zijn naam noemt. Het risico is groot dat je daarmee de zaak verergert. Want wat als de ander zegt: 'Ja, ik weet wie je bent, Erin, we hebben elkaar al zo vaak ont-

moet.'? Daar sta je dan. Het is veel beter om eerlijk te zijn en er gewoon voor uit te komen. Als je nog weet waar jullie elkaar eerder hebben gezien en je dat vermeldt, laat je daarmee zien dat je degene zelf niet bent vergeten, maar alleen zijn naam. Het herhalen van de naam van de ander is een teken van respect (en het zal je helpen de naam dit keer beter te onthouden – kijk ook op pagina 281 voor tips over hoe je het beste namen kunt onthouden).

Bonus

Oké, maar wat als degene wiens naam je bent vergeten de vriend is van je nicht, iemand die je al talloze keren hebt ontmoet sorry, Jason... of was het Josh?) of een belangrijke klant? Als je daar nog de tijd en ruimte voor hebt – voordat de persoon in kwestie jou bereikt heeft – wend je je snel naar iemand bij je in de buurt en vraag je met je blik, zonder je lippen te bewegen, om hulp (à la Meryl Streep en Anne Hathaway in *The Devil Wears Prada*). Als dat niet lukt, kun je proberen het gesprek voorbij de hallofase te sturen door meteen in te zetten met iets als: 'Wat een schitterende dag, nietwaar?' of: 'Wil iemand nog wat te drinken?' Maar ga niet raden, vragen of liegen. En zodra je bij de betreffende persoon uit de buurt bent, zoek je iemand op die je geheugen kan opfrissen!

IETS MEENEMEN VOOR DE GASTGEVER

1. Vraag jezelf af of de gastgever iemand is die vaak gasten uitnodigt, of het iemand is die ervan geniet om mensen uit te nodigen.
2. Als dat niet zo is, vraag je dan af waar diegene écht van houdt (want je hoeft niet per se iets te geven wat met diens rol als gastgever te maken heeft).

3. Bedenk hoeveel geld je wilt uitgeven (zoals je dat ook doet voor een verjaardagscadeau: in verhouding tot hoe goed je iemand kent).
4. Wat is de gelegenheid? Is het een gewoon afspraakje, ergens in april, om zaterdagavond samen wat te eten, of is het een etentje op oudejaarsavond met kreeft en champagne? Stem je geschenk daarop af. Maar overdrijf niet. Ook voor 10 of 15 euro kun je iets leuks kopen dat gewaardeerd wordt.
5. Als het een groot feest is waar je naartoe gaat, kun je beter geen bloemen meenemen. De gastgever heeft het vaak al druk genoeg met het verwelkomen en onderhouden van de gasten en zou dan ook nog eens op zoek moeten naar een vaas. Je kunt wel de volgende dag een bos bloemen laten bezorgen (maar dat is dan weer de beste optie als je vergeten bent iets voor de gastgever mee te nemen). Of je neemt bloemen mee die al kant-en-klaar in een vaas staan en zo op een mooie plek kunnen worden neergezet.
6. Kies alleen voor het standaardgeschenk van een fles wijn als je gastgever zelf graag een glas wijn drinkt, en probeer erachter te komen van wat voor wijn hij of zij houdt. Over het kopen van wijn kun je meer lezen op pagina 209.
7. Verzin iets leuks of onverwachts om te geven – zelfgebakken koekjes, koffie met wat lekkers voor de volgende ochtend, versgebakken brood met een speciaal kaasje. (Maar zorg er wel voor dat het duidelijk is dat dit een geschenk is, en niet iets waarvan je verwacht dat het de gasten wordt voorgezet.)
8. Pak je geschenk zo in dat de verpakking hergebruikt kan worden (een brood verpakt in een stoffen servet, met een strik van sisaltouw eromheen; een kleine vetplant in een mooie mok). Kijk op pagina 229 hoe je een cadeau in papier verpakt.

9. Koop wat extra cadeautjes om mee te kunnen nemen voor als je onverwacht ergens voor wordt uitgenodigd: mooie kaarsen, gewaagde cocktailservetten, grappige onderzetters.

De deskundige

Joy Cho is de oprichtster en creatief directeur van Oh Joy!, een lifestylemerk en ontwerpstudio. Hun grote aanbod omvat ook onder licentie verkochte producten voor onder meer de inrichting van je huis, spullen voor kinderen en huisdieren, van merken als Target, Band-Aid en Petco. Twee jaar op rij werd Joy door *Time Magazine* verkozen tot een van de dertig invloedrijkste personen op internet, en met bijna 13 miljoen volgers staat ze met haar Pinterest-account aan de absolute top.

De toelichting

Iets meenemen voor de gastgever betekent niet automatisch iets meenemen wat de ontvanger als gastgever kan gebruiken. Sommige mensen genieten ervan om gasten te ontvangen, terwijl dit anderen volkomen uitput. Waar het bij het kiezen van een geschenk voor de gastgever dan ook op aankomt, is wat voor iemand het is. Is het een vriendin van je die dit soort dingen niet vaak doet, maar keihard haar best heeft gedaan om alles voor elkaar te krijgen, dan is een geschenkbon voor een behandeling bij een pedicure waarschijnlijk een welkom cadeau. Is het een familiefeestje, dan zou een gezelschapsspel weleens perfect van pas kunnen komen. En maak het niet te gek. Het is het gebaar dat telt (en de moeite die je steekt in stap 1 en 2). Als je een fles wijn als geschenk meeneemt, zorg dan dat hij mooi verpakt is, om duidelijk te maken dat je gastgever er zelf op een later moment van kan genieten, en dat je niet verwacht dat hij direct wordt opengetrokken en aan de gasten wordt voorgezet (ditzelfde geldt voor eetbare geschenken – je wilt geen van tevoren geplande menu's in de war schoppen).

Bonus

Wanneer hoor je wel of niet iets voor de gastgever mee te nemen? Je neemt iets mee wanneer je voor het eerst bij iemand thuis wordt uitgenodigd (oude vrienden die net zijn verhuisd of nieuwe vrienden) of wanneer het om een speciale gelegenheid gaat (nieuwe baan, verjaardag, verloving, enzovoort). Of wanneer je wilt laten merken hoe blij je bent dat je eindelijk weer bij elkaar op bezoek kunt komen. Maar voel je vooral niet verplicht iets mee te nemen wanneer je gewoon even op bezoek gaat bij iemand waar je vaker over de vloer komt (hoewel Joy in dat soort gevallen het vaak niet kan laten om bij de supermarkt nog even een bak heerlijk ijs te halen – waar iedereen altijd dolblij mee is!).

EEN CADEAU IN PAPIER INPAKKEN

'Cadeautjes inpakken hoeft geen stressklus te zijn. Als je er een aantal hebt, schenk jezelf dan een glas wijn in en zet er wat muziek bij op.'
– Anna Bond

1. Pak alles wat je nodig hebt bij elkaar: papier, cadeaulint, plakband, schaar en eventuele grappige labels of versiersels die je in huis hebt.
2. Zorg voor voldoende ruimte op een plek met een stevig, plat oppervlak – de eettafel, het aanrecht, de vloer.
3. Rol het pakpapier zo ver uit als je denkt dat je nodig hebt en plaats je cadeau erop, met de brede kant naar de kniprand gericht. Keer het cadeau naar de rol toe om, totdat

alle kanten van het cadeau het papier hebben geraakt.

4. Knip het papier af op zo'n 5 centimeter afstand van waar het cadeau nu staat.
5. Verplaats het cadeau naar het midden van het nu afgeknipte stuk papier en wikkel het papier eromheen, waarbij je het om de randen heen vouwt. Waar de randen van het papier elkaar raken, plak je ze met een stukje plakband aan elkaar vast (plak het papier niet aan je cadeau zelf vast).
6. Knip het papier aan de beide open zijden bij tot de lengte waarop het bij het naar binnen vouwen tot net voorbij het midden van de zijkant valt (hoe meer papier hier, hoe moeilijker om een mooie strakke hoek te krijgen).
7. Plooi het papier aan de bovenkant om de rand heen naar binnen. Strijk een vouw in de schuin naar beneden aflopende zijkanten en plooi die naar binnen. Vouw tot slot de nu tot een punt gevouwen onderkant van het papier hier weer overheen (als de punt niet goed is gelukt, kun je hem iets naar binnen vouwen voor een mooie strakke lijn). Plak de beide uiteinden met een plakbandje aan elkaar vast. Doe hetzelfde aan de andere zijkant.
8. Voeg een cadeaulint toe. Door het lint om het cadeau te wikkelen terwijl het nog op de rol zit, voorkom je dat je het per ongeluk te kort afknipt. Leg er een eenvoudige strik in (een strik die door de ontvanger van het cadeau makkelijk is los te trekken) en knip de uiteinden schuin af.

De deskundige

Anna Bond is de medeoprichtster en creatief directeur van Rifle Paper Co., een in Winter Park, Florida gevestigd lifestylemerk. Rifle Paper Co. heeft een geheel eigen esthetiek die steunt op Anna's handgeschilderde decoraties.

De toelichting

Om een cadeau goed in te pakken heb je een stuk papier nodig dat net groot genoeg is om alles mee te bedekken – wanneer je een te groot stuk papier gebruikt, wordt het algauw een plomp, te lijvig geheel. De 5 centimeter extra kun je gebruiken om het papier bij de kniprand dubbel te vouwen voordat je het aan elkaar vastplakt (waardoor je pakje er meteen netter uitziet). Gebruik niet te veel plakband en plak het papier niet aan het cadeau zelf vast, want daarmee zou je het cadeau (of de doos waarin je het hebt gekocht) kunnen beschadigen (en het is bovendien lastiger uitpakken). Door het papier strak om de randen heen te vouwen, maak je er een mooi compact pakje van. Het favoriete strikmateriaal van Anna is lint van fluweel of katoen – het is handig om verschillende kleuren in huis te hebben die goed combineren met elk soort cadeaupapier. Anna wikkelt een lint altijd zowel in de breedte als in de lengte om het pakje.

Pro-tip: voor het inpakken van een cadeau met afwijkende vormen kun je dun papier gebruiken – en er wat mee spelen. Een knuffel bijvoorbeeld kun je goed in dun papier wikkelen, dat je bovenop met een grote strik bijeenbindt. Cadeautasjes zijn natuurlijk altijd handig om in huis te hebben voor lastig in te pakken geschenken. Het enige waar je dan wel aan moet denken is om het cadeautje met vloeipapier af te dekken, zodat degene aan wie je het geeft niet al meteen in één oogopslag ziet wat het is. Je kunt het tasje een wat voller aanzien geven door het op te vullen met wat bolvormig gevouwen papier.

Over het bewaren van pakpapier:

Bewaar het op een praktische plek, zonder dat het te veel ruimte in beslag neemt (je hoeft er geen speciale kamer voor in te richten). Waar het vooral om gaat, is dat alles bij elkaar ligt, waar je er makkelijk bij kunt. Anna's advies is om je rollen papier bij elkaar in een grote bak of mand in een kast te bewaren, samen met een doos met cadeaulint, plakband en een schaar (houd deze schaar en het plakband gescheiden van de schaar en het plakband voor alledaags gebruik, zodat je er niet telkens wanneer je wat hebt in te pakken naar op zoek hoeft). Bewaar labels en kaarten in een doos ernaast.

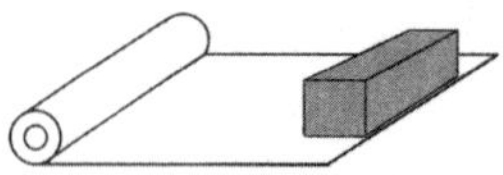

Stap 1

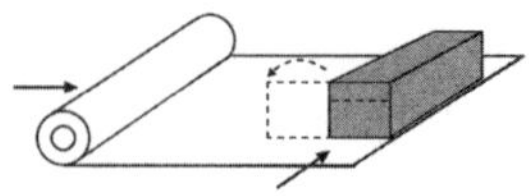

Stap 2

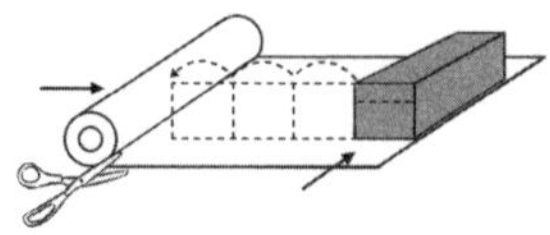

Stap 3

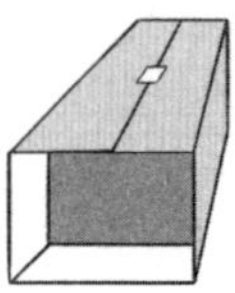

Stap 4

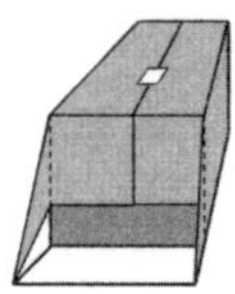

Stap 5

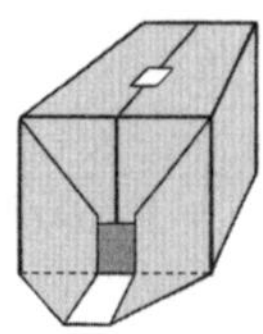

Stap 6

11
Zelfverzorging

MEDITEREN

'Je traint je lichaam door het beweging te geven,
je traint je geest door hem rust te geven.'
– Suze Yalof Schwartz

1. Sluit je ogen.
2. Leg het stemmetje in het hoofd, dat je vertelt wat je allemaal nog moet doen, het zwijgen op door je te concentreren op je ademhaling (wat vaak makkelijker lukt als je een hand op je borst legt en voelt hoe deze bij het inademen omhoogkomt en bij het uitademen weer daalt).
3. Richt je vervolgens niet langer bewust op je ademhaling, maar probeer in het moment zelf op te gaan. Blijf doorgaan met ademen en luister naar wat er om je heen gebeurt, naar vogels die fluiten, kinderen die spelen... Geef je over aan het moment.
4. Je zult waarschijnlijk merken dat zich allerlei gedachten aan je opdringen, over wat je vanavond te eten zal maken of over het bericht dat je zojuist van een vriend(in) hebt ontvangen.
5. Benoem deze afleidende gedachten – stressgedachten, maalgedachten, gedachten over het plannen van je lasagne voor vanavond.

6. Richt je dan opnieuw op je ademhaling. Concentreer je weer op het in- en uitademen en volg weer dezelfde stappen. Begin zo vaak als nodig is opnieuw; op deze manier leer je om steeds langer in het moment te zijn.

De deskundige

Suze Yalof Schwartz is de oprichtster en de CEO van Unplug Meditation en de auteur van *Unplug. Snel opladen door meditatie* (én ze heeft de Unplug Meditation-app ontwikkeld, met meditatiebegeleiding en tips van de topdocenten van Unplug).

De toelichting

Wanneer je geest afdwaalt – en dat gebeurt –, druk de gedachten die zich aandienen dan niet weg. Daar worden ze alleen maar hardnekkiger van. Om ze de baas te kunnen worden, moet je ze erkennen. Benoem ze, desnoods hardop ('Sorry, lasagne, je zult moeten wachten.'). Daarmee maak je het jezelf mogelijk om je lichaam en geest opnieuw op elkaar af te stemmen door je op je ademhaling te richten. Mensen maken mediteren vaak moeilijker dan nodig is, omdat ze denken dat ze aan niets mogen denken, dat ze hun geest moeten uitschakelen. Maar dat kunnen we niet en dat is ook niet de bedoeling. Het is de bedoeling dat je merkt hoe je geest afdwaalt en welke gedachten dan in je opkomen. Het is een dans tussen je bewust worden van hoe je geest werkt en je bewustzijn op je ademhaling richten, in plaats van op je gedachten. Als je je afdwalende geest weer naar het moment terug kunt leiden en hem daar kunt houden, al is het maar een minuut, ben je aan het mediteren. Het is je gelukt. Gefeliciteerd!

Bonus

Waarom is meditatie voor veel mensen zo'n strijd? Omdat onze geest eraan gewend is om voortdurend aan afleiding te worden blootgesteld – het is veel makkelijker om vermaakt en beziggehouden te worden dan met onszelf alleen te moeten zijn. Maar die overstimulatie is natuurlijk precies waarom we gestrest en overspannen zijn en behoefte hebben aan meditatie. Wil je je helderder voelen, meer gefocust zijn, aandachtiger, bewuster en productiever? Maak dan elke dag 5 minuten vrij om stil te zitten en niets te doen. Je kunt het! Doe het direct 's ochtends vroeg, met een app en een hoofdtelefoon op. Naarmate het mediteren je vertrouwder wordt, zul je merken dat je makkelijker een gevoel van rust en focus weet te bereiken wanneer de drukte te veel begint te worden. Door de dag te beginnen met een meditatieoefening, nog voor zich nieuwe afleidingen hebben aangediend, werk je aan iets waar je de hele dag baat bij zult hebben.

ONTSTRESSEN IN MINDER DAN EEN MINUUT

1. Breng je beide handen voor je gezicht alsof je twee duimen omhoog wilt steken.
2. Draai je opgestoken duimen horizontaal en plaats ze aan weerszijden van de brug van je neus, net onder je wenkbrauwboog.
3. Geef stevige druk.
4. Tel langzaam tot 8 à 10 en blijf ademhalen.
5. Verplaats je duimen vervolgens naar net boven de uiteinden van beide wenkbrauwen.
6. Zet je wijsvingers een kleine 3 centimeter schuin boven je duimen, iets naar elkaar toe.
7. Knijp lichtjes.
8. Tel langzaam tot 8 à 10 en blijf ademhalen.
9. Ga door met waar je mee bezig was.

De deskundige

Mehmet Oz, MD, is hoogleraar chirurgie aan Columbia University, een succesvol auteur en de presentator van het met een Emmy Award onderscheiden praatprogramma *The Dr. Oz Show*.

De toelichting

Veel mensen houden stress en spanning vast in hun hoofd en gezicht en, zonder je in de stress te willen laten schieten: stress kan voor je hele lijf schadelijk zijn en tot chronische ziekten leiden. Kijk dus eens op pagina 273 voor een ontspannende ademhalingsoefening, op pagina 233 voor een meditatieoefening en op pagina 309 hoe je dingen kunt leren loslaten. Maar voor tussendoor is deze gezichtsmassage een supermakkelijke manier om te ontstressen en de spanning uit je gezicht te halen. Je kunt daarbij je ogen sluiten als je ergens op jezelf bent, maar je kunt het ook met je ogen open doen, ongemerkt, gewoon in het openbaar of waar dan ook, wanneer je maar wilt. Was wel altijd je handen voordat je je gezicht aanraakt!

EEN KOP THEE ZETTEN

1. Vul de fluitketel of waterkoker met vers, gefilterd water (weersta de neiging om gewoon maar op te warmen wat er nog in zit).
2. Breng het water aan de kook. Laat voor het zetten van groene en witte thee en sommige oolongvariëteiten het water eerst afkoelen tot tussen de 85 en 75 graden Celsius. Dit duurt zo'n 30 tot 60 seconden.
3. Gebruik bij voorkeur losse thee. De juiste hoeveelheid is afhankelijk van de soort thee, maar als gemiddelde kun

je één theelepel per kopje aanhouden. Schep de thee direct in de pot of in een theefilter. (De meeste theepotten hebben ofwel een ingebouwd theefilter of zijn bij de tuit voorzien van een filter, waardoor je even makkelijk losse thee kunt gebruiken als theezakjes.)

4. Schenk het gekookte water in de pot en laat de thee 3 tot 4 minuten trekken (de precieze trektijd is afhankelijk van de soort thee die je gebruikt).
5. Terwijl de thee staat te trekken, schenk je wat van het gekookte water in je theekopje om het voor te verwarmen (gooi het water er pas uit vlak voordat je de thee in het kopje schenkt).
6. Als je een theezakje gebruikt, doe je eerst het zakje in je kopje of de pot en schenk je het water daarover uit. Laat de thee 2 tot 4 minuten trekken (zonder het zakje eruit te halen en er weer in te dopen).
7. Verwijder het zakje (zonder te knijpen), de losse theeblaadjes of het filter uit het kopje of de pot na de juiste trektijd en voordat je de thee opdrinkt.

De deskundige

Tatjana Apukhtina is de oprichtster van Teapro, een in Londen gevestigde abonnementsdienst op losse thee. Elke maand ontvangen abonnees een thematisch samengestelde theedoos met theegerei en unieke theevariëteiten, voorzien van informatie over de geschiedenis, het effect en de cultuur van de geleverde theeën.

De toelichting

Thee is vooral water, dus het is zeker belangrijk wat voor water je gebruikt. Gebruik bij voorkeur gefilterd en altijd vers water – water dat al eens gekookt is bevat minder zuurstof en kan de smaak van je thee verzwakken. Sommige theeën verdragen hoge temperaturen slecht, terwijl andere juist het best tot hun recht komen door ze in bijna kokend water te laten trekken. Als vuistregel kun je aanhouden dat kruidentheeën met kokend water overschonken moeten worden en een wat langere trektijd hebben (ongeveer 5 minuten); en dat groene theeën juist te bitter worden wanneer ze in te heet water trekken. Wanneer je losse thee gebruikt, is het belangrijk dat de theebladeren voldoende ruimte hebben om uit te zetten (om die reden is Tatjana geen voorstander van thee-eieren; in een glazen theefilter of een theepot met ingebouwd filter kan de smaak zich het beste ontwikkelen). De meeste theebladeren zijn overigens goed nogmaals te gebruiken, vaak wel minstens drie tot vier keer. Vooral bij oolongtheeën zul je bij hergebruik zelfs nog nieuwe smaken kunnen ontdekken. Wanneer je een theezakje gebruikt, moet je dit ongestoord in het kopje of de pot laten hangen tot de trektijd is verstreken, waarna je het uit het water omhoogtrekt – ga er niet mee heen en weer bewegen of het uitwringen. Door het zakje uit te knijpen pers je de droesem eruit, waarin zich de meeste tannines bevinden, die de thee een bittere smaak geven. (En het getuigt bovendien van een slechte thee-etiquette.) Voeg geen suiker toe aan thee die is gezet van losse thee, het kan de goede kwaliteiten van de thee schaden (zowel de smaak als het effect ervan voor je gezondheid). Je zult ook merken dat je met losse thee de suiker helemaal niet mist; en als je toch wat extra zoetigheid wil, voeg dan wat honing toe.

Over theezakjes:
Koop bij voorkeur theezakjes waarvan je de inhoud kunt zien – maar al te vaak zijn ze gevuld met poeder in plaats van met theebladeren, de minste kwaliteit thee, de restjes in feite. Wat ook belangrijk is om op te letten is van welk materiaal de zakjes zijn gemaakt – sommige theezakjes bevatten een soort plas-

tic die in warm water oplost, en die je dus tegelijk met je thee binnenkrijgt. Let daar goed op!

Bonus

Nog meer waardevolle theefeitjes:

Groene thee bevat een hoge concentratie antioxidanten (hoger dan zwarte thee) die helpen je lichaam te ontgiften. Het is goed om groene thee te drinken wanneer je aan het werk bent om je concentratie op peil te houden, zonder dat je last krijgt van de onrust die koffie wel teweeg kan brengen.

Witte thee bevat de hoogste concentratie L-theanine, een aminozuur dat de productie van de neurotransmitter GABA stimuleert, die een ontspannende werking heeft op de geest.

Kamillethee is een goede thee om te drinken voor het naar bed gaan. Het ontspant de spieren en kalmeert de zenuwen, waardoor je makkelijker op een natuurlijke manier in slaapt valt. Het kan ook helpen tegen hoofdpijn en misselijkheid na een avondje doorzakken.

Muntthee heeft een kalmerende werking op de darmen en helpt tegen winderigheid. Daarnaast staat het bekend als middel tegen misselijkheid. En omdat het 100 procent cafeïnevrij is, kun je het op elk moment van de dag drinken.

Matcha is een groene thee die wordt gemaakt door hele bladeren tot een fijn poeder te vermalen, en bevat de hoogste concentratie antioxidanten, die goed zijn voor je afweer en je algehele welbevinden.

Zwarte thee is in Groot-Brittannië (en ook in Nederland) de meest gedronken thee. Het bevat thearubigines en tannines die het lichaam helpen griep te bestrijden en de symptomen ervan verlichten.

VOORKOM DAT JE ZIEK WORDT

1. Eet knoflook (liefst rauw – sorry, vrienden en familie – maar ook als het in gerechten is verwerkt, helpt het).
2. Drink weerstandsverhogende thee; de allerbeste zijn gemberthee en thee van medicinale paddenstoelen (ja, echt, vraag er maar eens naar!).
3. Zorg dat je altijd een handontsmettend middel bij de hand hebt (op je bureau, in je tas of in je auto) en let daarbij op het alcoholpercentage: alleen met een alcoholpercentage van 60 procent of meer is een middel echt desinfecterend.
4. Gebruik voordat je naar je werk gaat een neusspray met zoutoplossing.
5. Was je handen nadat je dingen hebt aangeraakt (liftknoppen, deurkrukken, de pen die je even hebt geleend) en zelfs nadat je alleen maar hebt gekeken naar die man die net moest niezen.
6. Gebruik je neusspray tussen de middag nog een keer. (En was daarna opnieuw je handen.)

De deskundige

Mehmet Oz, MD, is hoogleraar chirurgie aan Columbia University, een succesvol auteur en de presentator van het met een Emmy Award onderscheiden praatprogramma *The Dr. Oz Show*.

De toelichting

Eerst moet je ervoor zorgen dat je lichaam sterk genoeg is om zich te kunnen weren tegen de bacteriën die onvermijdelijk voorkomen in de openbare ruimte – op kantoor, in het openbaar vervoer, in de bioscoop, enzovoort – en daarna zorg je ervoor de bacteriën kwijt te raken waarmee je in aanraking bent gekomen. Knoflook is enorm goed voor je immuunsysteem

– het stimuleert de productie van je ziektebestrijdende witte bloedcellen – maar dat betekent niet dat je op rauwe knoflook hoeft lopen knagen. Voeg eens gehakte knoflook toe aan saladedressings of soepen, maak zelf knoflookboter voor op geroosterd stokbrood, verwerk het in een dipsausje en natuurlijk in de tzatziki. Probeer op deze manier minstens een paar keer per week een teen knoflook te eten. De thee geeft je energie en helpt je lichaam giftige stoffen kwijt te raken. De zoutoplossing werkt op twee manieren: het spoelt de bacteriën uit je neus voordat ze je kunnen infecteren, en het voorkomt dat je neus uitdroogt (een droge neus maakt je een makkelijker prooi voor ziektes). Was je handen zo vaak als nodig is. En dat is voortdurend – als er één ding is dat we geleerd hebben van de coronapandemie, dan is het dat we allemaal ons gezicht veel vaker aanraken dan we dachten. Een handontsmettend middel is goed als dat het enige is wat er is, maar tegen sommige bacteriën, zoals het norovirus, is het niet effectief genoeg, en daarom is het zo belangrijk om je handen te wassen. En je weet het: 20 seconden!

Pro-tip: heb je het gevoel dat je ziek gaat worden? Zo weet je of het een verkoudheid is of een griep: bij een verkoudheid dienen de symptomen zich in de loop van enkele dagen geleidelijk aan, en het zit in je hoofd (verstopte neus, niezen, zere keel). Bij een griep daarentegen ben je van het ene op het andere moment ziek en voel je dat over je hele lichaam (spierpijn, koorts, last van je maag). Heb jij dat ook, dat je nu de neiging hebt om acuut je handen te gaan wassen?

Bonus

Wanneer je gebruikmaakt van openbare toiletten, kies je dan toevallig meestal niet het hokje dat het dichtst bij de ingang zit, maar eentje wat verderop? De meeste mensen doen dat. Deskundigen denken dat dat is omdat mensen hechten aan een beetje meer privacy. Maar omdat de wc direct naast de ingang daarom het minst wordt gebruikt, bevinden zich hier ook de minste bacteriën. Wie had dat gedacht? Dus in plaats van die eerste wc voorbij te lopen, moet je juist daar naar binnen gaan om de kans op besmetting te verkleinen.

EEN DUTJE DOEN

'Het belangrijkste is om er niet te veel over na te denken en te gaan liggen stressen terwijl je (tevergeefs) probeert een dutje te doen. Veel van de Thrive Microsteps – kleine stapjes die je in je dagelijks leven kunt inbouwen, miniem genoeg om haalbaar te zijn, groot genoeg om aantoonbaar verschil te maken – om je te helpen beter te slapen, werken ook voor het doen van een dutje.'
– Arianna Huffington

1. Creëer een donkere ruimte die tot slapen uitnodigt. Doe de lichten uit en trek de gordijnen dicht zodra je klaar bent voor je dutje.
2. Weer onwelkom geluid uit de kamer. Geluid is een van de meest directe belemmeringen voor een gezonde slaap. Wees je bewust van mogelijke bronnen van onwelkom geluid (denk aan je telefoon, laptop en andere apparaten) en haal ze uit de kamer of schakel ze uit.
3. Zorg ervoor dat het niet te warm is in de kamer. Stel de thermostaat, afhankelijk van je voorkeur, in op een temperatuur tussen de 18 en 20 graden Celsius. Onderzoek heeft aangetoond dat er zelfs al bij een kleine daling van de lichaamstemperatuur een slaapsignaal naar de hersenen wordt afgegeven.
4. Maak gebruik van alles wat je helpt om te slapen. Als je gewend bent met een slaapmasker op te slapen of met witte

ruis, dan zullen deze je ook helpen een dutje te doen, omdat het voor jouw lichaam slaapindicatoren zijn.

5. Meditatie kan ook helpen – zelfs al met een paar keer diep ademhalen komt je geest meer tot rust, waardoor je makkelijker in slaap glijdt. Of drink een kopje kamille- of lavendelthee, om je gedachten te kalmeren en de deur naar de slaap open te zetten. Om je zorgen en beslommeringen even los te laten, kan het helpen om je te richten op een paar dingen waar je dankbaar voor bent, die te benoemen en voor jezelf op te schrijven. Voor veel mensen is dit een goede manier om voor het slapengaan de dag mee te besluiten, maar het werkt net zo krachtig overdag, voor een dutje.
6. Maar het allerbelangrijkste is om ook echt een dutje te doen zodra je merkt dat je moet bijtanken, zelfs als de voorwaarden daarvoor niet ideaal zijn. Volgens deskundigen werkt niets zo goed als een dutje doen wanneer je op bent.

De deskundige

Arianna Huffington is de oprichtster en CEO van Thrive Global, de oprichtster van de *Huffington Post* en de auteur van vijftien boeken, waaronder *Het nieuwe succes* en *De slaaprevolutie*. Het in 2016 gelanceerde Thrive Global heeft zich ontwikkeld tot een vooraanstaand, op gedragsverandering gericht techbedrijf met de missie om verandering teweeg te brengen in de manier waarop we werken en leven door de collectieve misvatting aan de kaak te stellen dat een burn-out nu eenmaal de prijs is die we voor succes moeten betalen.

De toelichting

'Hoewel dutjes geen vervanging zijn van voldoende nachtrust, is wetenschappelijk aangetoond dat we na een dutje alerter zijn, scherper van geest en weerbaarder tegen ziektekiemen. Een dutje helpt je er weer bovenop wanneer je de nacht ervoor te weinig slaap hebt gehad. Met voldoende slaap heb je geen dutjes nodig!' – Arianna Huffington.

Pro-tip: wanneer je te lang doordut, kun je vermoeider wakker worden dan je was; dit wordt wel slaapmatheid genoemd. Om dat te voorkomen kun je een wekker zetten. Maar gebruik daarvoor dan niet je smartphone, maar een echte wekker, en leg je telefoon in een andere ruimte aan de lader. Dat zal je helpen om net als je telefoon weer nieuwe energie op te doen. De National Sleep Foundation adviseert een dutje van 20 tot 30 minuten, precies lang genoeg om jezelf weer op te laden zonder je daarna duf te voelen.

GEEF JEZELF (IN 3 MINUTEN TIJD) EEN ENERGIE-INJECTIE

1. Lees eerst alle stappen door om een goed idee te krijgen van deze oefening (in het begin kan het wat lastig zijn).
2. Zoek een rustige plek op waar je ongestoord kunt zitten. Haal een paar keer bewust adem door je buik en voel hoe je buik bij het inademen naar voren komt en bij het uitademen weer intrekt.
3. Stel de timer van je telefoon in op 1 minuut en 30 seconden en doe je ogen dicht.
4. Sluit met je rechterduim je rechterneusgat af en adem in door je linkerneusgat.
5. Sluit je linkerneusgat af met je rechterringvinger, haal je duim weg, en blaas de lucht uit door je rechterneusgat.
6. Herhaal dit (links inademen, rechts uitademen) zo vaak als je kunt binnen de 90 seconden die je hebt. Haal oppervlakkig adem.

7. Wanneer de timer afgaat, laat je je hand zakken en haal je door beide neusgaten adem. Adem diep in en weer uit.
8. Open langzaam je ogen en stel je timer opnieuw in op 1 minuut en 30 seconden. Doe je ogen weer dicht.
9. Sluit met je rechterringvinger je linkerneusgat af en adem in door je rechterneusgat.
10. Sluit met je rechterduim je rechterneusgat af, haal je ringvinger weg en adem uit door je linkerneusgat.
11. Versnel het tempo – blijf rechts inademen, links uitademen – en houd dit vol tot de 90 seconden voorbij zijn.
12. Wanneer de timer afgaat, adem je diep in door beide neusgaten. Houd je adem even vast en adem dan zo diep mogelijk weer uit, met je ogen nog altijd gesloten.
13. Voel de verandering van energie in je lichaam.

De deskundige

Parvati Shallow is een professioneel avonturierster, gastspreekster en internationaal erkend yogadocente (met de bevoegdheid om op hoog niveau les te geven in hatha- en kundaliniyoga). Ze heeft drie keer deelgenomen aan het door CBS uitgezonden tv-programma *Survivor* (en was de winnaar van de zestiende editie).

De toelichting

Deze neusademhalingsoefening is afkomstig uit de yogaleer. Het maakt deel uit van de *pranayama* – een reeks van ademhalingstechnieken die de levensenergie versterken – en het is een geweldige manier om jezelf weer te laten tintelen van energie zonder de onrust die cafeïne vaak met zich meebrengt. Zo rond drie uur 's middags bijvoorbeeld, wanneer alles zwaar en grijs begint te voelen. Ik geef toe dat het misschien een wat rare oefening lijkt (vandaar ook het advies om een rustig plekje op te zoeken) en het kan wat ongemakkelijk voelen in het begin, maar daarom raad ik je ook aan om eerst eens rustig de techniek te oefenen (en een zakdoekje kan ook van pas komen – ik weet het, ik weet het). En vergeet natuurlijk niet om van tevoren en naderhand je handen te wassen. Pranayama of 'beheersing van de ademhaling' kent een lange traditie en omvat uiterst krachtige technieken. Als je je licht in je hoofd gaat voelen of duizelig wordt bij het snelle ademhalen door afwisselende neusgaten, kun je het beste even stoppen en een paar keer normaal ademhalen. Pas wanneer je je weer rustig voelt, ga je weer met de oefening verder. Zo kun je deze ademhalingstechniek langzaam opbouwen tot 5 minuten of langer.

ZELF JE NAGELS LAKKEN

'Het is belangrijk om je te realiseren dat dit enige oefening vergt. Raak niet gefrustreerd als het niet meteen de eerste keer perfect lukt – en als het er niet mooi uitziet, haal je het er net zo makkelijk weer af.'
– Michelle Lee

1. Ga naar de wc. (Waarom? Om te voorkomen dat je dit met natte nagels moet doen!)
2. Verzamel alles wat je nodig hebt: basecoat, nagellak, topcoat, nagelvijl, eyelinerpenseel en nagellakremover.
3. Ga op zoek naar een ruim, vlak en stabiel oppervlak om het lakwerk aan te verrichten.
4. Verwijder alle oude nagellak en vijl daarna je nagels (strijk met de vijl één enkele kant op voor een mooie gladde rand).
5. Was je handen met warm water en zeep, maar laat ze niet weken – door weken zetten je nagels uit, met alle gevolgen van dien voor het lakken. Droog je handen goed.
6. Neem voor gebruik de flesjes lak in je handen en rol ze

een voor een tussen je palmen enkele keren heen en weer. Als de nagellak is gaan bezinken keer je het flesje langzaam ondersteboven en weer rechtop, maar ga niet schudden (door schudden vormen zich luchtbellen in de lak, die je niet op je nagels wilt hebben).

7. Plaats je ellebogen en je onderarmen op een plat oppervlak en ga aan het werk. Laat daarbij (voor de stabiliteit) de hand die je gebruikt om de lak aan te brengen met de pinkkant op je werktafel rusten.
8. Begin met het aanbrengen van een basecoat. Eerst de ene, daarna de andere hand. Geef deze onderlaag 2 minuten de tijd om te drogen. (Sla deze stap niet over; een goed aangebrachte onderlaag is essentieel.)
9. Licht het nagellakkwastje uit het flesje en laat alle overtollige lak eraf druppelen. Breng het kwastje pas boven je nagel als er alleen aan het uiteinde nog één druppel hangt.
10. Laat die druppel in het midden van je nagel vallen, dicht bij de nagelriem, maar er niet tegenaan. Duw de druppel voorzichtig wat naar achteren, naar de nagelriem toe, en trek het kwastje vervolgens naar voren, zodat er recht door het midden een streep komt. Doe hetzelfde aan weerszijden, zodat je nu drie strepen hebt staan – zorg dat je aan de zijkanten en bij de nagelriem een klein beetje ruimte openlaat.
11. Breng tot besluit, na elke laag, nog een beetje extra lak aan op de rand van je nagel door er één keer met het kwastje langs te strijken (een truc van de expert, die helpt voorkomen dat je nagels afbreken).
12. Herhaal stap 9 tot en met 11 voor elke nagel, en geef de eerste hand een minuut of twee de tijd om te drogen voordat je met de tweede begint.
13. De eerste laag is gemiddeld na twee minuten overlakbaar. Breng de tweede laag op dezelfde manier aan.

14. Corrigeer eventuele fouten met een wat steviger, in remover gedoopt penseel (een eyelinerpenseel is hiervoor bijvoorbeeld geschikt).
15. Breng tot slot op beide handen een topcoatlaag aan en laat je nagels nu helemaal drogen (een proces dat je kunt versnellen met een nageldroger of *dry drops*).

De deskundige

Michelle Lee is de hoofdredactrice van *Allure*, het eerste en enige exclusief aan make-up gewijde tijdschrift. In 2017 werd *Allure* door *Adweek* uitgeroepen tot 'tijdschrift van het jaar' en Michelle tot 'redacteur van het jaar'. Michelle is een enorme fan van nagelkunst, en plaatst haar tutorials en schitterende creaties onder de hashtag #michelleleenails op Instagram.

De toelichting

Je hoeft jezelf geen volledige manicure te geven voordat je je nagels gaat lakken, maar verwijder op zijn minst alle oude nagellak en was je handen. (Als je maandelijks naar de manicure gaat voor professionele nagelverzorging is het makkelijker om tussentijds je nagels zelf te lakken.) Gebruik geen handcrème voordat je gaat lakken; om de nagellak goed te laten hechten heb je schone, droge nagels nodig. Tijdens het handenwassen kun je met je duimnagel de nagelriemen van je andere hand zo nodig terugschuiven – verwijder eventuele velletjes met een nageltangetje of nagelriemschaartje. Lak je nagels bij voorkeur 's ochtends. Het duurt enkele uren voor de lak helemaal droog is en over het algemeen zul je 's avonds wat minder voorzichtig met je nagels zijn (en in bed kruipen met nog niet volledig droge nagels is funest voor de lak). Michelle lakt haar niet-voorkeurshand altijd het eerst omdat het resultaat haar het vertrouwen geeft om de andere hand net zo mooi te maken. Een truc die je kunt gebruiken voor het lakken van je voorkeurshand is om je niet-voorkeurshand met het kwastje boven de te lakken nagel stil te houden en je voorkeurshand onder het kwastje door te trekken (in plaats van de hand met het kwastje te bewegen, een hand waarover je minder controle hebt en die dus eerder zal trillen). Breng dunne lagen aan – een te dikke laag droogt niet goed en gaat er lelijk uitzien (een goed vloeibare nagellak droogt snel, oudere nagellak wordt vaak wat dikker en droogt langzamer op).

Pro-tip: de beste manier om goedverzorgde nagels langer mooi te houden is om ze niet als gereedschap te gebruiken. Gebruik ze niet om een sticker los te peuteren of om een blikje drinken open te wippen en ga er al helemaal niet mee onder in je tas zitten graven zonder met de uiterste zorgvuldigheid te werk te gaan. Breng een paar dagen nadat je je nagels hebt gelakt een nieuwe topcoat aan en verzorg je handen elke dag met een vochtinbrengende crème.

PLAN JE LICHAAMSBEWEGING (ZODAT JE HET OOK DAADWERKELIJK GAAT DOEN)

'De lichaamsbeweging waar je het best voor kunt kiezen, is de lichaamsbeweging die je blijft volhouden.'
– Liz Plosser

1. Zeg: 'Ik ga sporten,' in plaats van: 'Ik moet sporten.' (Met andere woorden: geef een positieve draai aan hoe je over lichaamsbeweging praat en denkt.)
2. Maak er iets onvoorwaardelijks van. Zeg niet: 'Als het lukt ga ik morgen naar de sportschool,' of: 'Ik ga proberen morgen hard te lopen.' Zeg tegen jezelf dat je het doet, plan er tijd voor in en ga het doen.
3. Leg je sportkleren de avond van tevoren vast klaar (of doe

ze in je sporttas en leg die bij de voordeur).

4. Kijk naar de weersvoorspelling en stem je plannen daarop af. Dat is natuurlijk in de eerste plaats belangrijk voor sporten in de buitenlucht, maar ook als je ergens binnen sport is het goed om te weten wat je kunt verwachten.
5. Stel voor jezelf een duidelijk plan op. Vooral op van die dagen dat je jezelf er echt toe moet zetten, maak je het jezelf makkelijker door van tevoren precies uit te stippelen wat je gaat doen (zodat je niet uiteindelijk alleen maar wat doelloos rondhangt bij je sportschool).
6. Luister naar muziek om jezelf te stimuleren (of juist tot rust te komen). Zet een paar minuten voordat je begint je afspeellijst aan met stimulerende (dan wel rustgevende) muziek.
7. Eet een snack van 100 tot 300 calorieën (een combinatie van koolhydraten en eiwitten werkt goed en daarom zijn energierepen zo handig). Dit is voor iedereen anders en bovendien afhankelijk van het tijdstip waarop je sport, maar het is belangrijk om iets te verbranden te hebben. Probeer zelf uit wat voor jou het beste werkt.
8. Verspil geen tijd en energie aan het soort dingen waarvan je weet dat het niets voor jou is – enkel omdat je vrienden voor de halve marathon aan het trainen zijn of zeggen dat ze zich nog nooit zo goed hebben gevoeld als sinds ze zijn begonnen met .... [vul op de puntjes de laatste fitnessrage in], betekent dat nog niet dat het ook iets voor jou zou moeten zijn.
9. Volg alleen fitnessmensen op social media die jou stimuleren (en stop met het volgen van iedereen die jou alleen maar een rottig gevoel over jezelf bezorgt of aan wie je je eigenlijk vooral ergert). Het gaat om jouw tijd, jouw motivatie, jouw inspiratie – spring daar zorgvuldig mee om.

10. Houd jezelf voor dat je toekomstige zelf je dankbaar zal zijn dat je dit gedaan hebt. Want heb je ooit iemand horen zeggen: 'O man, had ik nu maar niet gesport.'?

De deskundige

Liz Plosser is de hoofdredactrice van *Women's Health*, hét toonaangevende tijdschrift rond gezondheid en wellness dat in negenentwintig verschillende edities in drieënvijftig landen verschijnt. Daarvoor was Liz hoofd communicatie en contentmanager bij SoulCycle. Ze heeft tien marathons en minstens honderd (dat lees je goed!) halve marathons uitgelopen, en een halve Ironman voltooid. Daarnaast is ze een gecertificeerd personal trainer.

De toelichting

Bedenk eens hoezeer je naar beweging snakt als je ziek of gewond (of in quarantaine...) thuiszit. Dat sporten een luxe is vergeet je maar al te makkelijk, vooral wanneer je om zes uur 's ochtends, in het pikkedonker, op zoek naar je legging je klerenkast staat door te spitten (Liz weet er alles van). Mindset is belangrijk – net als van tevoren klaargelegde kleren. Maar laat het niet volledig van je mindset afhangen, want er zijn van die dagen dat je mindset je tegenwerkt, en dan ligt je redding erin dat je je lichaamsbeweging onvoorwaardelijk maakt. Er zijn van die dagen waar je je doorheen moet worstelen en het helpt dan als je je aan een van tevoren bedacht trainingsplan kunt houden – je moet je motivatie dan wel uit je tenen halen, maar in ieder geval hoef je geen beslissingen meer te nemen: ga ik op het roeiapparaat? Ga ik een intervaltraining doen? Ga ik meedoen aan een spinningles? Er zijn talloos veel manieren om dit soort dingen vast te leggen (door je op te geven voor de spinningles, of door je schema door een trainer op Instagram of door een fitness-app te laten bepalen). Een andere manier om het jezelf makkelijker te maken is om de kleren te kiezen die voor jou het beste werken. Een nieuw sporttenue is leuk, maar het zijn uiteindelijk altijd dezelfde legging, sneakers en top waar je je het fijnst in voelt. Als je eenmaal weet welke dat zijn, koop die de volgende keer dan gewoon weer.

Pro-tip: stuur jezelf eropuit om te sporten, zoals een moeder een peuter de dag in stuurt: zorg dat je een snack en water hebt, dat je warm genoeg gekleed bent (maar ook weer niet te warm) en dat je bent geweest... Naar de wc dus. Als je tijd gaat investeren in sporten, dan kun je maar beter ook de kleine stapjes zetten die naar een geslaagde lichaamsbeweging leiden. En de kans dat je de volgende dag weer gaat sporten is veel groter als je het zo fijn mogelijk hebt gemaakt voor jezelf.

Bonus

Heb je geen tijd voor een 'echte work-out'? In tijdschriften hebben ze het er al jaren over en ze hebben gelijk: bouw in je dagelijkse doen en laten extra beweging in. Neem de trap, parkeer je auto wat verder weg van waar je moet zijn, loop een blokje om tijdens een telefonisch overleg, sta op van achter je bureau en loop naar je collega toe om verslag uit te brengen van wat er tijdens de vergadering is besproken. En op je smartphone is de wereld aan korte, snelle virtuele work-outs te vinden die geschikt zijn voor tussendoor, ook onder minder ideale omstandigheden.

REKKEN NA EEN WORK-OUT

'Een work-out zonder rekoefeningen tot besluit is als een zin zonder punt aan het eind.'
– Amanda Kloots

Houd elk van deze rekoefeningen een paar ademhalingen achter elkaar aan (maar neem waar nodig gerust langer de tijd; rekken werkt voor iedereen anders).

1. Ga plat op je rug liggen, met je benen recht voor je uitgestrekt, trek je rechterknie naar je borst en houd hem daar stevig omvat.
2. Strek je rechterbeen omhoog naar het plafond, plaats beide handen aan de achterzijde van je bovenbeen en trek het naar je borst toe tot je de rek in je hamstring voelt. (Je kunt ook een handdoek om de bal van je voet slaan en, door aan de uiteinden van de handdoek te trekken, je been omhoogtillen. Het is dan makkelijker om goed plat met je rug en hoofd op de grond te blijven liggen.)
3. Buig je linkerbeen met je voet plat op de grond en plaats je rechterenkel dwars op je linkerknie. Steek je rechterhand door de door je rechterbeen gevormde opening, sla je handen om je linkerknie ineen en trek je linkerbeen naar je toe voor het rekken van je bovenbeen- en bilspieren.
4. Plaats je beide voeten achter de billen plat op de grond en laat je rechterknie zijwaarts vallen, richting de vloer. Laat hem weer omhoogkomen en herhaal dit enkele keren om je heupen losser te maken.
5. Strek je linkerbeen recht uit, strek je armen wijduit – zodat ze samen met je been een T vormen –, buig je rechterbeen en plaats de voet links van je lichaam, draai je hoofd naar

rechts. (Dit is een yogatwist, die je helpt afvalstoffen uit je lichaam te 'wringen', door de druk die zo op je inwendige organen wordt uitgeoefend.)

6. Herhaal stap 1 tot en met 5 met je andere been.
7. Ga zitten en spreid de benen plat uit.
8. Strek je beide armen omhoog, buig voorover naar je rechtervoet en houd deze houding enkele tellen vast (hiermee rek je de buitenste schuine buikspieren op), buig vervolgens naar je linkervoet en tot slot recht voorover, voor het oprekken van de spieren aan de binnenkant van je bovenbenen.
9. Ga staan en leg je rechterhand op je linkerschouder, houd hem daar vast met je linkerhand. Draai met je hoofd naar rechts voor het rekken van de nek. Richt vervolgens je rechterelleboog omhoog naar het plafond door de palm van je rechterhand plat op je rug, net onder de nek, te plaatsen, voor het rekken van de triceps. Om extra rek te voelen kun je met je linkerhand de rechterelleboog nog wat naar achteren duwen.
10. Schud je armen los en herhaal deze oefeningen met je andere arm.
11. Strengel je vingers achter je rug in elkaar en duw je armen naar beneden terwijl je je kin omhoog richt (dit is een omgekeerde rekoefening en het voelt op elk moment van de dag prettig voor je lichaam).
12. Ga op de bal van je voeten staan en voel de rek in je wreven.
13. Buig voorover, laat je hoofd hangen en pak met beide handen je ellebogen beet. Wieg zo langzaam van links naar rechts. Laat je armen los en schud je hoofd zachtjes heen en weer en op en neer.
14. Rol langzaam, wervel voor wervel omhoog, alsof je je lichaam weer opstapelt – de knieën recht boven de enkels,

de heupen recht boven de knieën, de schouders recht boven de heupen. Pas als laatste breng je je hoofd omhoog.

15. Eindig met een krachtpose. Plaats je voeten breder uit elkaar en strek je armen wijduit omhoog, zodat je lichaam een X vormt. Open je borst richting het plafond en til je hoofd hoog op.

De deskundige

Amanda Kloots is een voormalige Broadway-danseres, een voormalige Radio City Rockette en is momenteel werkzaam als personal trainer van beroemdheden. Ze heeft de razendpopulaire AK! Rope-methode ontwikkeld, een snelle, effectieve *full body* work-out met alleen een springtouw.

De toelichting

Rekken en strekken helpt blessures te voorkomen, maar heeft ook een kalmerend effect op je lichaam. Haal diep adem om je hartslag tot rust te brengen en meer zuurstof naar je spieren te kunnen vervoeren, waarmee je verzuring tegengaat. Met andere woorden: sla het rekken na een work-out niet over! Het is echt belangrijk en langer dan 5 minuten hoeft het niet te duren, hoewel meer zeker geen kwaad kan (een reksessie zoals hier beschreven voordat je naar bed gaat, werkt enorm ontspannend en is bevorderlijk voor een goede nachtrust). Door te eindigen met je hoofd naar beneden laat je de spanning weer los die zich tijdens de work-out in je rug en nek heeft opgebouwd, wat je houding ten goede zal komen. De krachtpose is een stimulans om jezelf zo groot mogelijk te maken en voor elke kans open te staan. Bam!

Bonus

Als je ergens bent waar je niet op de grond kunt liggen, kun je je hamstrings rekken door met je voeten naast elkaar te gaan staan, je knieën te buigen en je handen plat op de vloer te plaatsen. Haal diep adem en probeer je knieën nu zo recht mogelijk te krijgen; adem uit en buig weer terug. Herhaal dit een paar keer. (Zo doen de Rockettes ook de hamstringrekoefening.) Ga weer rechtop staan, pak eerst de ene en daarna de andere enkel beet en buig je been tot je voet je billen raakt om je bilspieren te rekken. Ga vervolgens bij een muur staan, plaats een voor een één voet ertegenaan met het andere been achter je, waarbij je met je lichaam vooroverbuigt voor het rekken van de kuitspieren. Plaats voor een aangepaste twist je voeten wat verder uit elkaar en buig voorover om met je rechterhand je linkervoet aan te raken en met je linkerhand je rechtervoet.

NEE ZEGGEN (TEGEN IETS WAAR JE VOOR JE GEVOEL JA TEGEN MOET ZEGGEN, MAAR WAAR JE EIGENLIJK GEEN ZIN IN HEBT)

'De vraag is niet of je liever dit doet of niets, maar of je liever dit doet of een van de andere dingen waar je leven al mee gevuld is.'
– Laura Vanderkam

1. Bedenk dat tijd kostbaar is en dat eenmaal bestede tijd met geen mogelijkheid terug te krijgen is.
2. Vraag jezelf af: 'Zou ik dit morgen willen doen?' (Je in september aanmelden voor iets wat pas in april plaatsvindt, is niet zo moeilijk. Maar doe je toekomstige zelf een plezier en test jezelf op deze manier.)
3. Stel je antwoord niet uit – houd mensen niet in onzekerheid als jij al weet dat je nee gaat zeggen.
4. In plaats van te zeggen dat je geen tijd hebt, kun je het ook anders formuleren, zoals: 'Wat fijn dat jullie aan me

gedacht hebben. Ik moet helaas nee zeggen, maar ik wens jullie veel succes met X.' (Als het geen prioriteit verdient, omdat iets anders waar je al mee bezig bent een prioriteit is, kun je daar eerlijk over zijn en hoef je nergens mee te zitten.)

5. Bekijk je nee van de positieve kant om je niet schuldig te hoeven voelen: dit is belangrijk en verdient iemands onverdeelde energie en aandacht, en je moet wel nee zeggen omdat je XYZ al aan je hoofd hebt en je het belang van datgene waarvoor je gevraagd bent (een bijeenkomst, een rol, een weekendje weg) zou schaden door ja te zeggen.

De deskundige

Laura Vanderkam is deskundige op het gebied van een efficiënt gebruik van tijd, en de auteur van *Off the Clock: Feel Less Busy While Getting More Done, What the Most Successful People Do Before Breakfast* en *168 Hours: You Have More Time Than You Think*. Haar TED Talk over zeggenschap over je vrije tijd, 'How to Gain Control of Your Free Time', is meer dan 8 miljoen keer bekeken.

De toelichting

Je bewust zijn van de waarde van tijd helpt je te beseffen dat nu nee zeggen tegen iets, je in staat stelt later ja te zeggen tegen iets anders. Je wilt er zeker van zijn dat je nee zegt tegen de dingen die je eigenlijk niet wilt doen, tegen de dingen die niet echt stroken met wat jouw doelen zijn, of tegen activiteiten waar jij of de mensen die voor jou belangrijk zijn, geen plezier in hebben of het nut niet van inzien. Ruim tijd en energie in om ja te kunnen zeggen tegen wat voor jou belangrijk is, zinvol, spannend, uitdagend en misschien beangstigend, omdat je over je grenzen heen zult moeten reiken, maar wat daardoor juist ook verrijkend kan zijn. We houden vaak maar weinig rekening met ons toekomstige zelf, dat we maar al te makkelijk als iemand anders beschouwen dan ons huidige zelf. We denken ofwel: o, dat toekomstige zelf van mij gaat zo ongelooflijk productief zijn dat dat helemaal geen probleem zal zijn om dit erbij te doen. Of: o, dat is niet mijn probleem. Daar ziet mijn toekomstige zelf zich maar mee te redden.

'Zou ik hier ja tegen zeggen als het morgen was?' is een nuttige manier om over dingen na te denken, omdat je weet hoeveel energie je morgen zult hebben, wat je al op je bordje hebt liggen, wat je ervoor moet laten. Als je bereid bent om dingen te verplaatsen of te laten om ja te zeggen tegen iets waarvoor je bent gevraagd of uitgenodigd, als het morgen was, dan ben je dat voor datzelfde iets waarschijnlijk ook als het verder in de toekomst ligt. Als je daartoe niet bereid bent, moet je antwoord nee zijn. Wees daarin helder en laat geen ruimte open om er alsnog een ja van te maken. (Als je zegt: 'Ik moet nee zeggen omdat ik het dan te druk heb,' laat je voor de ander ruimte open om de boel te verschuiven naar een moment waarop je wel tijd hebt.)

Bonus

Als datgene waar je voor je gevoel ja tegen moet zeggen iets is waar mensen bij betrokken zijn met wie je graag omgaat, bedenk dan dit: over het algemeen zijn de mensen met wie je graag omgaat je tijd waard (en laten we wel wezen: het is niet altijd vanzelfsprekend dat je naar believen samen tijd kunt doorbrengen). Ja, je moet er moeite voor doen om naar anderen toe te gaan, maar terugkijkend zul je vast en zeker veel blijer zijn wanneer je samen met je vrienden uit eten bent geweest dan wanneer je de avond had doorgebracht met het scrollen door Instagram, kijkend naar hoe andere mensen samen eten. Je wilt het soort plezier hebben in je leven waar je ook moeite voor hebt gedaan, niet alleen maar het soort dat je komt aanwaaien. Vraag jezelf: 'Zal mijn toekomstige zelf blij zijn dat ik dit heb gedaan?' Soms kan dat je net het zetje geven dat je nodig hebt om dingen te doen waar je plezier aan beleeft, maar waarvoor je wel even ergens overheen moet stappen (zoals de deur uitgaan wanneer het regent of misschien alleen al een broek aantrekken).

12

Je persoonlijke ontwikkeling

ZELFVERZEKERD EEN RUIMTE BINNENLOPEN

1. Bedenk iets om te zeggen als binnenkomer.
2. Kijk in een spiegel (of het camerabeeld van je telefoon) en fatsoeneer jezelf zo nodig.
3. Haal diep adem.
4. Voel de adrenaline door je lichaam stromen en gebruik die om jezelf op te peppen.
5. Zeg hardop tegen jezelf: 'Ik kan dit.' Een beetje gênant misschien, maar... je kunt het.
6. Ga rechtop staan, tover een glimlach op je gezicht en doe het.

De deskundige

Lydia Fenet is de meest vooraanstaande goededoelenveilingmeester van Amerika, managing director bij Christie's en de auteur van *The Most Powerful Woman in the Room Is You*.

De toelichting

Het helpt tegen de zenuwen als je precies weet wat je bij je binnenkomst gaat zeggen – al is het maar iets eenvoudig als: 'Werden jullie ook zo overvallen door de regen?' – omdat je daarmee het heft in eigen handen neemt (en niet bang hoeft te zijn voor ongemakkelijke stiltes). En de zekerheid dat er niets tussen je tanden zit, voorkomt dat je je daar druk over loopt te maken terwijl je naar binnen loopt. Een keer diep ademhalen dwingt je tot een moment rust, een moment waarop je het ijswater dat je door je aderen voelt stromen kunt omzetten in de energie die je nodig hebt voor waar je naar op weg bent – al is het maar een regulier werkoverleg. Praat jezelf niet de grond in, maar geef jezelf juist een peptalk en neem een krachtige houding aan voordat je naar binnen stapt. En onthoud dat het zelfvertrouwen dat je uitstraalt, je zelfvertrouwen voedt.

NEEM MINDFULLE BESLISSINGEN

'Mindfulness is een concept dat tegenwoordig overal rondzingt, maar in feite betekent het niets meer of minder dan je bewust zijn van wat je doet. Mindfulness verandert je manier van kijken, horen, voelen, ruiken en proeven. Het is van invloed op je omgang met andere mensen. Het is van invloed op je gemoed en je productiviteit – en het enige wat je hoeft te doen is je ervoor openstellen.'
– Nicole Lapin

1. Gun jezelf een moment van rust voordat je een beslissing neemt (of wanneer je voelt dat je te druk bent in je hoofd).
2. Concentreer je op je ademhaling. Kijk op pagina 273 hoe je je ademhaling kunt gebruiken om rustiger te worden.
3. Spreek je zintuigen aan met de 5-4-3-2-1-methode: benoem vijf dingen die je ziet, vier dingen die je aanraakt, drie dingen die je hoort, twee dingen die je ruikt en één ding dat je proeft.
4. Sta op en loop wat rond als je nog wat meer tijd nodig hebt om je te herpakken.

5. Zet de situatie op een rijtje. Wat is er daadwerkelijk aan de hand – niet in je hoofd maar in de werkelijkheid?
6. Benoem je emoties. (Jezelf dwingen om exact onder woorden te brengen wat je voelt, helpt je je emoties onder controle te krijgen.)
7. Wanneer je de situatie en je emoties in beeld hebt, bepaal je wat je het beste kunt doen.
8. Handel daarnaar.

De deskundige

Nicole Lapin is de auteur van *Becoming Super Woman: A Simple 12-Step Plan to Go from Burnout to Balance.* Ze was het jongste boegbeeld ooit bij CNN, en daarna bij CNBC, waar ze de vroegeochtendshow presenteerde, terwijl ze daarnaast het financiële nieuws verzorgde voor MSNBC en *Today*. Andere boeken van haar hand zijn *Rich Bitch* en *Boss Bitch.*

De toelichting

De meeste mensen vergeten om mindful te zijn zodra ze uit bed stappen en vooral wanneer ze in de werkmodus gaan. Mindfulnesstechnieken (zoals de 5-4-3-2-1-methode) helpen je om even gas terug te nemen en bewuster bezig te zijn, zonder je voortdurend te laten afleiden (wat ook helpt is je telefoon wegleggen – kijk voor tips over 'uitpluggen' op pagina 307). Maar de kern is om pas op de plaats te maken, om de zaken op een rijtje te zetten om de juiste volgende stap te zetten. Wanneer je je bewuster bent, kun je weloverwogen keuzes maken die in overeenstemming zijn met wat jij belangrijk vindt. Pas op de plaats maken is moeilijker dan het klinkt, en het vergt oefening. Elke beslissing die we nemen bestaat uit talloze kleinere minibeslissingen die, of ze nu beredeneerd of op gevoel worden genomen, onze onverdeelde aandacht verdienen. Onderzoek heeft aangetoond dat 50 tot 100 milliseconden 'pas op de plaats' al helpt om afleiding buiten te sluiten en je beter te kunnen concentreren op de informatie die voor je beslissing van belang is. Soms maakt het niet uit wat je beslist (soep of salade?) en dan maakt die pas op de plaats dus ook niet uit. Maar hoe belangrijker de beslissing, hoe belangrijker die pas op de plaats – en je onverdeelde aandacht. Leer eerst je bewust te zijn, daaruit volgt vanzelf het handelen.

Pro-tip: wanneer je je hongerig, boos, alleen of moe voelt, ben je vaak minder goed in staat tot het nemen van de juiste beslissing. Laat deze negatieve stressfactoren je niet tot de foute keuze verleiden, maar stel het nemen van een beslissing uit.

Uit een aan Harvard University uitgevoerd onderzoek is gebleken dat we maar 47 procent van de tijd aandachtig bezig zijn met wat we doen. Dat betekent dat we meer dan de helft van de tijd onze aandacht er niet bij hebben. Hoe mindful ben jij? Beantwoord de volgende vragen:

Dwalen je gedachten makkelijk af tijdens een gesprek dat langer dan 10 seconden duurt?
Ben je tijdens een gesprek meer bezig met nadenken over wat jij zo meteen gaat zeggen dan met luisteren naar wat de ander nu aan het zeggen is?
Kijk je op je telefoon tijdens een gesprek, gebruik je hem tijdens vergaderingen en heb je hem op tafel liggen tijdens het eten?
Gebeurt het vaak dat je van de ene naar de andere plek gaat zonder dat je iets meekrijgt van de weg die je zojuist hebt afgelegd?
Vind je het moeilijk om iets eerst helemaal af te maken voordat je met iets nieuws begint?

Neem je vaak impulsieve beslissingen of zeg je vaak dingen zonder erover na te denken?
Word je soms zo verlamd door een wirwar van gedachten of gevoelens dat je je niet in staat voelt een beslissing te nemen of een mening te vormen?

Hoe meer vragen je met ja hebt beantwoord, hoe moeilijker het voor je is om met je aandacht bij het moment te zijn. Maar mindfulness is een vaardigheid – en door te oefenen kun je en zul je er beter in worden.

STEL JEZELF DOELEN

'Ik ben er vast van overtuigd dat je er eerst achter moet komen wat je doelen in het leven zijn om vervolgens de weg daarnaartoe uit te kunnen stippelen.'
– Nicole Lapin

1. Definieer wat jouw 'alles' is (en houd daarbij vooral in gedachten dat dat er voor iedereen anders zal uitzien) en realiseer je dat 'alles hebben' en 'alles doen' verschillende dingen zijn.
2. Schrijf op wat je financiële doelen zijn. (Je hebt waarschijnlijk wel een algemeen beeld voor ogen van hoe je hoopt dat je carrière en je inkomen zich zullen ontwikkelen, maar heb je ook een specifiek beeld? Om te weten waar je staat en waar je naar toewerkt, is een heldere maatstaf wel handig.
3. Wat zijn je doelen met betrekking tot gezinssamenstelling? Het doet er niet toe of je het liefst tien kinderen wilt of

tien katten, het punt is dat je voor jezelf vaststelt wat 'alles hebben' voor jou inhoudt.

4. Bedenk plezierdoelen (reizen die je wilt maken, activiteiten die je wilt uitproberen, misschien een huisje aan het strand dat je ooit wilt kopen – ja, deze doelen zijn net zo goed belangrijk).
5. Stel doelen op om te werken aan je conditie. (Dat betekent niet: buikspieren willen hebben 'als een wasbord', maar nadenken over wat jij wilt dat je met je lichaam kunt. Een marathon lopen? Sporten met je kinderen? Vijf zware boodschappentassen naar de vierde verdieping kunnen dragen zonder buiten adem te raken? En vergeet niet ook te bouwen aan de conditie van je geest en ziel.)
6. Deel bij elk van de vier bovengenoemde categorieën je doelen in naar de tijd die je jezelf ervoor geeft om ze te bereiken:
   - een jaar
   - drie jaar
   - vijf jaar
   - zeven jaar
   - tien jaar
7. Vergelijk je carrièredoelen met wat je op de andere gebieden van je leven hoopt te bereiken (oftewel: ga je genoeg geld verdienen om over tien jaar dat huisje aan het strand te kunnen bekostigen?).
8. Zorg ervoor dat de keuzes die je maakt met betrekking tot hoe je je tijd besteedt, je dichter bij je doelen brengen – bij elke keuze weer.
9. Stel je doelen zo vaak als nodig is bij; vergeet daarbij alleen niet om ook het plan aan te passen en het op het nieuwe doel af te stemmen.
10. Als je merkt dat je jaloers bent op iets wat anderen hebben, kijk dan eens op je doelenlijst. Staat het erop? Nee? Dan is

het niet hoe jouw 'alles' er op dit moment in je leven uitziet.

De deskundige

Nicole Lapin is de auteur van *Becoming Super Woman: A Simple 12-Step Plan to Go from Burnout to Balance*. Ze was het jongste boegbeeld ooit bij CNN, en daarna bij CNBC, waar ze de vroegeochtendshow presenteerde, terwijl ze daarnaast het financiële nieuws verzorgde voor MSNBC en *Today*. Andere boeken van haar hand zijn *Rich Bitch* en *Boss Bitch*.

De toelichting

Om je doel te kunnen bereiken, moet je weten waar je naar toewerkt, wat je doel is. Hoe krijg je het voor elkaar om 'alles te hebben'? Je bepaalt eerst wat jouw 'alles' is in de vier categorieën: financiën, gezin, plezier en conditie, om daarna een actieplan op te stellen om dat alles te bereiken. Jezelf doelen stellen met een verschillende einddatum is goed, omdat het best wel een overdonderende vraag kan zijn om te bedenken waar je over tien jaar precies wilt staan. Kortetermijndoelen maken het plannen van de toekomst minder overweldigend en een stuk hanteerbaarder. En vergeet niet ook doelen te formuleren met betrekking tot de conditie van je geest en ziel. Realistisch gezien zal het geld dat je met je carrière verdient voldoende moeten zijn om je andere doelen te bekostigen; houd daar rekening mee met het uitwerken van wat je allemaal wilt. Bij het bepalen van de hoogte van het inkomen dat je nastreeft, gaat het om meer dan alleen de cijfers, het gaat erom wat je met dat geld kunt doen. Plezier hebben kan duur en tijdrovend zijn (net als het hebben van kinderen), dus bedenk bij stap 1 goed hoe jij wilt dat je leven eruitziet. Wil je elk kwartaal op vakantie? Elke maand met je vriendinnen een weekendje weg? Elke week uitgaan? Dat moet je eerst bepalen, pas dan kun je gaan uitrekenen wat voor inkomen je voor een dergelijk leven nodig hebt.

Leuk om te weten: bij een groot onderzoek naar het stellen van doelen bleek dat slechts 3 procent van de mensen duidelijke doelen voor ogen heeft en deze ook echt voor zichzelf opschrijft. En dat die 3 procent gemiddeld tien keer zoveel geld verdiende als de overige 97 procent van de mensen. (Neem me niet kwalijk, maar voor ik verderga, schrijf ik eerst mijn doelen op.)

STOP MET PIEKEREN OVER WAT ER WEL OF NIET KAN GEBEUREN

1. Stel je het ergste voor wat er kan gebeuren.
2. Daal in gedachten even kort af tot op de bodem van de diepste put. Hoe zou het zijn als het ergste wat je je kunt voorstellen echt zou gebeuren?
3. Bedenk een actieplan voor elke potentiële ramp die je je hebt voorgesteld – wat zou je daadwerkelijk doen als je, om eens wat te zeggen, werd ontslagen, je partner jullie relatie verbrak, je kanker had? Denk daar echt over na. Spreek erover met een vriend(in) of dierbare als je dat wilt.
4. Leg je plan van aanpak vast op papier of in gedachten. (Stel je wordt ontslagen, dan doe je X, Y, Z.)
5. Berg het op – in een laatje van je geest of in een oude schoenendoos onder in je kast.
6. De volgende keer dat het 'wat als'-gevoel je bekruipt (want dat gebeurt), herinner je jezelf eraan dat je al een plan van aanpak klaar hebt liggen en je dus niet hoeft te gaan zitten piekeren.

De deskundige
Ethan Zohn is een gastspreker, is twee keer genezen van kanker, is de winnaar van het CBS-programma *Survivor: Africa* en is een oud-beroepsvoetballer. Ethan en zijn vrouw Lisa gebruikten deze techniek in zijn strijd tegen kanker én in de competitiestrijd van *Survivor: Winners at War* 2020. Het was Lisa die Ethan de techniek leerde (dank je wel, Lisa!).

De toelichting
We zijn allemaal wel bekend met 'wat als'-scenario's, piekergedachten die we niet kunnen negeren en ook niet moeten willen negeren. In plaats van onszelf te verbieden dat soort gedachten te koesteren, kunnen we ze beter tot het eind toe doordenken. Helemaal tot op de bodem. (Maar – en dat is belangrijk – je moet daar niet te lang blijven zitten: hijs jezelf weer overeind, haal een paar keer diep adem en klap hard in je handen of wat er maar voor nodig is om jezelf uit je hoofd te halen.) Het belangrijkste is je plan van aanpak: wat je kunt doen om verder te kunnen. En laat het dan los. Als jij weet – en als je brein weet – dat je een actieplan hebt voor het geval dat, dan kun je stoppen met piekeren over of iets wel of niet kan gebeuren.

Bonus
Als de 'wat-alsen' de overhand dreigen te nemen, doe dan een elastiekje om je pols. Elke keer dat een doemgedachte je besluipt, trek je aan het elastiekje om niet in de negatieve spiraal te worden meegezogen. Vis een blije herinnering op uit je geheugen, iets waardoor je je goed gaat voelen, het maakt niet uit wat – dat je de 10 kilometer hebt uitgelopen, dat je een kind hebt gekregen, dat je je diploma hebt behaald. Vervang de doemgedachte door de blije herinnering en gun het jezelf om door de positieve gevoelens van dat moment te worden over-

spoeld. Dit vergt oefening, maar op een gegeven moment ben je in staat die sprong tussen de doemgedachte en de blije herinnering in slechts enkele milliseconden te maken. Je hebt je brein dan getraind zich niet aan doemdenken over te geven.

JE UITGAVEN OP EEN RIJTJE

'Als je geen medicus bent, verwacht je niet van jezelf dat je weet hoe je een gebroken been moet zetten. Als je geen financieel adviseur bent, waarom verwacht je dan wel van jezelf dat je weet hoe je met geld om moet gaan? Ook daar heb je hulp bij nodig.'
– Tiffany Aliche, de 'Budgetnista'

1. Maak een lijst met dingen waar je per maand je geld aan uitgeeft, van je vaste lasten tot de kapper en de caffè latte met havermelk. Sla niets over.
2. Noteer naast alles wat je hebt opgeschreven hoeveel geld je hier maandelijks aan uitgeeft (maak desnoods een schatting).
3. Deel of vermenigvuldig de kosten die je bijvoorbeeld jaarlijks of juist tweewekelijks hebt. Als je per kwartaal 90 euro voor je waterverbruik betaalt, schrijf je op je lijst 'water: 30 euro'; als je elke twee weken voor 40 euro je nagels laat doen, schrijf je op je lijst 'nagels: 80 euro'.
4. Tel al je maandelijkse uitgaven bij elkaar op en bereid je voor op een schok: dit kan niet waar zijn? Ik moet een rekenfout hebben gemaakt!
5. Schrijf op wat je maandelijkse inkomsten zijn. Niet wat je bruto verdient, maar het bedrag dat er op je bankrekening wordt gestort.
6. Trek je maandelijkse uitgaven af van je maandelijkse inkomsten (stap 5 min stap 4).

7. Pak er een recent bankafschrift bij en kijk eens goed waar je je geld zoal aan uitgeeft. Herken je jezelf daarin als degene die je wilt zijn?

De deskundige

Tiffany Aliche, ook wel de 'Budgetnista' genoemd, is een financiële coach en de auteur van *The One Week Budget* en *Live Richer Challenge*. In 2019 heeft ze het ontwerp geschreven voor de 'Budgetnista Law', een wet die mede dankzij haar is aangenomen en die budgetbeheer heeft verheven tot een verplicht vak op middelbare scholen in New Jersey.

De toelichting

Als je naar de dokter gaat omdat je je niet lekker voelt, krijg je geen medicijnen voor je hart mee naar huis, maar word je onderzocht: je krijgt een check-up. Dat doe je hier ook. De periode van een maand geeft je het duidelijkste beeld van uitgaven versus inkomsten. Door je uitgaven eerst in woorden (stap 1) en daarna pas in bedragen (stap 2) te noteren, loop je minder kans iets te vergeten – dingen als uit eten gaan, een bezoek aan de nagelstudio of tanken – omdat we geneigd zijn dergelijke kosten weg te wuiven. Heb je geen idee waar je je geld aan uitgeeft? Kijk maar eens op je bankafschriften. Wat is de uitkomst van je aftreksom? Is die negatief of positief? Geen paniek – dit is maar een eerste balans. De meeste mensen komen op een negatief bedrag uit. Of op een klein positief bedrag, maar hebben geen idee waar al hun geld dan is gebleven (dikke kans dat het is opgegaan aan allerlei onzindingen die je vergeten bent op te schrijven). Als je jezelf bij stap 7 niet herkent, is het wellicht tijd om wat dingen te veranderen – en een maandbudget te gaan gebruiken. Kijk op pagina 121 voor tips over hoe je minder kunt uitgeven.

DE JUISTE ENGELSE WOORDEN GEBRUIKEN (ENKELE VALKUILEN OM TE VERMIJDEN)

1. Ken het verschil tussen ***you're*** en ***your***: *your* is de bezitsvorm van *you*, *you're* is een samentrekking van *you are*. Als je niet zeker weet welke van de twee je moet gebruiken, vul dan 'you are' in op de betreffende plek in de zin. Bijvoorbeeld: 'You are really smart' betekent hetzelfde als 'You're really smart'; 'You are gold star' betekent echter niet hetzelfde als 'Your gold star'. Dat zijn twee totaal verschillende betekenissen.
2. Tussen ***their***, ***they're*** en ***there***: *their* is de bezitsvorm van *they*, *they're* is een samentrekking van *they are*. *There* is een aanduiding van plaats en betekent 'daar' of is een bijwoord (in de betekenis van 'er') en wordt dan gebruikt als inleiding tot een verderop in de zin genoemd zinsdeel of woord: 'There is an important lesson on this page.' Drie totaal verschillende woorden dus! Als je *they're* gebruikt moet je het kunnen vervangen door 'they are': 'They are arriving at noon' klopt, maar 'My parents are bringing they are dog' en 'Put Bodie's pet food over they are' kloppen beide niet.
3. Tussen ***passed*** en ***past***: *passed* is de verleden tijd van het werkwoord *to pass*, *past* is een zelfstandig naamwoord dat verwijst naar een tijd die voorbij is: 'In the past, my car was so slow that scooters passed me.'
4. Tussen ***further*** en ***farther***: in Amerikaans Engels wordt *farther* gebruikt voor het aanduiden van fysieke afstand (een handig ezelsbruggetje is dat in *farther* het woord *far* zit) en *further* voor figuurlijke afstand (bijvoorbeeld: 'Don't bother me further.'). In het Brits Engels bestaat dit betekenisverschil niet en worden *further* en *farther* door elkaar gebruikt.
5. Tussen ***affect*** en ***effect***: er zijn uitzonderingen, maar over het algemeen kun je ervan uitgaan dat *affect* een werkwoord

is en *effect* een zelfstandig naamwoord: 'The sound effects affected the ravens in the park.' Een truc om de meest voorkomende rol van deze twee woorden te onthouden is aan de hand van het woorden RAVEN, waarbij de letters A, V, en E, N respectievelijk staan voor *affect*, *verb* (werkwoord) en *effect*, *noun* (zelfstandig naamwoord).

6. Tussen ***then*** en ***than***: *then* is een bijwoord van tijd, *than* wordt gebruikt in een vergelijking: 'Squiggly realized he had less ice cream than Aardvark. Then he threw a fit.'
7. En tussen ***lay*** en ***lie***: in de betekenis van 'leggen en liggen' – waarvan het onderscheid ook in het Nederlands lastig kan zijn – is het belangrijkste verschil dat *lay* een lijdend voorwerp nodig heeft en *lie* niet. 'You lie on the sofa' (geen lijdend voorwerp), maar 'You lay the book on the table' ('the book' is het lijdend voorwerp). Wat het extra lastig maakt is dat *lay* ook nog de verleden tijd van *lie* is (je moet dus goed opletten in welke grammaticale tijd de zin staat) en dat *lie* op zijn beurt ook nog 'liegen' kan betekenen!

De deskundige

Mignon Fogarty, ook wel 'Grammar Girl' genoemd, is de oprichtster van het Quick and Dirty Tips-netwerk (en de bedenkster van de gelijknamige podcast) en de auteur van zeven boeken over taal, waaronder de *New York Times*-bestseller *Grammar Girl's Quick and Dirty Tips for Better Writing*. Ze is in de Podcasting Hall of Fame geïntroduceerd en ze is de vijfvoudige winnares van de Best Education Podcast bij de Podcast Awards.

De toelichting

Ook in Nederland wordt een goede beheersing van de Engelse taal steeds belangrijker. Het Engels kent echter de nodige woorden die je maar al te makkelijk door elkaar haalt. Dat geldt niet alleen voor Nederlanders, maar ook voor Engelssprekenden en -schrijvenden zelf. De hier aangehaalde valkuilen zijn enkele van de meest beruchte, maar zeker niet de enige. Eentje nog: ***to*** en ***too.*** *To* wordt in het Engels gebruikt voor het hele werkwoord ('To be or not to be') maar is ook een voorzetsel dat richting aangeeft en onder andere vertaald kan worden met 'naar', 'tegen', 'tot' en 'aan'; *too* is een bijwoord, veelal met de betekenis 'te' of 'ook'.

Bonus

Waar je op moet letten voor een juist gebruik van ***me***, ***myself*** en ***I***: *I* en *me* zijn allebei voornaamwoorden die verwijzen naar jezelf. Je gebruikt *me* als het voornaamwoord het lijdende voorwerp is van de zin of in combinatie met een voorzetsel: 'Send the email to Jose and me.' Je gebruikt *I* als het voornaamwoord het onderwerp is van de zin: 'Jose and I are looking forward to reading your email.' Om te controleren of je de juiste vorm hebt gebruikt, kun je de andere persoon uit het rijtje weglaten, dan is het makkelijker om te horen of te zien of de zin correct is of niet. 'Send the email to me' klopt; 'Send the email to I' is fout. Maar of je nu *me* of *I* moet gebruiken, bij een opsomming van meerdere personen noem je jezelf altijd het laatst. Dat is niet zozeer een grammaticale regel, maar meer een vorm van beleefdheid. Tot slot gebruik je *myself* alleen nadat je al eerder in de zin naar jezelf hebt verwezen (bijvoorbeeld: 'I baked the cake myself') of om nadrukkelijk naar jezelf te verwijzen ('I myself witnessed the murder').

EERST KALMEREN, DAN REAGEREN

1. Denk aan waar je je druk over maakt.
2. Sluit nu je ogen en adem langzaam in terwijl je tot vier telt en je je ademhaling visualiseert.

3. Blijf je adem met je geestesoog volgen tot in je buik en houd je adem daar vier tellen vast.
4. Laat je adem, terwijl je tot vier telt, vanuit je buik weer omhoog stromen.
5. Houd je uitademing vier tellen vast.
6. Open je ogen en adem weer gewoon.
7. Vraag jezelf of je tijdens deze ademhalingsoefening aan datgene hebt gedacht waar je je zo druk over maakte. Aha!
8. Herhaal deze oefening zo nodig.

De deskundige

davidji is een internationaal erkend meditatieleraar en deskundige op het gebied van stressmanagement. Hij is de auteur van *Zonder stress: over rust en ontspanning* (hij heeft zijn 16 seconden-methode aan onder andere mariniers geleerd en hij noemt het 'tactisch ademhalen').

De toelichting

Het idee achter deze ademhalingsoefening is dat je je gedachtepatroon doorbreekt en je brein reset. Door diep adem te halen en je adem tot in je buik te volgen en weer langzaam omhoog te voelen komen, creëer je de ruimte in je hoofd die je nodig hebt. Je kunt niet denken aan dat waarover je je druk maakt, omdat je je concentreert op je ademhaling (of je hebt het – zoals ik – te druk met je best doen niet flauw te vallen). Tuurlijk, er bestaat een kans dat je na die 16 seconden meteen weer in je oude gedachtepatroon vervalt, maar de kans is groter dat je reactie anders zal zijn, enkel en alleen omdat je je gedachten even hebt losgelaten. Probeer deze techniek voordat je antwoord geeft op een frustrerend berichtje of wanneer je al ruim een halfuur aan de telefoon hangt, wachtend tot je eindelijk aan de beurt bent bij de klantenservice. Je kunt het zelfs doen terwijl je in de file staat of met de hele familie samen aan tafel zit – als je dan maar wel je ogen openhoudt. Oefen het, zodat het een middel wordt waarop je in elke situatie kunt terugvallen. (En als je de oefening vier keer achter elkaar doet, ben je aan het mediteren!)

Bonus

Het is altijd beter om te denken (of in dit geval te ademen) voordat je doet. Zoals Albert Einstein zei: 'Energie kan niet worden gemaakt of vernietigd, het kan slechts van vorm veranderen.' Dat betekent dat als je reageert op iemand en iets zegt wat je niet had moeten zeggen of waardoor de ander zich rot voelt, je dat niet meer kunt terugnemen. En die negatieve energie golft verder en is zo van invloed op jouw dag en op die van de ander. Probeer voordat je in interactie gaat met anderen na te denken over het soort energie dat jij achter wilt laten: positieve of negatieve energie? davidji spreekt van *ojas* ('zoete nectar') en *ama* ('giftige drab'). Zoete nectar voor mij, graag!

JEZELF DOOR EEN ZWARE PERIODE HEEN HELPEN

'Vergeet niet dat je elke afschuwelijke dag, elke moeilijkheid, elke vreselijke toestand en alle liefdespijn die je ooit hebt gevoeld hebt overleefd. Je hebt gedaan wat nodig was om hier en nu te zijn, en hoe je je er ook onder voelt om hier en nu te zijn, dat je hier en nu bent is een prestatie waar je trots op mag zijn.'
– Emily McDowell

1. Stel jezelf voor als een rups die in een vlinder verandert – je zit vast in je cocon, je tast blind rond en stoot daarbij wat dingen om en botst tegen dingen aan, in een situatie die onbekend voor je is. Dat is allemaal nodig en dient een doel.

2. Houd jezelf voor dat falen niet bestaat, dat je alleen maar kunt leren. (Soms leren we wat we niet moeten doen, en ook dat is een belangrijke les.)
3. Richt je op de juiste dingen om je weer beter te voelen (zoals de natuur, spel, slaap, rust, voeding, verbinding, liefde, aanraking en beweging).
4. Weet dat het onmogelijk is om je beter te gaan voelen door jezelf te haten. Het werkt niet om te denken: als ik wreed genoeg tegen mezelf ben, doet het minder pijn als anderen later wreed tegen me zijn.
5. Probeer om niet harder tegen jezelf te zijn dan je tegen je beste vriend(in) zou zijn. Je zou het niet in je hoofd halen om een ander te bekritiseren zoals je jezelf wel door je innerlijke stem laat bekritiseren.
6. Kijk niet achterom om jezelf dingen kwalijk te nemen. Achteraf gezien is het makkelijk om te denken: wat bezielde me toen in hemelsnaam? Wat jou ook bezielde, toen leek het jou goed om te handelen zoals je deed.

De deskundige

Emily McDowell is de creatief directeur en oprichtster van wenskaartenbedrijf Emily McDowell & Friends, dat erop gericht is de menselijke conditie met humor en gevoel tegemoet te treden. Emily is schrijfster en illustratrice, en is de auteur van *There Is No Good Card for This: What to Say and Do When Life Is Scary, Awful, and Unfair to People You Love.*

De toelichting

Het draait hierbij om mindset – en om geduld hebben met jezelf. Wanneer je in een veranderproces zit, wanneer je in het duister tast, geen uitweg ziet, alles zinloos lijkt, kun je dat vergelijken met in een cocon zitten. Van binnenuit heb je geen zicht op je tijdlijn, en weet je niet wanneer het einde van de tunnel nabij is, omdat je je daarbinnen slechts door duister omringd voelt... totdat dat duister zich plotseling oplost. En het wordt nog mooier: je blijkt te kunnen vliegen. Je hebt het vast al vaker gehoord, maar daarom is het niet minder waar: wanneer de dingen niet gaan zoals je had gehoopt, onthoud dan dat wat nu een afschuwelijke tegenslag lijkt, soms uiteindelijk het beste blijkt te zijn dat je ooit had kunnen overkomen. Het kan ons veel over onszelf en/of anderen leren. Wanneer je verdrietig bent of je alleen voelt en je wilt daar iets aan doen, zoek dan de verbinding met je essentiële zelf. Richt je op de dingen die je van nature beter doen voelen.

Bonus

Wil je goede energie de wereld in sturen? Vertel iemand van wie je houdt dat je van hem houdt – en zeg waarom. Zeg niet alleen: 'Ik hou van je' – zeg wat je zo speciaal aan diegene vindt. Een ideale manier hiervoor is een berichtje sturen. En als je weet dat iemand een zware periode doormaakt, laat diegene dan merken dat je dat ook ziet en dat je vindt dat hij of zij het goed doet.

Pro-tip: wees aardig voor jezelf. 'Hoe ouder ik word, hoe meer ik ervan overtuigd raak dat aardig zijn voor onszelf onze belangrijkste taak is hier op aarde.' – Emily McDowell

NEEM JE IETS VOOR EN HOUD JE DAARAAN

'De juiste voornemens kunnen enorm bijdragen aan je geluk.'
– Gretchen Rubin

1. Vraag jezelf: 'Wat zou me gelukkiger maken?' Dat kan iets fijns zijn waarvan je meer wilt hebben (plezier met je vrienden, tijd voor je hobby), dat kan iets naars zijn waar-

van je minder wilt hebben (boos schreeuwen tegen je kinderen, spijt over wat je hebt gegeten) of het kan iets zijn wat verkeerd voelt en wat je wilt goedmaken.

2. Bedenk een concrete manier om je te helpen die verandering te bewerkstelligen. Denk aan iets specifieks en praktisch. Denk niet aan 'meer vreugde halen uit het leven' maar aan 'elke zondagavond een mooie klassieke film kijken'.
3. Bepaal voor jezelf of je meer een 'ja'- of meer een 'nee'-persoon bent als het op voornemens aankomt (met andere woorden: neem je je liever voor om iets te doen of iets te laten) en stem je voornemen daarop af (oftewel: X laten of Y doen).
4. Vraag jezelf: 'Begin ik klein genoeg? Of groot genoeg?' Als je te hoog inzet, struikel je misschien al voordat je goed en wel begonnen bent. Maar als je iemand bent die zijn belangstelling verliest of juist ontmoedigd raakt als het allemaal te langzaam gaat, is het belangrijk dat je wel direct hoog genoeg reikt.
5. Bedenk een plan om je te helpen je aan je voornemen te houden (als je gevoelig bent voor verplichtingen, kan het een oplossing zijn om je voornemen met iemand te delen, om aan diegene rekenschap te kunnen afleggen).

De deskundige

Gretchen Rubin is de auteur van *Het Happiness Project. Op zoek naar meer plezier en geluk in je leven* en *Steeds Beter. Verander je gewoonten, verander je leven* en van *Happier at Home*, *The Four Tendencies* en *Outer Order, Inner Calm*. Ze is de presentatrice van de bekroonde podcast *Happier with Gretchen Rubin*, waarin ze inzichten, strategieën en verhalen deelt om mensen te helpen zichzelf beter te begrijpen en een gelukkiger leven te leiden.

De toelichting

Het geheim van succes hierbij is jezelf kennen. Begin met te bedenken wat jouw leven de komende week, maand, jaren gelukkiger zou maken (hoe meer je leven in lijn is met je waarden, hoe gelukkiger je zult zijn; gewoonten helpen je om je leven en waarden in lijn te brengen en houden). Een van de meest voorkomende problemen is dat mensen te abstract zijn in hun voornemens. 'Van het nu genieten' is een niet echt meetbaar voornemen en daardoor moeilijk om je aan te houden. Neem jezelf liever specifieke en meetbare handelingen voor die je naar dat abstracte doel leiden, zoals 'elke ochtend buiten op de stoep mijn koffie opdrinken'. Als het gaat om het realiseren van blijvende veranderingen in je leven, zijn mensen grofweg in twee kampen te verdelen: sommigen moeten langzaam, stap voor consistente stap, naar een grote verandering toewerken (ik ga elke dag tussen de middag 10 minuten wandelen); anderen hebben de energie en uitdaging van een radicale verandering nodig om een nieuwe gewoonte te vormen (ik ga elke dag een uur eerder opstaan om vóór mijn werk naar de sportschool te gaan). De ene manier is niet beter dan de andere; het gaat erom dat je de manier kiest die het beste past bij jou en het doel dat je jezelf hebt gesteld. Om je ook echt aan je voornemen te houden is het essentieel dat je rekenschap aflegt. Richt in navolging van Gretchen samen met vrienden een 'betere gewoonten'-groep op of stel een schema op voor jezelf met doelen en evaluatiedata. Daarom is stap 2 zo belangrijk – als je voornemens te vaag zijn kun je nergens rekenschap van afleggen (een voornemen om 'gezonder te gaan eten' biedt minder houvast dan 'drie keer in de week een salade eten als lunch').

Bonus

Een nieuwe gewoonte nodig om je aan te kunnen houden? Probeer de 1 minuut-regel: doe standaard alle dingen die niet langer dan 1 minuut tijd kosten meteen in plaats van dat je ze uitstelt. Hang je jas op, lees een brief en berg of gooi hem weg, vul een formulier in, zet een bord in de afwasmachine, enzovoort. Omdat het dingen zijn die je snel kunt doen, is het niet moeilijk jezelf eraan te houden – maar de resultaten zijn opmerkelijk. Doordat al deze kleine taken zich niet opstapelen tot een zware last, betekent dat een hoop minder druk. Bovendien zal je huis er vermoedelijk netter en opgeruimder door uitzien en zal je productiviteit toenemen (doordat je zoveel dingen zo snel doet, houd je meer tijd over voor de grote dingen). Zoals Gretchen zegt: het is een ongelooflijk makkelijke, ongelooflijk effectieve manier om je gelukkiger te voelen – maar om resultaat te hebben moet je je er wel consequent aan houden.

Pro-tip: maak in plaats van een to-dolijst met dingen die je allemaal nog moet doen, een ta-dalijst met dingen die je allemaal al hebt gedaan. Productiviteit kan belangrijk zijn voor hoe gelukkig je bent. Of dat nu betekent dat je de was hebt gedaan of dat je een geweldige deal hebt gesloten, het gaat erom dat je voor jouw gevoel een stap hebt gezet, dat je op de goede weg bent, dat je ruimte voor je ziet. Een ta-dalijst geeft je een beeld van je dag waar je voldoening uit kunt halen. (Je had misschien het gevoel dat je weinig hebt gedaan die dag, maar kijk, dat heb je dan toch allemaal maar wel mooi gedaan). Ta-dalijsten werken ook goed om het jaar mee te besluiten, hoewel dat wel wat discipline vergt (pak je agenda erbij). Er zullen dagen of misschien zelfs weken zijn geweest waarop je voor je gevoel onproductief was, maar wanneer je dan op een heel jaar terugkijkt, zul je er versteld van staan hoeveel je uiteindelijk hebt gedaan.

13

Je interpersoonlijke ontwikkeling

NAMEN ONTHOUDEN

'Een van de belangrijkste zakelijke omgangs- en netwerkvaardigheden, en een vaardigheid die ieder mens eigenlijk wel van pas komt, is het vermogen namen te onthouden.'
– Jim Kwik

1. Geloof erin dat je namen kunt onthouden. De enige manier waarop we ons gedrag kunnen veranderen of onszelf nieuwe dingen kunnen aanleren is als we erin geloven dat het ons gaat lukken, omdat we met dit geloof in onszelf een signaal afgeven naar de hersenen om het te gaan uitvoeren.
2. Het duurt dertig tot zestig dagen voordat je jezelf een nieuwe gewoonte hebt eigen gemaakt. Oefen daarom zo vaak als je maar kunt in het onthouden van namen, elke keer dat je iemand ontmoet.
3. Herhaal iemands naam direct nadat diegene zich heeft voorgesteld. Zeg: 'Hallo, Ted.'
4. Knoop een gesprek aan en gebruik zo mogelijk iemands naam zo'n drie tot vier keer. Let wel op dat dit op een natuurlijke manier gebeurt, anders komt het heel raar over.

5. Vraag hoe iemand aan zijn naam komt. (Is het een naam die in de familie voorkomt? Heeft de naam een speciale betekenis voor de ouders van diegene?) Dit kan je helpen iemands naam bij een volgende ontmoeting uit je geheugen op te vissen. En mensen vinden het over het algemeen fijn om over zichzelf te praten.
6. De meeste mensen zijn beter in het onthouden van gezichten dan van namen. De truc is om het gezicht dat je je herinnert te koppelen aan een beeld dat samenhangt met diens naam, om de naam als het ware te visualiseren. Als iemand bijvoorbeeld Mieke heet, kun je haar voor je zien met een wollig lammetje aan haar zijde, als hint naar het liedje 'Mieke heeft een lammetje', zodat je je de volgende keer dat je Mieke treft, haar naam hopelijk direct herinnert.
7. Zorg ervoor dat je tot besluit van jullie eerste kennismaking of gesprek de naam van de ander nog een keer gebruikt: 'Tot ziens, Mieke, leuk je te hebben ontmoet.'

De deskundige

Jim Kwik is een geheugen- en snellezenexpert, een internationaal spreker en de CEO van Kwik Learning, een adviesbureau dat geheugentrainingen verzorgt om mensen en bedrijven te helpen meer te bereiken in minder tijd. Hij is de auteur van *Limitless: Upgrade Your Brain, Learn Anything Faster, and Unlock Your Exceptional Life.*

De toelichting

Namen onthouden is een vaardigheid die oefening vergt. Het goede nieuws is dat het minder oefening kost dan je misschien denkt. De reden om iemands naam te herhalen is tweeledig: het helpt je bij het onthouden en je weet zo tenminste zeker of je de naam goed hebt verstaan. Je wilt niet nadat je 20 minuten met Ted hebt staan praten tegen hem zeggen: 'Tot ziens, Ed.' Het is beter om direct aan het begin van de kennismaking te worden gecorrigeerd. Gebruik iemands naam wel zo veel mogelijk tijdens een eerste gesprek, maar alleen als het in de context past. (En maak er gebruik van wanneer er iemand voorbijloopt die je aan je nieuwe kennis kunt voorstellen.) Het is belangrijk om iemands naam nog een laatste keer te zeggen om hem jezelf nog eens extra in te prenten en omdat je daarmee een gunstige indruk achterlaat op degene met wie je zojuist hebt kennisgemaakt.

Pro-tip: zeg niet tegen jezelf dat je slecht bent in het onthouden van namen. Je kunt je brein vergelijken met een supercomputer, en wat jij tegen jezelf zegt met een computerprogramma. Als je zegt dat je niet goed bent in het onthouden van namen, zul je de naam van de eerstvolgende persoon met wie je kennismaakt niet onthouden omdat je je supercomputer in feite die opdracht hebt gegeven. Je kunt dit oplossen door de toevoeging van het woordje 'nog'; je zegt dan: 'Ik ben nog niet goed in het onthouden van namen.'

EEN BEDANKBRIEFJE SCHRIJVEN

1. Begin met een aanhef (Beste..., Lieve...) of begroeting (Hallo..., Hoi..., Ha die...).
2. Verwoord direct daarna je dank voor het geschenk of gebaar.
3. Voeg iets specifieks toe over het geschenk – hoe je het gaat gebruiken of wat je er het leukste/mooiste aan vindt.
4. Trek de lijn door naar de toekomst. Verwijs naar de volgende keer dat jullie elkaar zullen zien of wens de ander een fijne vakantie: 'Ik verheug me erop je bij Susies trouwen te zien.'

5. Spreek nog een keer je waardering uit: 'Nogmaals bedankt voor je cadeau/je komst.'
6. Besluit je briefje in lijn met de aanhef of begroeting (Hartelijke groet, Tot gauw, Liefs, XOXO).
7. Voeg een PS toe als dat bij je past: een complimentje, een korte verwijzing naar een inside joke tussen jullie of iets actueels in het leven van de ander: PS Die pony staat je geweldig.

De deskundige
Cheree Berry is de CEO en de creatief directeur van Cheree Berry Paper. Ze ontwerpt de prachtigste gepersonaliseerde huwelijksuitnodigingen, vakantiekaartjes, geboortekaartjes en kaartjes voor welke andere gebeurtenis of wens er maar bestaat – zelfs briefjes voor in het lunchtrommeltje van je kinderen.

De toelichting
Wanneer mensen een briefje of kaartje krijgen, willen ze direct lezen waar het over gaat. Kom dus direct ter zake (want de gever is misschien allang weer vergeten dat hij je wat heeft gegeven). Zeg dan iets specifieks over het geschenk in kwestie. Als je schrijft: 'Heel erg bedankt voor je cadeau, dat ik beslist ga gebruiken,' kan de lezer denken: hmm, weet je wel welk geschenk van mij was? Weet je überhaupt wel wie ik ben? Door toevoeging van details voelt de ontvanger van je briefje zich meer gewaardeerd. Het is niet nodig overdreven dankbaar te zijn (tenzij je een wel erg waardevol cadeau hebt gekregen, een Rolex-horloge bijvoorbeeld); zeg gewoon hoe blij je ermee bent en sluit je briefje af. Voeg een PS toe als je daar zin in hebt – in principe past een PS bij vrijwel alle soorten correspondentie, zelfs bij zakelijke correspondentie ('PS Hopelijk was de grote overlegvergadering een succes.'). Ga niet te lang

lopen piekeren over wat je precies in je bedankbriefje moet schrijven; meer dan 3 minuten moet je er niet mee bezig zijn. Als je het schrijven van een bedankbriefje ziet als iets waar je tijd voor vrij moet maken, wordt het een karwei waar je tegen op gaat zien (en dat maanden later nog steeds op je to-dolijst staat... heb ik me laten vertellen). Zorg dat je een paar geschikte kaartjes in je tas hebt zitten en schrijf je bedankbriefje terwijl je in de wachtkamer van de tandarts zit. O, en als je je druk maakt over fouten of over per ongeluk twee keer het woord 'fantastisch' gebruiken, maak dan gewoon eerst een kladtekst op een apparaat met spellingscontrole.

Bonus

Maar wat als je echt niet meer weet wat je van iemand die je wilt bedanken hebt gekregen? Wat je dan niet moet doen is je toevlucht nemen tot een nietszeggende verwijzing als 'je cadeau'. Verleg de focus van het geschenk naar de gever zelf en begin met het uitspreken van je waardering voor hem of haar in eenvoudige, oprechte bewoordingen. Verwijs vervolgens naar iets specifieks, een herinnering aan een eerdere ontmoeting of gesprek tussen jullie. 'Wat geweldig attent van je. Ik ben er heel blij mee. Ik zag jullie clubje trouwens vorige week in het park. Wens Nico en Anja een fijne zomer van me!' Door in je briefje een gedeeld persoonlijk moment te belichten kom je oprecht over en leid je de aandacht af van het gemis aan details over het geschenk. De gouden regel van Cheree voor het schrijven van bedankbriefjes is: schrijf aan een ander het soort bedankje dat jij graag van de ander ontvangt.

WETEN WAT ER SPEELT IN DE SPORT

'Je hoeft geen interesse te veinzen of erover te liegen, maar als je deel wilt uitmaken van iets wat mensen bij uitstek samenbrengt – en een van de weinige dingen waar mensen nog altijd het liefst live naar kijken – is het belangrijk dat je de juiste bronnen raadpleegt.'
– Sarah Spain

1. Ga op zoek naar een paar goede sportwebsites (een voor algemeen sportnieuws en een voor plaatselijk of regionaal sportnieuws) en markeer ze als bladwijzer. Houd deze websites dagelijks of wekelijks bij, of voorafgaand aan een wedstrijd waar je samen met vrienden heen gaat of waar je op tv naar gaat kijken.
2. Richt je voor wedstrijdschema's, klassementsposities en andere feitelijke informatie op betrouwbare journalistieke bronnen.
3. Als jij of je vrienden fans zijn van een bepaald team, markeer dan de website/het blog/de socialmediapagina van dat team.
4. Volg een paar opmerkelijke topsporters op social media.
5. Lees je voor een belangrijke wedstrijd of race in hoofdlijnen in (wie is er geblesseerd, wie zijn de beste spelers, enzovoorts). Verlaat je daarbij bij voorkeur op websites en blogs die aan het betreffende team of de betreffende sporter zijn gewijd.
6. Zorg dat je weet wat er op het spel staat, om wat voor sportevenement het ook gaat, al is het een doordeweekse wedstrijd in het naseizoen. Wat is er belangrijk aan deze wedstrijd? Wat gebeurt er wanneer team A verliest of wint? Hoe zijn de wedstrijden tussen team A en team B in

het verleden verlopen? Van welke speler wordt momenteel het meest verwacht?

7. Ga op zoek naar goede achtergrondverhalen. Bedenk waarom het zo leuk is om naar de Olympische Spelen te kijken – je begint je betrokken te voelen bij de sporters na het zien van al die interviews met hun familie, vrienden en oude coaches van school in de aanloop naar de wedstrijden.

De deskundige

Sarah Spain is een met een Emmy en een Peabody Award onderscheiden radiopresentatrice, tv-persoonlijkheid en schrijver. Voor ESPN presenteert ze het radioprogramma *Spain & Company*, de podcast *That's What She Said* en werkt ze als verslaggever mee aan het tv-programma *SportsCenter*.

De toelichting

Sport is verbindend, het brengt mensen samen (en juist daarom zijn alle sportevenementen ook afgelast tijdens de coronapandemie). Wanneer je samen met anderen naar een voetbalwedstrijd, een tennistoernooi of een formule 1-race gaat kijken, is het honderd procent leuker en interessanter voor je als je weet waar je naar kijkt (als je de regels van het spel, de belangrijkste spelers en rivaliteiten kent). Er zijn genoeg websites te vinden die je een inkijkje kunnen bieden in wie wel of niet in welke positie staat en waarom dat belangrijk is, maar als je weinig van een sport afweet (ahum, formule 1-races), gaat het er in de eerste plaats om dat je weet wat er op dit moment, in deze wedstrijd of race, precies op het spel staat. Als je niet weet waar je moet beginnen, begin dan daar. Probeer te begrijpen waar de teams of spelers om strijden. Volg je favoriete team op social media om te weten welke wedstrijden er op stapel staan en hoe het met de spelers gesteld is – zo voel je je meer betrokken bij de sporters en gaan de wedstrijden je ook meer aan het hart. En achtergrondverhalen maken alles gewoon extra boeiend. Is dit de eerste keer dat een speler weer in het stadion van zijn oude club speelt? Zal hij een staande ovatie krijgen van het publiek omdat ze zo dol op hem zijn, ook al speelt hij nu voor een andere club? In plaats van je af te vragen wat er aan de hand is, kun je meegenieten van wat er gebeurt. Een beetje weten wat er speelt, maakt het veel interessanter om te kijken en mee te leven met de sporters.

REAGEREN OP SOCIAL MEDIA

1. Vraag jezelf, voordat je op wat dan ook reageert, af: 'Zou ik dit in de normale omgang ook zo zeggen?'
2. Begin niet ergens anders over. Als iemand bericht over een ziek kind of een zieke kat, reageer dan niet met: 'Ja, maar heb je gezien wat er met de schildpadden aan de hand is?' Afschuwelijk, ja, maar daar gaat het nu niet over.
3. Meng je pas in een discussie over een controversieel onderwerp (of een onderwerp dat heel goed tot controverse kan leiden) als je je huiswerk hebt gedaan. Misschien kun je je er beter helemaal niet mee bemoeien als je niet goed op de hoogte bent van beide kanten van de betreffende kwestie.
4. Probeer niet online iemand van mening te doen veranderen. Mensen nemen vrijwel nooit iets terug van wat ze als reactie hebben gepost (ze graven zich eerder nog dieper in, in wat ze nu eenmaal beweerd hebben, ook al is het de grootste nonsens).
5. Check in hemelsnaam je spelling en grammatica.
6. Gebruik leestekens! Vooral op social media worden leestekens ingezet om de toon over te brengen. (De reactie

'Leuk' op een vakantiefoto is heel wat anders dan de reactie 'Leuk!!!'.)

7. Weet dat je met emoji's aan veel dingen veilig uiting kunt geven – het gebruik ervan is tegenwoordig niet slechts geaccepteerd, maar wordt bijna van je verwacht (en is soms zelfs een must – zie stap 6).
8. Herlees wat je hebt geschreven voordat je het post. Bedenk dat wat je op het internet plaatst voor altijd is. Heb je er vrede mee dat deze reactie van jou ook na je dood voortleeft?
9. Reageer op de posts van mensen die op jouw dingen hebben gereageerd.

De deskundige

Sara Buckley is de socialmediadirecteur van Buzz Brand, een creatief bureau dat kleine bedrijven helpt hun aanwezigheid op social media te vergroten. Ze is tevens de beheerder van de razend populaire Instagram-accounts @nottheworstmom en @nottheworstmarriage.

De toelichting

De etiquette zoals je die volgt in de persoonlijke omgang met mensen, zou je ook online moeten gebruiken. Zou je tijdens een etentje zomaar inbreken in een gesprek en het een andere richting op sturen? Of je bemoeien met iets waar je geen verstand van hebt? Precies. Je zou vermoedelijk alleen je mond opendoen als het toegevoegde waarde had voor het gesprek, als je iets interessants te melden had of als je je steun voor iemand zou willen uitspreken. Volg online dezelfde gedragsregels. En vergeet niet: op social media blijft alles bewaard. Je weet niet wie jou volgt. Misschien een toekomstige werknemer, een toekomstige collega, een toekomstige baas. Het is tegenwoordig normaal voor werkgevers om de socialmediageschiedenis van sollicitanten te checken. Zoals je je op internet presenteert, zo wordt er tegen je aangekeken. Dat kan in je voordeel, maar ook in je nadeel werken. Denk dus goed na voordat je iets post of ergens op reageert. Het kan je je baan kosten, het kan je je relatie kosten. Je moet dit soort dingen serieus nemen, omdat anderen dat doen.

Bonus

Wil je met je merk/bedrijf zichtbaarder worden op social media? Om online meer naamsbekendheid te krijgen en meer volgers, begin je met het liken en volgen van en reageren op anderen. Stel je maar eens voor dat je als beginnend ondernemer op een cocktailparty bent waar ook een aantal gevestigde namen uit jouw tak van industrie aanwezig zijn. Je zou jezelf aan hen voorstellen en als ze een gesprek met je aanknopen, zou je daarop ingaan. Online doe je in feite hetzelfde. Beschouw het eenvoudigweg als een ander soort trefpunt. Een plek waar je toekomstige fans, je toekomstige volgers en je toekomstige klanten rondhangen. Het biedt je een vrij toegankelijk platform om mensen te bereiken die jouw spullen zullen kopen, jouw winkels zullen bezoeken, jouw muziek zullen downloaden (jouw boek zullen bestellen?). Maak daar gebruik van. Maar geef iemand niet alleen maar een 'duimpje' – voeg iets aan de conversatie toe. Wees op een positieve, uitgesproken manier aanwezig, als je wilt dat mensen je opmerken. (Mensen lezen reacties – en als ze zich aangesproken voelen door wat ze lezen, zullen ze jou gaan volgen.)

PRODUCTIEF RUZIËN MET JE PARTNER

1. Stel jezelf eerst de twee volgende vragen: 'Ben ik moe? Heb ik honger?' Zolang je niet op beide vragen met nee

kunt antwoorden, moet je geen moeilijk gesprek aangaan.
2. Bepaal waar je het over wilt hebben en vertel je partner dat je dat wilt.
3. Stel jezelf een tijdslimiet – zet desnoods een wekker – en deel dit: 'Zullen we hier tien minuten over praten, niet langer?'
4. Breng je punt naar voren zonder de ander te beledigen of te gaan schelden. Zie ook pagina 75 over je punt overbrengen en pagina 77 over constructieve feedback geven.
5. Luister zonder de ander te onderbreken (oftewel, spreek om de beurt – iets wat eigenlijk vanzelf spreekt, maar ja, relaties).
6. Houd je aan het in stap 2 afgesproken onderwerp, hoezeer je ook in de verleiding komt om dat van de afwasmachine er weer bij te slepen.
7. Kom met een voorstel dat tot een oplossing kan leiden.
8. Spreek af wanneer jullie op de kwestie terugkomen.
9. Beëindig het gesprek op een positieve manier – zelfs als dat geforceerd moet.

De deskundige

Jo Piazza is een bestsellerauteur, een gelauwerd journaliste en de presentatrice van een podcast. In haar boek *How to Be Married* beschrijft ze diverse vormen van het huwelijk, met voorbeelden uit zes verschillende continenten. In haar voor tv aangepaste podcast *Committed* ontleedt ze het huwelijk en relaties aan de hand van verhalen van inspirerende stellen die tegen alle verwachtingen in bij elkaar zijn gebleven.

De toelichting

Ga geen moeilijk gesprek of ruzie aan op een lege maag of met een moe hoofd. Niemand functioneert op zijn best of neemt rationale beslissingen als hij honger heeft of vermoeid is. Elke tweejarige kan dat bevestigen. Zoals Jo het treffend verwoordt: 'De oude wijsheid van niet boos naar bed gaan is onzin.' Een goede voorbereiding draagt bij aan succes. En beperk elk moeilijk gesprek tot één onderwerp, en stel dat van tevoren vast. Dat helpt je om geen oude koeien uit de sloot te halen (wat vaak maar al te makkelijk gebeurt). Spreek ook een signaalwoord af voor wanneer je onvermijdelijk toch in de fout gaat – bedenk iets grappigs of iets wat voor jullie beiden betekenis heeft, om even lucht te brengen in het gesprek. Het belangrijkste is dat je bereid bent te luisteren. Geef je partner de ruimte om zijn punt te maken, voordat jij met tegenargumenten komt. En laat een moeilijk gesprek nooit eindigen zonder een voornemen of plan van aanpak. Probeer iets te bedenken wat jullie kan helpen het probleem op te lossen waarover jullie praten. Zeg: 'Goed, laten we dit uitproberen, kijken hoe het werkt, en er over een week/een maand op terugkomen.' En dan is het tijd voor goedmaakseks. O nee, dat doen ze alleen in de film.

ZEGGEN DAT HET JE SPIJT

'Je excuses aanbieden is een uiterst belangrijke vaardigheid in het leven, ook voor degene die spijt betuigt zelf. Zeggen dat het je spijt, betekent niet alleen de ander willen sussen, maar de verantwoordelijkheid voor je eigen gedrag aanvaarden en erkennen, waarmee je je eigen mentale gezondheid een grote dienst bewijst.'
– Zelana Montminy

1. Denk na over wat precies jouw rol is geweest in de kwestie (het is belangrijk om helder in beeld te hebben waar je je excuses voor gaat aanbieden).
2. Vraag de ander om een gesprek op een moment dat jullie

het geen van beiden druk hebben met of afgeleid worden door andere dingen. Bied je excuses bij voorkeur persoonlijk aan; telefonisch is een goede tweede optie, maar alleen in het uiterste geval doe je het per tekstbericht of e-mail.

3. Zeg: 'Het spijt me dat ....' (Vul op de puntjes een welgemeende erkenning in van wat je verkeerd hebt gedaan. Zie stap 1 voor als je hierin nog te vaag bent.)
4. Weersta de neiging om wat je fout hebt gedaan goed te praten.
5. Benoem hoe je het de volgende keer anders wilt doen of hoe je gaat proberen te veranderen (wees ook hierin specifiek).
6. Vraag: 'Kun je me vergeven?'
7. Vraag wat de ander denkt dat je het beste kunt doen om niet weer in dezelfde fout te vervallen. Wat zou de ander graag zien dat je doet?

De deskundige

Zelana Montminy, Psy.D., is een gedragswetenschapper en positiviteitspsycholoog. Ze is de auteur van *21 Days to Resilience*, maakt deel uit van de raad van bestuur van Common Sense Media en wordt als dé autoriteit in de mediawereld gevraagd voor lezingen op universiteiten, bij bedrijven en non-profitorganisaties overal ter wereld.

De toelichting

Je biedt je excuses aan om iets goed te maken, en excuses zijn daarin pas de eerste stap. Maar wel een cruciale stap, en daarom is het zo belangrijk om de tijd te nemen om je boodschap zo helder mogelijk over te brengen. Het is essentieel dat je beseft in welk opzicht je de ander hebt gekwetst. Bij een ruzie met je partner kan dat soms betekenen dat je boos gaat slapen, om pas de volgende dag, met een helderdere blik, op de kwestie terug te komen en je excuses aan te bieden. Het is belangrijk om dat op het juiste moment te doen, anders blijft het daarbij in plaats van dat het een opstapje is. En zeg niet: 'Het spijt me dat je je zo voelt,' of: 'Het komt doordat jij X deed.' Vermijd sowieso uitspraken met 'jij' en richt je op uitspraken met 'ik'. En luister daarna naar de ander, onderbreek hem niet om jezelf te verdedigen. Dit is niet het moment om de schuld bij de ander te leggen of fouten van jezelf goed te praten. ('Het komt doordat jij dit en dat deed, dat ik zo heb gedaan,' of: 'Ik ben enorm gespannen door mijn werk en het wil allemaal niet, en daarom heb ik me tegenover jou zo rottig gedragen.') Het heeft weinig zin om je excuses aan te bieden als er daarna niets verandert. Denk daarom samen na over wat je kunt doen om te voorkomen dat jullie in de toekomst met hetzelfde soort probleem worden geconfronteerd. Als de relatie met de ander belangrijk voor je is, moet je bereid zijn je daarvoor zoveel als nodig is in te zetten.

JE LOSMAKEN UIT EEN GESPREK WAAR JE GEEN ZIN IN HEBT

1. Maak door middel van gebaren duidelijk dat je je wilt losmaken uit het gesprek door je hand uit te steken om de ander de hand te schudden of, beter nog, door je hand even op de schouder van de ander te leggen of door subtiel met je hand te wuiven.
2. Zeg: 'Geweldig je te spreken, maar ik moet er nu vandoor.' (Je kunt de ander om diens kaartje vragen en zeggen dat je nog contact opneemt – als je dat tenminste ook echt doet – of je kunt zeggen dat je het gesprek later nog eens wilt voortzetten op die en die datum – als je dat tenminste ook echt wilt.)

3. Loop vervolgens weg.
4. Als het een gesprek is waarin wordt geroddeld of over politiek wordt gesproken, kun je eerlijk zijn en zeggen: 'Ik voel me niet prettig bij de richting waarin dit gesprek gaat,' of: 'Sorry, maar ik haak hier af.'
5. Als je vastzit in een gesprek dat door de ander wordt gedomineerd, kun je het volgende proberen: 'Fijn je gesproken te hebben. Er zijn hier een paar mensen die ik even wil begroeten. Ik spreek je later nog.'
6. Zeg op een feest niet dat je iets te eten of te drinken gaat halen (omdat de ander dan misschien wel met je meegaat).
7. Als je je uit een groepsgesprek wilt losmaken, hoef je alleen maar even je hand half op te steken en op luide fluistertoon te zeggen: 'Leuk jullie allemaal gesproken te hebben, maar ik moet ervandoor.' En dan gewoon weglopen.
8. Ga je niet verontschuldigen. Je kunt zeggen: 'Sorry dat ik even tussendoor kom, maar ik moet nu echt weg,' maar dat is niet nodig, want je doet op zich niets verkeerd wanneer je een gesprek beëindigt.
9. Als je in de buurt iemand ziet die je kent, kun je zeggen: 'O, ik zie Kate. Ik moet echt even naar haar toe om iets met haar te bespreken, als je het niet erg vindt.' Loop dan recht op Kate af.
10. Je kunt Kate (of iemand anders die je kent en die net langs loopt) ook naar je toe roepen en zeggen: 'Dit is iemand die ik aan je wil voorstellen.' Nadat je deze twee met elkaar in contact hebt gebracht zeg je: 'Als jullie het niet erg vinden, laat ik het gesprek verder aan jullie over en ga ik me wat onder de mensen mengen.'

De deskundige

Diane Gottsman is een etiquettedeskundige en de auteur van *Modern Etiquette for a Better Life*. Ze is de oprichtster van de

Protocol School of Texas, een bedrijf dat gespecialiseerd is in het verzorgen van trainingen in zakelijk leiderschap en zakelijke etiquette.

De toelichting

Of het nu om je moeder gaat, een collega, een andere ouder bij de bushalte of de man in de rij bij de stomerij, om je uit een gesprek los te maken kun je dezelfde algemene regels volgen: wees direct, beleefd en oprecht. In sommige gevallen doe je de ander daarmee zelfs een plezier. Door je hand uit te steken (iemands schouder even aan te raken of te wuiven) maak je zonder woorden duidelijk: 'Ik moet gaan,' en creëer je fysieke afstand – je drukt in lichaamstaal uit dat jullie gesprek ten einde is gekomen. Iedereen is verantwoordelijk voor het aangeven van zijn eigen grenzen, dus als je je niet prettig voelt bij een gesprek (omdat er wordt geroddeld of over politiek wordt gediscussieerd) maak je je ervan los op een manier waar jij je het best bij voelt. Denk er niet langer over na dan nodig is. Met een 'Hé Sarah, ik moet er als een haas vandoor. Ik spreek je morgen' zul je niemand voor het hoofd stoten.

Bonus

Hoe je iemand in de trein kunt begroeten (zonder naast diegene te hoeven gaan zitten): Glimlach. Wuif en zeg hallo, terwijl je door blijft lopen. Als het iemand is tegen wie je je er niet met alleen maar een hallo van af kunt maken, voeg je daaraan toe: 'Wat leuk om je te zien. Ik ga mijn reistijd gebruiken om achterstallige e-mails af te werken. Zullen we gauw weer eens bijpraten?' Maak het niet moeilijker dan het is. Het is nergens voor nodig om naast iemand te gaan zitten of een lang gesprek aan te gaan – en vergeet niet dat de ander er waarschijnlijk net zomin op zit te wachten om de hele reis naast jou te zitten.

Hoe je een telefoongesprek beëindigt: Wanneer je met iemand via de telefoon een gesprek voert, bieden lichaamstaal en gezichtsuitdrukkingen geen uitkomst, en zit er niets anders op dan het gesprek de juiste richting op te sturen om het te beëindigen. Onderbreek de ander beleefd door iets te zeggen als: 'Karen, ik verwacht een ander telefoongesprek waar ik me nog op moet voorbereiden. Ik neem over een paar dagen contact met je op om te horen hoe het er met het project voor staat.' Houd het kort, en wees aardig maar oprecht. En zeg niet dat je zult terugbellen als je dat niet ook echt van plan bent.

WEET WAT JE TEGEN ANDEREN WILT ZEGGEN OVER EEN LASTIGE SITUATIE

'Het kan geestelijk vermoeiend zijn om steeds maar naar de juiste woorden te moeten zoeken. Wanneer je ze paraat hebt voor een kant-en-klare boodschap, zul je er minder tegen opzien erover te moeten praten omdat je weet wat je wilt zeggen.'
– Gretchen Rubin

1. Onderken dat er iets is waarvan je weet dat mensen je ernaar zullen vragen – een relatiebreuk, een gezondheidskwestie, een onverwachte verandering van baan.
2. Bepaal voor jezelf wat je van de situatie vindt en hoe je je erover wilt uitlaten. 'Hoe wil ik er voor mezelf over denken? Hoe wil ik dat andere mensen het zien? Hoe wil ik dat deze informatie naar buiten wordt gebracht?'
3. Verwoord de situatie voor jezelf in het kort, in twee à drie zinnen, en vermeld daarin de belangrijkste feiten. Als je twijfelt over wat anderen van je zullen willen weten, kun

je bij jezelf nagaan wat jij zou willen weten als de situatie andersom was. Schrijf de punten waar je dan naar zou vragen eventueel voor jezelf op.

4. Wijd ook een zin aan hoe je je onder de situatie voelt, omdat mensen daar vaak het meest in geïnteresseerd zijn. Wat doet het met je? Hoe ga je ermee om?
5. Wees je bewust van de manier waarop je dit alles zegt. Als je het zakelijk houdt, houd je eerder verdere vragen af dan als je er met enige humor over praat.
6. Loop alles zo nodig nog een keertje langs.

De deskundige

Gretchen Rubin is de auteur van *Het Happiness Project. Op zoek naar meer plezier en geluk in je leven* en *Steeds Beter. Verander je gewoonten, verander je leven* en van *Happier at Home*, *The Four Tendencies* en *Outer Order, Inner Calm*. Ze is de presentatrice van de bekroonde podcast *Happier with Gretchen Rubin*, waarin ze inzichten, strategieën en verhalen deelt om mensen te helpen zichzelf beter te begrijpen en een gelukkiger leven te leiden.

De toelichting

Vaak hebben we helemaal geen zin om te praten over een lastige situatie waarin we verkeren en hebben we geen zin in vragen van anderen. Het kan uitputtend zijn wanneer mensen voortdurend willen weten hoe je je nu voelt, hoe het nu met je gaat. Als er iets speelt waar je liever niet over na wilt denken, kan het zelfs al als te veel voelen om er woorden voor te vinden. Je boodschap paraat hebben maakt je niet onoprecht, maar biedt je de mogelijkheid om na te denken over hoe jíj je situatie wilt beschrijven. Een voorbeeld: 'John en ik gaan scheiden. Dat is niet hoe ik het me ooit had voorgesteld, maar nu het zover is, voel ik me ook wel opgelucht.' Door te weten wat je wilt zeggen, door een kant-en-klaar pakketje woorden bij de hand te hebben, maak je het makkelijker voor jezelf en voor anderen om over de situatie te praten zoals jij dat wilt, en om het gesprek erover te beëindigen wanneer jij dat wilt. Als je er niet verder over wilt praten, kun je de ander zo ontmoedigen door te gaan vragen, op de manier zoals een officiële woordvoerder aangeeft dat hiermee een einde is gekomen aan het vragenuurtje. Je sluit het onderwerp daarmee op een prettige manier af. Dat wil niet zeggen dat je met naaste vrienden en familie niet over je gevoel zou willen praten, maar op deze manier ben je voorbereid op vragen en hoef je je niet telkens opnieuw met de situatie geconfronteerd te voelen.

Bonus

Dit werkt net zo goed voor goed nieuws: een nieuwe baan, een verloving, het superleuke en tegelijkertijd levensveranderende boek dat je aan het schrijven bent. Door een elevatorpitch voor te bereiden – je kant-en-klare pakketje woorden – geef jij sturing aan het verhaal, bepaal jij hoe je gezien wilt worden. En je wordt er een makkelijkere prater van wanneer je hebt geleerd je woorden paraat te hebben.

EEN VRIEND(IN) STEUNEN DIE MET IETS ROTTIGS LOOPT TE KAMPEN EN JOU DAT VERTELT

1. Blijf neutraal in je reactie. Als iemand zich kwetsbaar opstelt, reageer dan niet met verbijstering of afkeuring, vooral niet als datgene wat je zojuist gehoord hebt persoonlijk is en/of een bron van schaamte (als er bijvoorbeeld sprake is van bedrog, leugens, ontslag, een aanvaring met de wet, enzovoort).
2. Vraag: 'Wil je erover praten?'
3. Als de ander bevestigend antwoordt, vraag dan voorzichtig

verder: 'Hoe voel je je hieronder?' of: 'Hoe heb je dit ervaren?'

4. Ga niet aandringen op details – de bijzonderheden van hoe iets precies is gebeurd zijn minder belangrijk dan hoe je vriend(in) zich voelt onder wat er is gebeurd.
5. Houd je aandacht op de ander gericht en luister; het is jouw taak om een luisterend oor te bieden, niet om met antwoorden te komen (met andere woorden: ga niet bedenken wat jij wilt zeggen terwijl de ander praat – dit is een cruciale vaardigheid en het is niet makkelijk).
6. Vermijd het om ongevraagd advies te geven. Mensen willen over het algemeen gewoon hun verhaal aan je kwijt, niet dat je hun probleem gaat oplossen. En als je direct met je mening klaarstaat, kan dat overkomen alsof je de situatie beter kent dan diegene zelf, wat zeker niet altijd het geval zal zijn. (Je kunt wel aftasten of de ander advies op prijs stelt, door voorzichtig en zonder enige neerbuigendheid iets te vragen als: 'Zou het je helpen als ik vertel wat ik in jouw geval zou doen?' of: 'Zou je willen weten wat mijn gedachten hierover zijn of wil je je verhaal alleen maar kwijt?')
7. Wanneer je niet weet wat je moet zeggen, kun je altijd zeggen: 'Wat naar voor je dat dit is gebeurd/dat dit je nu is overkomen.' Mensen durven soms niet 'Wat naar voor je' te zeggen omdat ze denken dat het een cliché is, maar zolang je het oprecht meent, zal de ander je medegevoel beslist horen.
8. Vraag aan het eind van jullie gesprek: 'Is er iets wat ik nu, op dit moment, voor je zou kunnen doen?'
9. Laat de volgende dag even van je horen. En de dag daarna. En de dag daarna weer.

De deskundige

Rachel Wilkerson Miller is de auteur van *The Art of Showing Up: How to Be There for Yourself and Your People* en *Dot Journaling: A Practical Guide*. Voorafgaand aan haar huidige functie van adjunct-redacteur bij Vice was ze werkzaam als senior redacteur bij BuzzFeed.

De toelichting

Allereerst: onthoud je van een oordeel en bedwing de neiging om de ander met een blik van verbijstering aan te kijken of met 'Wát?' te reageren. Ga niet invullen hoe de ander zich voelt. (Misschien dat degene in kwestie dolblij is met de aanstaande scheiding, en als jij dan reageert met een gezicht alsof de wereld is vergaan, gaat de ander zich wellicht schuldig voelen dat hij er niet meer kapot van is.) Je kunt bijvoorbeeld zeggen: 'Poeh, dat is niet niks, zeg,' waarmee je voorkomt dat je de verkeerde emotionele reactie geeft, maar de ander wel laat weten dat de impact van het gebeurde je niet ontgaat. Aftastende vragen stellen is een goede manier om er voorzichtig achter te komen hoe je iemand op dat moment het beste kunt helpen. En richt je op hoe de ander zich voelt, niet op wat de feiten zijn. Dit punt is afkomstig uit het boek *There Is No Good Card for This* van Kelsey Crowe en Emily McDowell (zie pagina 275 voor meer over Emily). Je wilt je niet verliezen in de finesses van een medische diagnose of de zoektocht naar een nieuwe baan, omdat het daar nu niet om gaat. Ja, sommige vrienden beginnen bij het begin van het verhaal en stoppen niet voordat ze helemaal bij het einde zijn, dus wees daar ook op voorbereid – en laat hen ook dan gewoon praten. Schroom niet om te vragen wat je voor de ander kunt doen als jou dat niet duidelijk is. Soms kun je het beste helpen door raad te geven, soms door alleen maar te luisteren, soms heeft de ander behoefte aan afleiding en soms aan puur praktische hulp, in de vorm van een lift naar de rechtbank bijvoorbeeld.

Bonus

Geef een legpuzzel. Wanneer je het gevoel hebt dat de wereld om je heen uit elkaar valt, kan het goed helpen om letterlijk iets in elkaar te kunnen zetten. Waarom denk je dat zoveel mensen tijdens de coronaquarantaine zijn gaan puzzelen? Puzzelen is zowel troostrijk als stimulerend. Puzzelen is een uitdaging, maar het voelt altijd als een vriendschappelijke uitdaging. Puzzelen is een ongecompliceerde en pure manier om te beginnen met het helen van een gebroken hart en afleiding te bieden aan een geest die anders wordt verteerd door gedachten van verlies, woede of angst of die eenvoudigweg wordt geobsedeerd door het willen checken van de telefoon. Een puzzel lost je problemen niet op, maar een puzzel is wel een probleem dat jij kunt oplossen.

IEMAND CONDOLEREN

'Weet dat niets wat je kunt zeggen het verlies ongedaan kan maken, dus verlang niet te veel van jezelf. Je hoeft niet de meest troostrijke woorden te vinden, je hoeft alleen maar het verdriet van de ander te erkennen.'
– Nora McInerny

1. Doe het gewoon. Nu. (Het ergste wat je kunt doen is niets van je laten horen.)
2. Stuur een berichtje of een kaartje of pak de telefoon of, beter nog, ga naar iemand toe.
3. Zeg gewoon hoe het is: 'Wat afschuwelijk. Ik leef met je mee. Ik ben er voor je als je wilt praten. En ook als je dat

niet wilt.' (Of houd het eenvoudig bij een 'Wat erg van X' – en vul dan voor X de naam in van degene die is overleden of 'je moeder/je vriend/je oom' in plaats van het algemene 'je verlies'.) Houd het daarbij. Breng niet zelf een ander onderwerp ter sprake en ga niet proberen met een grap een luchtiger sfeer te creëren als er stilte hangt. Dit kan ongemakkelijk voor je voelen, maar het is niet aan jou om hier verandering in te brengen: laat degene die verdrietig is verdriet hebben.
4. Deel een fijne herinnering of anekdote over de overledene als je die gekend hebt.
5. Als je een goede band met elkaar hebt en iets voor de ander wilt doen, doe dan niet iets wat niet bij je past (bied bijvoorbeeld niet aan om op de baby te passen als je nog nooit van je leven een luier hebt verschoond).
6. Noteer de datum in je agenda en laat over een jaar iets van je horen.

De deskundige

Nora McInerny is de presentatrice van de podcast *Terrible, Thanks for Asking* en de auteur van *No Happy Endings* en *It's Okay to Laugh (Crying Is Cool Too)*. Toen ze eenendertig was heeft Nora bij een miskraam haar tweede baby verloren, is haar vader aan kanker overleden en is haar man, Aaron, gestorven aan een hersentumor. Dat alles binnen enkele weken tijd. Haar TED Talk over rouw werd alleen al in het eerste jaar 2,5 miljoen keer bekeken. Ze is de medeoprichtster van de Hot Young Widows Club, voor mensen die hun wederhelft hebben verloren.

De toelichting

Afhankelijk van je relatie tot de overledene of nabestaande is er een 'hiërarchie' van condoleances. Je stuurt een kort berichtje, e-mail of pb'tje wanneer je eenvoudigweg je medeleven wilt betuigen. Wanneer je iets meer wilt doen, kun je een handgeschreven kaart sturen.[1] Om iemand echt tot steun te zijn en blijk te geven van je betrokkenheid ga je naar iemand toe. Ga je naar de begrafenis. Zit je sjivve. Breng je een warme maaltijd langs en een knuffel. Wanneer de ander wil praten, houd dan altijd het volgende in gedachten: ga niet vertellen over jouw leven en jouw verliezen in het leven. Ga niet invullen wat het verlies voor de ander betekent, dat is aan de ander zelf om te bepalen. Ga de ander niet vertellen wat hij zou moeten doen om zich beter te voelen (vermijd elke 'zou moeten'). Zelfs als je iets volkomen misplaatst zegt als 'Niets gebeurt zonder reden' of 'God heeft het zo beschikt' laat je in ieder geval zien dat je het probeert. Je bent langsgekomen. En alleen al het feit dat je er bent, is enorm van waarde. (PS Niemand weet in feite wat hij moet zeggen, jij niet, maar ook degene die verdriet heeft niet. Er is dan ook niets mis mee om te zeggen: 'Ik weet echt niet wat ik tegen je moet zeggen, ik weet alleen dat ik er voor je wil zijn.') Het is mooi als je een fijne herinnering aan de overledene kunt delen, maar denk niet dat dit alleen iets is voor begrafenissen. Mensen zijn dan juist verdoofd en niet in staat nieuwe informatie in zich op te nemen. Kom er een paar maanden of misschien zelfs jaren na het overlijden mee. Vertel er dan over. Wees niet bang de naam van de overledene te noemen en het over diens leven te hebben, niet alleen over diens dood. Een van de dingen waar mensen het bangst voor

1. Stuur sowieso een kaartje. Zelfs als je degene die is overleden niet hebt gekend. Zelfs als het aan een collega is van wie je denkt dat hij je niet mag. 'Ik heb gehoord dat XYZ is overleden. Ik wilde je laten weten dat ik aan je denk.' Je hoeft niet te schrijven hoe erg het is – de ander weet hoe hij zich voelt. Je hoeft geen religieuze clichés toe te voegen – tenzij dat bij jou past en je weet dat de ander dat op prijs stelt. Veel meer dan dat hoef je niet te schrijven. Adresseer de kaart, doe er een postzegel op en doe hem op de bus.

zijn wanneer ze een dierbare verliezen, is dat ze diegene meer en meer zullen gaan verliezen. Met het delen van je herinneringen help je de herinnering aan iemand levend te houden.

Bonus

Zeg of schrijf niet: 'Laat het me weten als je iets nodig hebt.' Iemand die diep in rouw is, weet niet wat hij nodig heeft. Als je echt iets meer wilt doen, doe het dan gewoon. Maar zorg er wel voor dat het klopt, dus vraag je de volgende dingen af: in welke relatie sta je tot de ander? Waar ben je goed in? Wat kun je doen waar de ander wat aan heeft en blijf je dat ook doen? De antwoorden hierop wijzen je de weg naar wat je kunt doen. Zelfs al is het maar de stoep sneeuwvrij maken in de winter of kaartjes versturen. Misschien de kinderen meenemen naar school. Doe iets wat op natuurlijke wijze voortvloeit uit het soort relatie dat je met de ander hebt. En wat je aanbiedt hoeft niet per se direct gerelateerd te zijn aan het verdriet dat de ander ervaart. Behandel de ander niet alleen als rouwende, maar ook als de persoon die hij nog altijd is. (Toen Aaron, de man van Nora, was overleden, stuurde iemand haar een tegoedbon voor een spa, waar ze in eerste instantie toch wel verbaasd over was. Maar toen ze hem een maand later gebruikte voor een massage, was dat precies wat ze nodig bleek te hebben.) En als je iets weggeeft, iets langsbrengt of een berichtje stuurt en je krijgt geen bedankje, vat het dan niet persoonlijk op.

Tips:

- Als je iemand toevallig tegenkomt of als je gebeld wordt door iemand die jou vertelt over een overlijden waar jij al van op de hoogte bent, zeg dan niet: 'Ik weet het.' Je denkt misschien dat je iemand daarmee helpt, maar eigenlijk geef je de ander zo niet de ruimte om er zelf over te vertellen. Zeg in plaats daarvan: 'Ik heb het gehoord, maar nog niet van jou zelf.' En laat iemand je dan zoveel vertellen als hij zelf wil.

- Je kunt nooit te laat zijn met condoleren. Als je iemand in geen maanden of zelfs jaren hebt gezien, en je weet dat diens moeder is overleden, kun je nog altijd je medeleven betuigen voor dit verlies. Het onderwerp is makkelijk genoeg uit de weg te gaan, en je denkt misschien dat je iemands dag verpest door het ter sprake te brengen, maar daarmee laat je de kans voorbijgaan op een moment van verbondenheid dat juist zo belangrijk kan zijn.
- Rouw is een chronische aandoening; houd dus de vinger aan de pols. De gemiddelde arbeidsovereenkomst geeft een werknemer het recht op vier dagen rouwverlof bij het overlijden van een partner, een kind of ouder. Daarna meldt diegene zich weer op zijn werk en ziet hij er net als normaal uit, dus dan zal alles wel goed met hem gaan, toch? Nee, het gaat niet goed met diegene.

14

De dag sterk eindigen

JE LOSMAKEN VAN JE TELEFOON

'Omdat onze relatie met technologie zo bepalend is voor ons welzijn, biedt Thrive Global een reeks van Microsteps – kleine stapjes, miniem genoeg om haalbaar te zijn, groot genoeg om aantoonbaar verschil te maken – om je los te maken van je telefoon. Mijn favoriet is om je telefoon 's nachts buiten je slaapkamer aan de lader te leggen.'
– Arianna Huffington

1. Zorg er niet alleen voor dat je 's nachts je telefoon, tablet en andere apparaten buiten de slaapkamer houdt, maar probeer ook de dag te beginnen zonder direct op je telefoon te kijken. Neem in plaats daarvan de tijd om een paar minuten diep adem te halen en na te denken over wat je die dag wilt doen. Je dag op deze manier beginnen en besluiten heeft effect op alle tussenliggende tijd.
2. Schakel alle meldingen uit, behalve van contacten voor wie je altijd bereikbaar moet zijn. Hoe vaker je telefoon geluid maakt of trilt, hoe meer je door je telefoon wordt geconditioneerd om cortisol, het stresshormoon, aan te maken.
3. Bekijk het startscherm van je telefoon met een kritische blik en verwijder overbodige icoontjes om afleiding te be-

perken. Doe een snelle inventarisatie om te bepalen welke apps je echt snel wilt kunnen openen. Laat alleen de nuttige apps staan en verwijder de snelkoppelingen naar apps die alleen maar tijd en aandacht opslokken.

4. Stop je telefoon weg als je van en naar je werk reist of voor andere doeleinden op pad bent. Als je onderweg niet met je telefoon bezig bent, zul je veel meer openstaan voor de mensen en gebeurtenissen om je heen, voor je omgeving – het helpt je om je beter bewust te worden van wat je gelukkig maakt.
5. Neem dagelijks een 'tech-time-out' voor een betere focus en minder stress. Plan momenten in waarop je je niet bezighoudt met social media en e-mail, om je ongestoord te kunnen richten op je werkzaamheden, jezelf of je dierbaren.
6. Plan tijd in voor iets wat belangrijk voor je is – iets buiten je werk om. Of het nu sporten is, naar een museum gaan of bij familie of vrienden op bezoek gaan, doordat je een afspraak met jezelf maakt, wordt het makkelijker je er ook echt aan te houden.
7. Ook tijdens de maaltijd is het belangrijk je van je telefoon los te maken. Probeer deze Microstep eens: leg, wanneer je samen met vrienden uit eten bent, allemaal je telefoon midden op tafel. Wie het eerste naar zijn telefoon grijpt, betaalt de rekening! Maar ook buiten maaltijden om is het belangrijk om als je samen met anderen bent – met je kinderen, familie, vrienden, zelfs met je collega's tijdens een vergadering – je niet ook met je telefoon bezig te houden. Je bent er dan veel meer met je aandacht bij en je bent je bewuster van hoe je je tijd gebruikt.

De deskundige

Arianna Huffington is de oprichtster en CEO van Thrive Global, de oprichtster van de *Huffington Post* en de auteur van vijftien boeken, waaronder *Het nieuwe succes* en *De slaaprevolutie*. Het in 2016 gelanceerde Thrive Global heeft zich ontwikkeld tot een vooraanstaand op gedragsverandering gericht techbedrijf met de missie om verandering teweeg te brengen in de manier waarop we werken en leven door de collectieve misvatting aan de kaak te stellen dat een burn-out nu eenmaal de prijs is die we voor succes moeten betalen.

De toelichting

'Het gaat er niet om hoe vaak of hoelang je je precies van je telefoon zou moeten losmaken – het gaat erom dat je in je dagelijks schema tijd inbouwt waarin je je niet met je telefoon bezighoudt, om jezelf op te laden. Jezelf opladen door jezelf los te maken van je telefoon zou net zo vanzelfsprekend en routineus moeten zijn als het op tijd opladen van je telefoon. Het is belangrijk om je telefoon weg te leggen, omdat je je alleen echt verbonden kunt voelen met anderen en vooral met jezelf wanneer je je hebt losgemaakt van de wereld zoals die zich in zijn digitale versie op je scherm aan je toont. Zonder telefoon kun je beter in contact komen met je natuurlijke creativiteit en wijsheid, met de kalme kracht in het hart van de storm. Het helpt stress te verminderen en een burn-out te voorkomen, twee dingen die in onze moderne wereld als een epidemie om zich heen grijpen.' – Arianna Huffington

VERGEEF IEMAND EN LAAT HET LOS

'We laten mensen toe in onze gedachten die we nooit van ons leven in ons huis zouden toelaten, en die daar een hoop schade kunnen aanrichten. We moeten ermee stoppen hen binnen te laten.'
– davidji

1. Herken de ongezonde gedachtepatronen die zich naar de

voorgrond van je bewustzijn dringen (je weet welke ik bedoel).

2. Erken dat deze persoon giftige gedachten en gevoelens bij je opwekt, maar weersta de neiging de hiermee gepaard gaande woede op die persoon te richten. Wraak levert niets op.
3. Besef dat je reactie een keuze is, en dat jij ervoor hebt gekozen deze persoon in je gedachten toe te laten en een donkere schaduw over je gemoed te werpen.
4. Weet dat de kwetsende woorden of daden van een ander voortvloeien uit diens eigen gedachten en beleving; het heeft niets met jou te maken, en je hoeft het dus ook niet persoonlijk op te vatten.
5. Elke keer dat de woorden van de ander zich in jouw bewustzijn willen laten gelden, en dat willen ze, glimlach je en zeg je, desnoods hardop: 'O, hallo, zijn jullie daar weer? Je kunt meteen weer via de achterdeur vertrekken.' Herhaal dit zo vaak als nodig is.
6. Zeg voordat je gaat slapen hardop: 'Ik laat .... vrij uit mijn gedachten.'
7. Herhaal dit wanneer je 's ochtends wakker wordt. (Je geeft jezelf hiermee toestemming om je vrij te maken van de greep die je de ander over je gedachten had gegeven.)
8. Blijf oefenen om jezelf van dergelijke gedachten te bevrijden en weet dat vergeving tot vrijheid leidt – de vrijheid om je gedachten te richten op positieve dingen en op de mensen in je leven van wie je houdt.

De deskundige

davidji is een internationaal erkend meditatieleraar en deskundige op het gebied van stressmanagement. Hij is de auteur van *Zonder stress: over rust en ontspanning.*

De toelichting

Wrok koesteren is als het drinken van gif en verwachten dat de ander sterft. Je hebt dagelijks zo'n 60.000 tot 80.000 gedachten; als 30.000 daarvan met deze persoon te maken hebben, is het tijd om los te laten. Vergeving heeft zeer weinig te maken met de ander – het komt vanuit jou. Wanneer je vergeeft, bevrijd je jezelf van de banden die je vastkluisteren aan de pijn die de ander jou heeft toegebracht. Als je daaraan blijft vasthouden, verlies je andere, waardevollere dingen in je leven uit het oog (de mensen die het belangrijkst voor je zijn). Misschien zeg je: 'Ik nodig die gedachten niet uit; ze wurmen zich een weg naar binnen en vallen me daar aan.' Vergeven kost oefening en het is iets waar je actief voor moet kiezen, telkens weer, totdat je het werkelijk hebt losgelaten. Soms kost een bepaald persoon of een bepaalde kwestie je extra veel werk; houd ook dan gewoon vol.

Bonus

Vergeven en verdergaan betekent niet dat je het gedrag goedkeurt van iemand die jou gekwetst heeft, maar alleen zo is het mogelijk jezelf van de pijn te bevrijden. Iemand anders is misschien verantwoordelijk geweest voor het pijnmoment, maar je bent zelf degene die zich aan de kwetsende woorden of handelingen vastklampt. Je bent zelf dus ook degene die het los zal moeten laten. Sta jezelf toe om je niet te blijven vastklampen aan de dwingende greep van de pijn en geef de pijn een vrije doortocht. Zeg: 'Ik denk niet dat het jouw bedoeling was om mij pijn te doen, dus ik laat het los. Toch heb je me gekwetst of ik heb me in ieder geval gekwetst gevoeld, maar dat laat ik nu achter me.' Waar het om gaat, zegt davidji, is hierom: 'Het is belangrijker om vrede in jezelf te ervaren dan jezelf gek maken door te willen begrijpen waarom iets is gebeurd zoals het is gebeurd. Laat het los.'

JEZELF GEREEDMAKEN VOOR EEN GOEDE NACHTRUST

1. Stel de wekker op je slaapkamer in op een uur vóór je gebruikelijke bedtijd.
2. Ga naar je slaapkamer toe om de wekker uit te zetten wanneer het alarm gaat.
3. Besteed de eerste 20 minuten hierna aan het doen van de dingen waar je wakker van zult liggen als je ze niet doet (de vaatwasser aanzetten, deuren en ramen sluiten, in de groepschat laten weten of je wel of niet meeborrelt).
4. Neem de volgende 20 minuten de tijd voor je hygiënische verzorging – tanden poetsen, flossen, jezelf wassen, wat je routine ook is, doe het nu. En probeer daarbij al te fel licht te vermijden.
5. Gebruik de laatste 20 minuten om je te ontspannen, in welke vorm dan ook, van mediteren met een app of bidden tot het lezen van een boek of het kijken naar een favoriet tv-programma.
6. Plaats je telefoon ergens buiten je slaapkamer. Zie pagina 307 voor meer over je losmaken van je telefoon.
7. Kruip lekker in bed.
8. Doe een 4-7-8-ademhalingsoefening – adem 4 seconden in, houd je adem 7 seconden vast, en adem 8 seconden weer uit.
9. Herhaal stap 8 een aantal keer.
10. Slaap lekker!

De deskundige

Michael J. Breus, ook wel de slaapdokter genoemd, is een bekend deskundige op het gebied van slaap en de auteur van *The Power of When*.

De toelichting

Het afgaan van het alarm dwingt je om naar je slaapkamer te gaan om je wekker uit te doen, en de aanblik van je bed werkt als een visuele en emotionele prikkel om je klaar te maken om te gaan slapen. (Wist je dat je je telefoon niet als wekker moet gebruiken?) Door je een vast slaapvoorbereidingsritueel eigen te maken, opgesplitst in drie, naar ontspanning toewerkende 20 minutensegmenten, creëer je een routine waar jij en je lichaam zich op kunnen verlaten. Als je in die eerste 20 minuten niet alles kunt doen wat je wilt doen, schrijf de rest dan op zodat je het voor nu uit je hoofd kunt zetten. Van het maken van een dergelijke lijst met dingen voor morgen kun je een gewoonte maken als het je een georganiseerd gevoel geeft. Door diep in te ademen en je adem vast te houden verhoog je het zuurstofgehalte in je lichaam, waardoor het minder hard hoeft te werken. Een lange, langzame uitademing werkt ontspannend en meditatief. Deze diepe ademhaling is te vergelijken met het ritme van ademhalen tijdens het in slaap vallen, dus je wijst je lichaam en geest hiermee al in de juiste richting.

Bonus

Lig je om drie uur 's nachts ineens klaarwakker in je bed? Dat kan te wijten zijn aan een lage bloedsuikerspiegel. Als je om bijvoorbeeld zeven uur 's avonds hebt gegeten, zijn er om drie uur 's nachts acht uur verstreken sinds je laatste maaltijd. Dat betekent dat je lichaam het al die tijd zonder eten heeft moeten stellen. Wanneer je brein denkt dat de brandstof aan het opraken is en je bloedsuikerspiegel daalt, gaat je ingebouwde wekker af doordat je lichaam hierop reageert met de aanmaak van het stresshormoon cortisol. Hierdoor wordt het stofwisselingsproces aangezwengeld, waardoor je je hongerig gaat voelen, en je wakker wordt zodat je wat kunt eten. Een simpele oplossing is om voordat je naar bed gaat een theelepel rauwe honing te nemen – dat is moeilijk te verteren, waardoor je bloedsuikerspiegel langer op peil blijft. (Als je geen liefhebber van zoet bent, kun je een guaveblad proberen; uit onderzoek is gebleken dat ook dat helpt je bloedsuikerspiegel te reguleren en ongestoord te slapen.)

BEZIN JE OP JE DAG OM TE BEPALEN WAT ER GOED GING... EN WAT NIET

1. Ga rustig liggen of zitten en haal een paar keer diep adem.
2. Leid jezelf in gedachten door je dag, van het moment dat je wakker werd tot dit moment – sta wat langer stil bij de dingen waar je het blijst van werd.
3. Overdenk de momenten van de dag waarop je je het meest intens aanwezig voelde. Wanneer voelde je echt enthousiasme over wat je deed? Wanneer voelde je je in een flow?
4. Denk terug aan je dag en wijs voor jezelf aan op welke momenten je je het minst prettig en het minst blij voelde. Voelde je je gefrustreerd door iets (of iemand)? Wanneer voelde je je alsof je de energie en motivatie uit je tenen moest halen?
5. Vraag jezelf: 'Wat had ik vandaag beter kunnen doen?' (Oefen deze vraag met ruim voldoende compassie voor jezelf.) 'Ik had misschien aardiger kunnen zijn tegen mijn kinderen, ik had me wat opener tegenover mijn collega's kunnen opstellen, ik had naar de sportschool kunnen gaan.'
6. Laat vervolgens alles los. Vergeef jezelf en anderen. Zie ook pagina 309 over vergeven en loslaten.
7. Maak voornemens voor de volgende dag. Welke lessen heb je vandaag geleerd die je kunnen helpen morgen tot een betere dag te maken?

De deskundige

Patty Morrissey is een lifestyle- en opruimdeskundige en de oprichtster van Clear & Cultivate, een therapeutisch lifestyle- en opruimadviesbureau, gevestigd in Huntington, New York. Patty 'verricht ware magie', aldus CBS *This Morning*, en in de *New York Times* werd ze geprezen als 'opruimgoeroe'.

De toelichting

Deze dagelijkse geestelijke oefening is geënt op het 'dagelijkse bijzondere onderzoek' uit de ignatiaanse spiritualiteit. Door te beginnen met de dingen die je vreugde hebben geschonken, waar je dankbaar voor bent, bied je jezelf de ruimte voor een gevoel van vervulling, van innerlijke rijkdom, van veiligheid. En vanuit die gevoelens kun je met mededogen naar jezelf kijken als het gaat om de dingen die je beter had kunnen doen. Het idee achter deze oefening is om de dag in brokjes op te delen en je te richten op de dingen die je leven hebben verrijkt, en om de dingen die je naar beneden trekken en die je leegzuigen, los te laten of bij te sturen. Door je hier bewust van te zijn, creëer je ruimte voor geleidelijke verandering – leer je stapje voor stapje vooruit te gaan en zul je ervaren dat de kleinste veranderingen soms het ingrijpendst zijn. Als je naar persoonlijke groei streeft (en het feit dat je dit boek leest, is daar het bewijs van!) is deze dagelijkse bezinning een moment om je af te vragen hoe het met je gaat. Dus: hoe gaat het met je?

Dankbetuiging

Mijn eerste en grootste dank gaat uit naar Kristin van Ogtrop, die me eind 2018 onverwacht een e-mail stuurde met de vraag: 'Heb je er weleens aan gedacht om weer een boek te schrijven?' Waarop ik onmiddellijk antwoordde met: 'Eh, JA!' Dat was de aftrap van twee jaren die tot de leukste en meest intense en verrijkendste van mijn leven behoren. Dank je wel, Kristin, dat je zo'n geweldig literair agent bent en dat je niet over het grote aantal uitroeptekens in mijn voorstel bent gestruikeld. Ik heb met enorm veel plezier met je samengewerkt en ik kan niet wachten tot ons volgende project!!!

Leah Miller, ik wil jou bedanken voor je onmiddellijk overduidelijke (en aanstekelijke) enthousiasme voor het idee. Ik prijs me gelukkig met alle steun die jij dit boek (en mij) hebt gegeven. Ik heb ervan genoten om onze ontdekkingen te delen over hoeveel we niet bleken te weten, en ik ben je eeuwig dankbaar voor de wijze waarop je mijn stem de ruimte hebt gegeven (en mijn behoefte dingen tussen haakjes te plaatsen). Tegen die schat van een Seema Mahanian, die me met haar scherpe blik en feilloze redactie de weg wees wanneer ik dat nodig had, wil ik zeggen: dank je wel voor je hartelijkheid en geduld, en voor je hulp bij het maken van dit boek tot iets waar ik echt trots op ben.

Ik ben het hele team van Grand Central Publishing dankbaar, en in het bijzonder Jordan Rubinstein, Alana Spendly, Mari Okuda, Xian Lee, Albert Tang en Haley Weaver, die toen het erom spande voor het boek het hoofd koel wist te houden en zo een kalmerende invloed was. Ik ben er trots op een GCP-auteur te zijn.

Dit boek zou niet mogelijk zijn geweest zonder de hulp van alle ongelooflijke deskundigen die ik heb geraadpleegd, want zelf ben ik verre van deskundig. De afgelopen anderhalf jaar heb ik gepraat met mensen over waar ze gepassioneerd over zijn, om van hen te leren hoe je dingen het beste kunt doen. Dankzij jullie allemaal beschik ik nu over bijna alle lifeskills die van een volledig functionerende volwassene verwacht kunnen worden. Dank jullie wel voor het delen van jullie kennis en wijsheid en voor het feit dat jullie me niet hebben uitgelachen wanneer ik dingen zei als: 'Waar zei je ook alweer dat het wasmiddel nu precies in moest?'

Lauren Powell was een geschenk uit de hemel. Ze heeft me geholpen met het uitschrijven van alle gesprekken die ik heb gevoerd en met het onderzoek naar deskundigen. Daarnaast heeft ze me geleerd met Google Sheets te werken (en reageerde ze altijd meteen op mijn paniekerige tekstberichten en e-mails wanneer ik weer eens was vergeten hoe je Google Sheets moet gebruiken). Het is aan Allison Conte te danken dat mijn voorstel er veel beter uitzag dan ik me ooit had kunnen voorstellen.

Ik wil de vele vrienden bedanken die me hebben geholpen met mijn kinderen, die de taak van halen en brengen van me hebben overgenomen, die me bemoedigende berichtjes stuurden en naar me luisterden wanneer ik het (weer eens) over alle coole dingen had die ik leerde bij het schrijven van dit boek. En die poolshoogte namen om te horen hoe het met me ging wanneer ik te lang niet van me had laten horen. Een luid applaus voor mijn vriendinnen die paragrafen doorlazen, die fanatiek meedachten over het omslag, die elke kleine mijlpaal van dit boek met me vierden. Proost, meiden!

En dank aan iedereen die me in contact heeft gebracht met enkele van de vele geweldige deskundigen in dit boek: Liz Carey, Kara Mendelsohn, Lindsey Weidhorn, Lauren Smith Brody, Suze Yalof Schwartz, Kristin Koch, Kristen Green, Krista DeMaio, Keri Potts, Jennifer Alfson, Gina DeCandia, Jamin Mendelsohn, Margarita Bertsos en Mary Giuliani.

Mijn speciale dank gaat uit naar Joanna Parides Sims, die al het mogelijke en onmogelijke heeft gedaan in haar steun voor dit boek, nog voor het zelfs maar een boek was, en voor de moed die ze me insprak en het vertrouwen dat ze in me stelde wanneer ik aan mezelf twijfelde. Wat een geluk voor mij dat jij achter me staat.

Tegen mijn zussen Melissa en Meghan, die altijd mijn eerste lezers zijn (zelfs van wat ik op Instagram wil posten – sorry, meiden) en die mijn grootste fans zijn en me altijd zulke geweldige feedback geven, wil ik zeggen: dank jullie wel voor jullie geduld met mij en jullie aandacht voor mijn kinderen, en dat jullie het niet te veel met zijn tweeën over me hebben gehad al die tijd. Toch?

Dank aan mijn ouders John en Cindy Zammett, en mijn schoonmoeder Debbie Ruddy, voor jullie hulp met de kinderen (en de was) en jullie niet-aflatende bemoediging.

Mijn kinderen Alex, Nora en Molly wil ik danken omdat ze altijd stil waren tijdens de vraaggesprekken die ik voerde, niet ruzieden, altijd hun eigen eten klaarmaakten en nooit de bus misten toen ik aan dit boek werkte vanuit een provisorisch kantoor aan huis. Grapje! Maar echt, ik hou ontzettend veel van jullie en ik vind het geweldig dat jullie nu kunnen lezen waar ik aan heb gewerkt: een boek voor jullie leeslijst, en na afloop overhoor ik jullie.

Ten slotte wil ik jou bedanken, Nick, mijn man, voor het

meer dan overeind houden van ons thuis, omdat multitasking wanneer ik aan het schrijven ben niet een vaardigheid blijkt te zijn waarover ik beschik. Maar ik kan nu wel een overheerlijke kaasplank maken en een hoeslaken opvouwen, dus dat is mooi meegenomen. Ik hou van je en ik hou van ons leven samen (nu zelfs nog meer, nu ik flink wat vaardigheden kan bijdragen).